정政·재財·관官의 삼각관계로 풀어보는

일본 전후(戰後) 경제사

[개정판]

정政·재財·관官의 삼각관계로 풀어보는

일본 전후(戰後) 경제사

초 판 1쇄 발행: 2000년 8월 10일
개정판 1쇄 발행: 2018년 6월 11일

지은이: 강태현
발행인: 부성옥
발행처: 도서출판 오름
등록번호: 제2-1548호 (1993. 5. 11)

주 소: 서울특별시 중구 퇴계로 180-8 서일빌딩 4층
전 화: (02) 585-9122, 9123 / 팩 스: (02) 584-7952
E-mail: oruem9123@naver.com
ISBN 978-89-7778-489-5 03300

* 잘못된 책은 교환해 드립니다.
* 값은 뒤표지에 있습니다.

이 도서의 국립중앙도서관 출판예정도서목록(CIP)은 서지
정보유통지원시스템 홈페이지(http://seoji.nl.go.kr)와 국가
자료공동목록시스템(http://www.nl.go.kr/kolisnet)에서
이용하실 수 있습니다. (CIP제어번호: CIP2018016318)

[개정판]

정政·재財·관官의 삼각관계로 풀어보는
일본 전후(戰後) 경제사

강태현 지음

Anatomy of Economical Affairs in Japan, 1945~2000

Triangle Logic Viewed from Politics, Bureaucracy, and Economic Circles

KANG Tai Hyun

ORUEM Publishing House
Seoul, Korea
2018

개정판 머리말

이 책은 본래 2000년에 출간되었었다. 당시만 해도 일본의 성장 메커니즘이나 시스템에 관한 포괄적 이해를 얻을 수 있는 책이 부족하다는 생각에서 다소 무모하지만 책을 내기로 결심했다. 기본적으로 저자는 패전 이후 일본의 경제가 어려움을 딛고 일어나 고도성장기를 거쳐 버블경기의 붕괴로 이어지는 역사적 행로를 다섯 개의 시간 순서에 따라 서술하는 데 초점을 맞추었다.

종전 직후 점령통치 시기로부터 샌프란시스코 강화조약 이후 완전한 주권을 얻어 독립한 1950년대, 고도성장의 신화를 이룩한 1960년대, 오일쇼크로 고통을 받으면서도 에너지 절약과 생산비절감 노력을 통해 산업구조를 첨단 전자공업으로 전환시킨 1970년대, 생산대국에서 금융대국으로 발돋움한 1980년대, 그리고 냉전체제가 막을 내리면서 신자유주의가 세계를 휩싸고 일본경제가 복합 불황과 거품경제의 붕괴로 어려움을 겪던 1990년대의 다섯 단계로 크게 나누어 보았던 것이다. 그리고 일본경제를 이해하기 위한 기본 틀을 정계·재계·관

계의 삼각관계로 파악하고, 이 관계의 복합적 상호작용을 추적하는
데 역점을 두었다.

그런데 서술의 주안점이 일본의 산업 구조 및 경제정책의 변화에
맞추어져 있었던 탓에 일본경제의 배후를 구성하는 정치와 사회 구조
에 대한 설명은 상대적으로 소홀한 느낌이 있었다. 또한 하고 싶은
말도 많고 알려주고 싶은 정보도 많았던 탓에 지나치게 많은 사람과
사건들이 등장하면서 서술이 복잡하고 요령 없이 늘어진 느낌도 든
다. 이런 아쉬움을 만회하기 위해 책을 전체적으로 다시 서술하는 계
획도 세워보았으나, 그것이 여의치 못했다. 그렇지만 한편으로는 무모
하지만 용기 넘쳤던 당시의 열정을 그대로 전하고 싶은 마음도 좀체
사라지지 않았다.

개정판에서는 이러한 아쉬움을 덜어내기 위해 일본의 정치·사회
의 기본 틀을 종장 부분에 보다 명확히 밝히고자 했다. 즉, 제2차 세
계대전 이후 일본 사회의 기본 틀로 작용했던 '55년 체제'를 정리하고,
버블경제 붕괴와 신자유주의 세계화 이후 일본 사회의 변화를 추적함
으로써 일본의 정치·경제·사회의 복합적 측면을 이해하는 데 도움을
주고자 했다. 앞부분은 책의 본문에서 산발적으로 언급되던 내용들을
하나로 묶고 설명을 추가하여 보다 분석적인 틀을 갖추기 위함이었고,
뒷부분은 버블경제의 붕괴 이후부터 최근의 아베노믹스에 이르는 일
본경제와 사회의 변화를 추적함으로써 이 책이 처음 출간된 2000년에

서 단절된 시간적 공백을 메우려는 의도에서 추가되었다.

그렇지만 아베노믹스에 관한 종합적인 분석과 일본경제의 전망에 관한 내용은 아직 담지 못했다. 이 부분은 지금도 논란이 진행 중이기 때문이다. 통상 '잃어버린 10년'이라고 부르는 1990~2000년 사이 일본경제와 정치는 이 사태에 어떻게 대응했는지, 그리고 일본경제를 다시 부활시켰다는 평을 받았던 아베노믹스의 본질과 장래에 관해서는 여전히 의견이 일치하지 않고 있다.

18년이라는 시간이 흘렀지만 저자는 전후 일본경제의 발전과 변화를 이끈 정계·관계·재계의 복합적 상호작용에 대해서만큼은 아직도 이 책이 충분한 지식과 분석 틀을 제공해준다고 믿는다. 저자는 지금도 이 메커니즘이 전후 일본의 경제를 이해하는 기본 틀이라고 본다.

끝으로 한결같이 나에게 힘이 되어준 아내 한천정과 나의 자녀들 안나, 지나, 민우, 지우에게 아빠의 사랑하는 마음을 전하며, 이 책의 개정판을 출간해 주기로 하고 여러모로 애써주신 도서출판 오름의 부성옥 대표와 직원 여러분께 감사의 마음을 전한다.

2018년 5월

강태현

머리말

새로운 한·일 관계를 위하여

한국과 일본, 일본과 한국은 그동안 가장 가깝고도 먼 나라였다. 지리적으로 근접해 있지만 양 국민의 의식 속에는 가장 먼 나라였다. 그러나 양국관계도 새천년을 맞으며, 급격히 변하고 있다. 양국은 이미 2002년 월드컵을 공동 개최키로 했으며, 최근에는 일본의 대중문화 수입을 부분적으로 허용하는 등 양국의 교류가 확대되고 있다.

이제 우리도 과거 일본의 식민통치를 받았다는 쓰라린 경험에 머물러 있기보다는 양국의 공동번영을 목표로 미래 지향적으로 상호 관계를 개선해 나가는 자세가 필요한 상황이다.

이러한 때 경제대국으로 성장한 일본의 전후 경제성장사를 통해 우리가 나아갈 길을 설정하는 데 참고가 되기를 바라는 마음으로『일본 전후(戰後) 경제사』를 출판하게 됐다.

저자가 일본과 일본인에 대해 오랜 세월 관찰하면서 느낀 것은, 일본인들 역시 우리와 같은 연약한 인간으로서 생존을 위해 협력하고 파벌하며 분쟁하는 과정을 거치며 살아왔다는 점이며, 일본이란 국가 역시 수천 년 동안 살아남기 위해 격전과 격동을 겪으면서 역사를 이끌어온 이웃나라일 뿐이라는 점이다. 생존조차 어려웠던 제2차 세계대전 이후의 고난의 시기를 잘 극복한 일본은 오히려 고도의 경제성장을 이룩했다.

한때 우리나라에서 '일본을 알자'는 운동이 벌어진 적이 있었다. 또한 '극일(克日)'이라는 말이 유행한 적도 있었다. 그러나 그런 행동 및 작업들은 일과성으로 그쳤을 뿐, 일본을 연구하는 진지한 작업으로 이어지지는 못했다. 특히 일본 현대사에 대한 연구는 의외로 많지 않은 것 같다. 그 이유는 우리들 대부분이 이에 대해 잘 알고 있다고 잘못 인식하고 있기 때문이 아닐까 생각해 본다.

물론 그동안 일본 현대사에 관한 책이 계속적으로 출간되었다. 그러나 일본에 대한 학문적인 연구서는 연구서대로, 에세이류는 에세이류대로 일본의 성장 메커니즘이나 시스템을 단편적으로만 이해하고 있다는 인상을 지울 수 없다.

그렇다고 저자가 일본경제를 전문적으로 연구하는 학자나 일본에서의 경험을 되새기는 문화평론가들보다 낫다는 뜻은 결코 아니다. 본 저자는 단지 전후 일본경제의 성장을 '정계 · 재계 · 관계'라는 독특한 '삼각관계의 틀'로 살펴보고 그 의미와 효과를 분석할 따름이다. 이틀은 저자가 연구자인 동시에 생활인의 입장에서 일본이 어떻게 살아남았는가, 즉 일본경제가 어떠한 메커니즘 속에서 발전되어왔는가를 알고, 일본을 새롭게 인식하는 가장 유용한 방법이었다. 이런 점 때문에 이 책은 일본을 제대로 이해하는 데, 또 새천년에 걸맞은 한·일 관계를 만들어나가는 데 기초적인 작업이 될 수 있으리란 기대를 해본다.

이 책은 국내외 많은 분들의 도움으로 탄생하게 되었다. 이 책을 준비하는 동안 총리로 취임하신 일본 자민당의 모리 요시로 전 간사장님, 은사이신 세자이 유키야쓰 일본대학 총장님께 진심으로 감사드리고 싶다. 그리고 이 책을 쓰는 동안 격려를 아끼지 않으셨던 이인제 국회의원님께도 감사의 마음을 전한다.

항상 사랑과 용기를 불어넣어 주는 아내 한천정과 두 딸 안나, 지나에게 아빠의 사랑하는 마음을 전하며, 이 책을 출판해준 도서출판 오름에 감사드린다.

2000년 6월
강태현

추천사

이인제 | 국회의원

저자 강태현 씨를 알게 된 것은 그의 저서 『일본자민당 파벌투쟁사』를 읽으면서부터이다. 한국의 한 젊은이가 일본정치의 내막을 그토록 깊이 이해하고 그 메커니즘을 과학적으로 분석한 책을 펴낸 데 대하여 놀라움을 금할 수 없었다.

1998년 가을, 일본과 미국 방문을 준비하던 중 저자를 직접 만나 많은 대화를 나눌 기회를 갖게 되었다. 그는 과거 일본 식민통치에 저항·투쟁한 의열단(義烈團) 단원이었으며, 해방 후에는 반민특위(反民特委) 경남 지부장을 지냈고, 건국훈장을 수여받은 강홍렬(姜弘烈) 선생의 친조카로, 항일독립운동가 집안의 후손인 저자가 편견 없이 일본을 보고 있다는 사실이 놀라웠다.

여느 독립운동가의 후손들처럼 매우 가난한 가정에서 태어났지만, 온갖 역경을 극복하며 성장한 그는 전후 세대의 젊은이로서 균형감각을 유지한 가운데 일본을 이해하고 일본 사회에서 자신의 꿈을 키우기로 뜻을 세운 후 홀로 일본에 건너가 대학을 마친 다음 사업경영과

13

저술활동을 병행하고 있는 자랑스러운 한국인이다.

일본은 한국과 한국인에게 숙명적인 존재이다. 하지만 과연 오늘을 사는 양국 국민들이 서로에 대하여 얼마나 깊이 이해하고 있는가. 생각건대 이 책이, 한국인 독자들이 편견 없는 전후 세대의 냉철하고 과학적인 분석을 통해 일본경제를 이해하는 데 큰 도움이 될 것임을 확신한다. 동시에 일본인 독자들에게도 한국인의 시각에서 바라본 전후 일본경제의 파노라마를 새로운 감흥으로 감상할 수 있게 하리라는 기대를 가져본다.

한·일 양국의 역사에 있어서 갈등의 시기는 우호의 시기에 비하면 짧기만 하다. 저자와 같은 비전 있는 젊은이가 있기에 한·일 양국 관계가 머지않은 장래에 협력과 공영의 정상궤도에 진입할 것을 믿어 의심치 않는다. 이 책의 출판이 갖는 의미 가운데 하나가 거기에 있으리라 믿는다.

온갖 어려운 여건을 극복하고 일본의 정치와 경제라는 양대 산맥을 관통해낸 저자에게 뜨거운 격려와 박수를 보낸다. 앞으로 더욱 분발하여 한·일 양국의 밝은 미래를 위한 더 큰 작업의 진전을 기대한다.

2000년 6월

이이즈미

추천사

모리 요시로 | 자민당 간사장, 차기 일본 총리 내정

    일본과 한국 두 나라 관계는 한때 가깝고도 먼 나라로 표현되었습니다. 그러나 최근에는 두 나라 국민이 끊임없이 노력하고, 또 2002년 월드컵 공동 개최 결정 등으로 그 거리가 크게 좁혀졌습니다. 게다가 김대중 대통령 취임 이후, 같은 문화를 공유하는 '가깝고도 가까운 나라'로 재인식되는 분위기가 형성되고 있습니다.

    21세기의 문턱을 막 넘어선 지금은 한·일 두 나라의 유대를 한층 강화시키고 동아시아국가들이 힘을 합쳐 평화공존을 추진할 때입니다. 이러한 호기에 맞춰 일본 실업계에 거점을 두고 활약 중인 강태현 씨가 『일본 전후(戰後) 경제사』라는 저서를 출간하게 됨을 기쁘게 생각합니다.

    그를 만나면서 그가 일본정치에 대해서도 명확한 의견을 지니고 있음을 알게 되었고, 그가 그의 저서 『일본자민당 파벌투쟁사』에서 보여준 문체는 그를 젊은 논객으로 높이 평가하게 만들었습니다. 저자 강태현 씨는 일본의 대학에서 공부하기 위해 단신으로 일본에 건

너온 이후 타고난 성실함과 어떠한 것에도 치우침이 없는 유연한 마음가짐으로 한·일 양국의 가교가 되어 민간외교관의 역할을 담당해 왔다고 믿어집니다.

일본의 정치·경제에 정통한 젊은이의 편견 없는 분석력으로 가득한 이 책은 한국 국민의 일본에 대한 이해를 깊게 하는 데 대단히 의미 있는 저작이 될 것임을 확신합니다. 끊임없이 연구하는 저자의 자세에서, 스스로 생각하는 힘을 갖춘 21세기형 자립적 인간상을 보는 듯하며 신선함과 호감이 느껴집니다.

21세기는 일본과 한국은 물론이고 중국을 포함한 동아시아 국가들이 힘을 합쳐 세계의 평화와 번영을 주도하는 시대가 될 것을 기대하면서 젊은 강태현 씨가 더더욱 약진할 것을 기원합니다.

2000년 2월

森喜朗

추천사

세자이 유키야쓰 | 일본대학 총장

일본대학은 1889년에 창립되어 올해로 창립 111주년을 맞았습니다. 현재 수많은 졸업생들이 각 분야에서 세계적 수준에 필적하는 활약을 하고 있습니다.

『일본 전후(戰後) 경제사』의 저자 강태현 군도 눈부신 활동을 펼치고 있는 졸업생 가운데 한 사람으로 우리 대학이 목표로 삼고 있는 '상상력 풍부하고 자유로우며 개성적인' 인재로서 모범이 될 만한 사람입니다.

일·한을 축으로 종횡무진 활동하는 평소의 모습을 보면 대학을 맡아 미래의 인재들을 길러내기 위해 부심하는 교육자의 입장에서는 기쁘기 그지없습니다.

저는 연구에 열심이며 글로벌한 시야를 가진 강태현 군과 같은 이러한 졸업생이 수없이 배출되고 있다는 사실에 깊은 자부심을 느끼고 있습니다. 동시에, 여러 나라에서 온 유학생들 가운데서 강태현 군과 같이 목표를 높이 두고 면학에 힘쓰는 젊은이들이 많이 나와 주기를 바라 마지않습니다.

    강태현 군은 대학을 졸업한 후에도 일본의 경제계에 거점을 두고 실업가로서의 기반을 쌓아왔습니다. 게다가 정치세계에 대해서도 날카로운 통찰력과 선견지명을 갖고 일본의 정계를 연구하여 저서 『일본자민당 파벌투쟁사』를 낸 바 있습니다. 이번에 출판되는 『일본 전후(戰後) 경제사』는 그 경험 위에 쌓인 업적이라 할 수 있겠습니다.

    또 그의 주위에는 항상 여러 분야의 사람들이 모여 교류하고 있다고 듣고 있습니다만, 그것은 그의 인덕 때문이라 여겨집니다. 때문에 강태현 군은 21세기의 일·한 관계에서뿐만 아니라 세계적으로도 대단히 유용한 인재가 될 것으로 믿고 있습니다.

    앞으로도 일·한 우호의 가교로서 보다 강력한 리더십을 발휘하고 활약의 폭을 넓혀 후배들에게 좋은 본보기가 되기를 기원합니다.

2000년 3월

瀨石幸弘

차 례

제3장 고도경제성장, 1955~64

제8장 버블경제의 붕괴, 1987~94

재계·정계·관계의 삼각관계

* * *

　『일본 전후 경제사』라는 제목을 달고 있는 이 책을 보면 누구나 '제2차 세계대전 이후 현재까지 이어져온 일본경제의 역사를 다룬 책'이라고 말할 것이다. 그렇지만 막상 책을 쓰는 입장에서는 그렇게 단순하지 않다는 점이 고민거리이다.

　여기에는 일본, 경제, 역사라고 하는 세 가지 층위가 개입되어 있다. 일본은 누가 보아도 명백하다. 지금 우리가 일본이라고 부르는 지리적 공간을 말한다. 이 부분은 별 문제가 없다.

　역사는 시간적 관점을 말하는데, '전후'라고는 하지만, 그것이 '전쟁 이전'과 연결되지 않을 도리가 없는 것이고, 따라서 일본 근대화의 역사와 일정한 연속성을 고려하지 않을 수 없게 된다. 또한 언제까지를 그 '역사'의 범위에 넣을지도 어렵다. 될 수 있으면 가장 가까운 시간까지 다루면 좋을 텐데, 현재 진행 중인 사건들은 아직 그 결과가 유동적이고, 사건의 인과관계에 대한 분석도 명확하지 않기 때문에, 경제평론이 아닌 다음에야 그렇게까지 가까운 시간을 연구 범위에 넣기는 어렵다.

더 큰 문제는 연구자가 어떤 시점에서 역사를 보는가 하는 데 있다. 일본에 국한하자면, 연구자가 만일 버블경제의 붕괴가 일어나기 이전의 어느 시점, 예컨대 1990년대 초반쯤에 '전후 경제'를 다룬다고 한다면, 아무래도 일본의 경제적 '기적'이니 '성공'이니 하는 점에 초점을 두고 일본경제의 '성공 비결'을 찾는 데 주안점을 둘 것이다. 만일 2000년대 이후의 시점에서 본다면 일본경제가 놀라운 성공을 거두었지만, 그 이면에는 이런저런 문제점들이 있었고, 결국 버블경제의 붕괴를 맞이하게 되었다고 하면서, '성공' 이면에 가려져 있었던 상당히 비관적인 측면에 초점을 맞추기 쉽다.

이 책은 제2차 세계대전 이후부터 시작하여 1990년대 버블경제가 진행되고 있던 시점까지를 연구의 시간적 범위로 삼았다. 이 시점은 일본경제가 겪었던 성장과 쇠퇴의 두 국면을 총체적으로 파악하고, 성공의 이면에 가려져 있던 문제점을 이해할 수 있는 시간대의 역할을 한다. 버블경제의 회복에 관한 여러 논의가 있지만, 아직은 사태 진행이 유동적이라는 점에서, 더 이상 시간 범위를 늘리지 않기로 했다.

경제는 연구 대상이 되는 문제 영역을 말하는데, 경제를 딱 잘라서 여기서부터는 경제, 저기서부터는 정치, 이런 식으로 규정하기 어렵다는 것이 연구자들에게는 큰 어려움을 안겨준다. 경제를 단순하게 '인간의 생활에 필요한 재화나 용역을 생산·분배·소비하는 모든 활동'이라고 규정하고 넘어가는 것은 도저히 무리라고 할 수밖에 없다. 어느 사회에서든지 경제는 문화, 역사, 정치, 사회제도 등과 연결되어 복합적 상호작용을 주고받기 마련이라, '경제 시스템'이라고 하는 넓은 틀을 고려해야 한다.

이 시스템은 정치·경제·사회·문화·사람 등 다양한 측면으로 구성되어 있다. 생산·분배·소비는 그 자체가 일정한 정치·사회적 제도 속에서 이루어지고, 거기에는 그 나라 사람들의 독특한 문화적 특성이 반영되어 있기 마련이다. 따라서 경제를 이끌어가는 정치제도, 경제 이면에 있는 문화적 요소, 사회구성원들의 경제 활동 패턴, 경제와 정치의 상호작용, 경제와 정치를 매개하는 여러 부문, 예컨대 관료집단이나 기업집단 등 고려해야 할 변수가 너무 많다.

결국 연구자는 선택을 해야 한다. '경제 시스템'이라고 부르는 넓은 틀 속에서 어떤 부분을 찾아내, 그것에 초점을 맞추어 일본경제의 역사를 분석해 나가야 하는 것이다.

그중 제일 먼저 눈에 띄는 것은 일본의 문화적이고 환경적인 요인이 일본경제의 발전을 설명하는 열쇠라고 보는 연구들이다. 허만 칸(Herman Kahn)이나 에즈라 보겔(Ezra Vogel) 같은 사람들은 일본의 독특한 문화나 '국민성'으로부터 일본경제의 성공을 설명한다. 주로 동질적 사회구조, 집단에 대한 순응, 근로의욕, 장인정신, 상도덕, 신뢰, 정직, 선진화 의욕 등을 꼽는데, 결국 '일본에만 있는 어떤 독특한 문화적 요소가 일본경제의 비약적 발전을 가능하게 했다'는 주장이다. 우리나라에서도 이런 주장들이 상당히 유행했던 시절이 있었지만(지금도 완전히 사라진 것은 아니지만), 버블경제 이후에는 별로 언급되지 않는 실정이다. 또한 일본에서만 있었던 '경제기적'이 한국, 대만, 싱가포르 등에서도 일어났기 때문에, 이 문화적 설명은 매력을 상실했다.

또 다른 접근법은 일본 고유의 제도들을 강조하는 연구들이다. 예를 들면 '종신고용제', '연공서열에 따른 임금제', '노사관계', '금융제도', '일본적 경영', '정부와 기업의 협력관계' 같은 것들이 일본의 경제성장을 가능하게 했다는 주장이다. 이 접근법은 기본적으로 일본경제의 '성공'을 전제로 하고 있기 때문에 버블경제 이전에는 상당한 유행을 불러일으켰지만, '붕괴' 혹은 '실패'로 들어선 국면에서는 주춤한 실정이다. 더구나 버블경제 이후 신자유주의 세계화의 시대에는 이러한 제도들도 더 이상 유지되지 않고 있으며, 오히려 이런 일본 고유의 제도들에서 실패의 원인을 찾아야 하는 것이 아닌가 하는 의문조차 나오고 있는 형편이다.

이보다 한층 더 전문적인 연구들의 접근법은 일본의 경제정책에서 성공의 열쇠를 찾는 접근법에서 찾을 수 있다. 금융정책, 산업정책, 산업전략, 기술발전정책, 대외경제정책, 소득증가정책, 노동정책, 사회보장정책 등 경제의 어떤 특정 측면(들)에 초점을 맞추는 일종의 미시적 접근법이다. 이런 접근은 주로 전문적 연구들에서 많이 찾아볼 수 있는데, 일본경제를 움직이는 정책들을 집중적으로 이해할 수 있게 해준다는 점에서 대단히 유용하다. 반면 그 연구 결과들은 전문가들 사이에서나 공유될 정도로 지나치게 협소하고 특화되어 있기 때문에 일본경제에 관한 거시적인 안목이나 총괄적 이해를 얻기에는 한계가 있다.

일본경제에 관한 보다 거시적이고 종합적인 접근법은 정부와 기업 혹은 정치와 경제의 상호관계 등을 다루는 연구들에서 찾을 수 있다. 이 연구들은 정부의 산업정책의 변화, 이 정책을 입안하고 설계한 일본 관료제의 역할, 관민 협조에 의한 발전지향 정책의 분석에 초점을 맞추는 경향이 있다. 제일 흔히 볼 수 있는 것은 경제성장의 전략을 수립하고 투자와 기술도입의 통제를 통해 산업구조의 형성에 주도적인 역할을 수행하는 정부의 정책에 초점을 맞추는 연구들이다. 일본을 '발전지향국가'로 규정하고, 경제에 관한 컨센서스를 형성하고 목표를 부여하는 정부의 역할, 그중에서도 통산성(通産省)의 역할에 주목한 찰머스 존슨(Chalmers Johnson)의 *MITI and the Japanese Miracle*이 대표적인 업적이다.

필자의 접근법은 기본적으로 제일 마지막 사례에 속한다고 볼 수 있다. 즉, 일본의 전후 경제성장을 가능하게 한 요인을 자민당·관료·

재계의 삼각관계에서 찾고, 이 관계의 복합적 상호작용을 추적하는 데 역점을 두는 것이다. 따라서 경제정책이 결정되고 선택되는 세부 과정에 대한 분석보다는 정부가 경제성장 과정에서 어떻게 그처럼 지배적인 권위를 행사하고 효과적인 정책을 수행할 수 있었는가 하는 데 주안점을 둔다. 특히 엘리트 관료의 이니셔티브에 의해 효과적인 정책이 수행될 수 있는 정치체제의 구축, 자민당과 관료조직의 관계, 정부와 재계의 복합적 상호작용 등을 분석의 포인트로 삼고자 했다. '55년 체제', '족의원', '재계·정계·관계의 삼각관계' 등이 중요한 문제로 다루어진 것도 이러한 이유에서 비롯된 것이다.

마지막으로 이 책은 경제를 움직이는 '사람들'에 큰 비중을 두었다. 경제 시스템이라고 하지만 결국 시스템을 움직이는 것은 '사람'이다. 이 책은 일본 전후 경제를 발전으로 이끈 주역들의 구체적인 모습에 보다 큰 비중을 할애했다. 그들이 누구이고, 어떤 일을 했는지, 그들이 남긴 영향력은 무엇인지 하는 문제를 다루면서, 일본경제에 관한 보다 입체적이고 생동감 있는 그림을 그리고자 한다.

▌일본 전후 경제의 시대 구분

태평양전쟁이 일본의 패전으로 막을 내린 1945년 8월 수도인 도쿄는 연합군의 대규모 공습으로 거의 폐허상태였다. 중일(中日)전쟁으로 시작해 15년이나 계속된 이 전쟁과정에서 일본경제는 엄청난 변화를 겪었다. 전쟁 중에 확장된 영토와 산업설비는 패전으로 절반 이상 상실되었다. 종전 후 경제는 폐허 속에서 새로 시작해야 했으며, 정치는 맥아더 장군을 최고사령관으로 하는 연합군총사령부(GHQ: General Headquaters)에 의해 주도됐으며, 이후 6년 8개월간 점령통치를 경험해야 했다.

한편 전쟁과정에서 해외진출에 나섰던 상당수 주민이 종전으로 대거 귀국하면서 일본의 인구는 종전 후 2년여 사이에 600만 명, 즉 총인구의 10% 가까이 증가했다. 산업시설이 폐허가 된 상태에서 생필품조차 생산량이 급감한 가운데 인구가 늘어나자 국민들은 생활의 궁핍을 면키 어려웠다. 이때부터 전국 각지의 번화가에는 암시장(暗市場)이 줄지어 섰다. 돗자리나 평상 위에 그릇과 냄비, 군화, 의류, 식료품 등 각종 생필품을 내놓고 팔려는 사람과 이를 구하려는 사람들로 성시를 이뤘다. 전후 일본경제에 관련하여 큰 영향력을 미친 경제학자 오우치 효에(大內兵衛: 전 도쿄대 교수)는 종전 후의 혼란을 다음과 같은 말로 묘사했다.

"온갖 조잡한 상품, 모조품, 위조품, 쓸모없는 일용품, 곧 부서질 것 같은 도구가 터무니없는 가격에 날개 돋친 듯 팔렸다. 모든 국민이 혼란의 수렁에서 허덕였다. 마치 차 바퀴 아래 고인 물에서 헐떡거리는 붕어와 같은 모습이었다. 거기에는 경찰력도 없을뿐더러 일체의 권위는 땅에 떨어져 있었다."

그로부터 54년이 지난 지금 일본은 거품경제 붕괴의 후유증에 시달리고 있다는 평가를 받고 있지만, 전후 위기를 극복하고 급속한 경제성장 가도를 달려 현재는 국제사회에서 막강한 영향력을 행사하는 경제대국이 되었다. 일본의 눈부신 발전 속도는 후발 개발도상국들에게는 교본이 되고 있다. 이 책에서는 전후 폐허를 딛고 일어선 일본 경제성장의 역사를 5단계로 구분하여 살펴본다.

먼저 경제성장의 1단계는 종전 직후 점령통치 시기로부터 강화독립 이후 시기이다. 이 시기에 일본의 생산력은 전전(戰前) 수준으로 급속히 회복되었다. 패전의 아픔을 떨치고 강한 경제부흥 의지로 경제를 빠른 속도로 키워냈다.

경제성장의 2단계는 1960년대 이후 시기이다. 일본은 정부와 기업, 관과 민이 하나가 되어 서구경제를 따라잡으려고 노력했고, 그 결과 고도 경제성장의 신화를 이룩했다.

경제성장의 3단계는 외부적인 충격이라고 할 수 있는 오일쇼크를 극복했던 시기이다. 당시 일본은 자원절약과 생산비절감 노력으로 산업구조를 한층 더 질적으로 고도화할 수 있었다.

경제성장의 4단계는 금융대국으로의 발돋움 시기이다. 세계경제 질서 속에서 미국의 주도권이 크게 흔들리고 플라자 합의가 이뤄지는 동안 일본은 4대 선진국 협조정책을 통해 생산대국에서 금융대국으로 탈바꿈하기 위한 노력을 기울였다.

경제성장의 5단계는 새로운 발전모델 모색기이다. 전 세계는 냉전 체제가 막을 내리면서 새로운 질서가 확립되지 않은 채 혼돈을 겪고 있었다. 이때 일본경제도 복합불황과 거품경제의 붕괴로 어려움을 겪고 있었고, 때문에 현재 일본경제의 내외균형을 위한 새로운 차원의 논의가 이뤄지고 있는 상황이었다.

▌부부 사이 같은 정계와 재계

전후 20여 년 만에 국민총생산이 미국에 이어 세계 2위가 된 비결 은 경제선진국이 되기 위한 캐치업(Catch-up: 따라잡기)전략에 있었 다. 즉 정계와 재계, 관계가 일체를 이뤄 이룩한 산업보호·육성정책 의 결과였던 것이다. 이 책에서는 이 삼각관계를 시대별로 구분해 보 고자 한다.

전후 일본경제를 이해하기 위해서는 우선 정계와 재계의 관계를 파악해야 한다. 이 관계를 일본 사회에서는 흔히 부부관계(정계는 남 편역, 재계는 부인역)에 비유한다. 메이지시대부터 시작된 결혼생활 에 비유되는 이 둘의 관계는 전시 중에는 정당정치가 제 기능을 하지 못하는 바람에 사이가 나빠지기도 했지만 전쟁이 끝난 후에는 원래 상태로 회복됐다. 가끔 양자는 너무 친밀해 스캔들로 비화되기도 했지만, 남편역의 정계가 히는 일에 부인역인 재계가 따르고 가끔씩 참견을 하는 것이 일반적인 관례였다.

그러나 정계, 그 가운데서도 집권당이 그 임무를 다하지 못할 때 재계가 따끔한 질책을 가하기도 했다. 그 한 예가 자민당 창당 얼마 뒤인 1956년 9월, 하토야마 이치로(鳩山一郎) 수상이 소련과의 수교를 무리하게 진행시키고자 했을 때 당내 반주류파가 격렬하게 반발하는 등 정국이 혼미했다. 이때 재계 총본산이라고 할 수 있는 경제단체연합회, 즉 경단련(經團連)에서는 이시자카 다이잔(石坂泰山) 등 세 명의 회장단을 필두로 재계 수뇌부 17명이 하토야마 수상에게 "퇴진하고 후계 총재 선출을 공개적으로 실시하라"고 촉구할 것을 결의했다. 재계는 이 결의문을 간사장인 기시 노부스케에게 전달했다. 이에 대해 정계 측의 반발 또한 만만치 않았다. 하토야마를 지지하는 주류파의 대표격으로 농림수산부 장관이었던 고노 이치로는 재계인사들이 제출한 결의문을 읽자마자 "장사치 주제에 무엇을 안다고 ……"라고 내뱉었다고 한다.

1955년 좌·우파 사회당 합당에 대항하기 위해 보수 합당격인 자민당을 결성하기 위해 움직였던 것은 재계였다. 물론 재계의 목적은 사회주의 세력으로부터 시장경제체제를 지키기 위한 것이었으며, 재계 측은 어떠한 상황에서도 할 말은 해야 한다는 기개를 가지고 있었다.

▌권력을 쥔 족(族)의원

정계와 재계의 밀월관계는 고도성장기를 거치면서 오랫동안 계속됐지만, 족의원의 탄생이 양자뿐만 아니라 관계(官界)와의 관계에까지 미묘한 변화를 가져왔다. 족(族)이란 명칭은 국회의원 운영위원회에 소속된 베테랑 이사의원들에게 붙여진 것이었다. 여야를 불문하고 그들을 의운족(議運族)이라고 불렀다.

　그 후 60년대의 고도성장기에 각종 '○○족'이 탄생했다. 족의원들은 자민당 정권이 장기화함에 따라 당 정무조사회를 무대로 지배력을 강화시켜나갔다. 이 족의원들이 정책입안, 즉 정부가 제출하는 법안작성에 있어 공식·비공식적인 영향력을 강화하게 된 것은 1973년 제1차 오일쇼크 이후의 저성장시대부터였다. 그들은 저성장시대의 긴축재정을 위해 각 부처 간의 예산을 조정하는 역할을 부여받았다. 반면 그들은 경기가 확장될 때는 재정규모를 팽창할 수 있었으므로 각계로부터 집중적인 로비의 대상이 되었다. 재계는 정당뿐만 아니라 조정능력이 뛰어난 족의원 개인을 대상으로 로비를 벌였다. 이로 인해 관료의 영향력은 점차 약화되었다.

　전후 일본 행정은 경제성장을 위해 재계를 육성하는 것을 기본노선으로 해왔다. 재계 측은 족의원그룹을 만들어 관료뿐만 아니라 정계를 움직이고자 했고, 정계는 선거 때 재계의 지원을 받아 정권기반을 확고히 다져나갔다. 이것이 자민당이 정권을 유지해가는 방식이었다. 그렇기 때문에 족의원과 관료는 긴장관계에 있으면서도 서로 의존하는 관계였다. 정치개혁 요구가 강할 때 각 성청(省廳)의 응원단을 매수하기도 하였다.

▌정·재·관 '철의 삼각관계'의 행방

　현재 일본의 정계와 재계, 그리고 관계는 '철의 트라이앵글' 형태이다. 서로 강한 고삐로 묶여 있는 셈이다. 재계는 정계에 돈을 내고 정계는 그 대가로 재계의 요청을 들어준다. 또한 관계는 재계에 인·허가와 예산상의 편의를 봐주고, 재계는 퇴직 관료(관료OB)를 받아준다. 즉 정치가는 관료의 정책수립과정에 힘을 보태주고, 관료는 정치가가 소속된 지방에 많은 예산을 배정해줌으로써 이에 보답한다.

정·재·관계를 정점으로 하는 이 삼각관계를 상징하는 것은 족의원이다. 족의원은 재계와 관계, 그리고 각 부처 간의 이익을 조정·주도한다. 족의원은 저성장시대의 산업육성에 한 역할을 담당했지만, 특정 업계와의 긴밀한 관계로 인해 국민의 질타를 받기도 했다. 1993년 자민당이 정권에서 물러난 직후 적발된 제네콘(대형종합건설회사) 뇌물사건이 좋은 예다.

▌전기(轉機)를 맞이한 일본경제

연립정권시대로 돌입한 이후 정계에 대한 재계의 시각이 달라졌다. 어느 정당이 정권을 쥘 것인지 예측하기가 어려워졌고, 또 상황에 따라서는 뒤집히는 경우도 있기 때문에 경단련은 더 이상 정치자금을 알선하지 않았다. 기업으로서는 정당과 정치가에게 헌금한 정치자금의 용도를 파악하기가 어려워졌다. 정계개편과 같은 유동적인 정치상황에서 관료도 힘을 회복했다. 비(非)자민당 출신의 호소카와 수상 재임 당시 7% 세율의 국민복지세가 갑자기 부상한 것은 대장성의 시나리오였다. '정치복권(復權)'이라는 얘기가 회자되고 있지만, 그것 자체가 관료의 영향력이 되살아나고 있다는 것을 반증한다. 일찍이 일본경제에 대해 '정치 삼류, 경제 일류', "정치가 불안정해도 유능한 관료가 있으므로 경제는 안정된다"고 말해 왔다. 그러나 일본경제는 거품경제가 붕괴된 후 오랫동안 불안 속에 지속되어 왔다.

중앙집권제에서 지방자치제로 바뀐 후 지금까지 각 부·청이 장악해 온 권한은 지방분권의 큰 흐름을 보였다. 이로 인해 메이지시대부터 지속돼 온 중앙집권체제가 변화하고 있다. 공공사업을 중심으로 한 경기 대책의 한계가 보이기 시작하고, 각 부·청은 재편되고 있다. 따라서 정계와 재계, 그리고 관계도 새로운 전기를 맞이하고 있다.

"되돌아보면 25년 풍운을 견뎌내고 전후 부흥기를 뛰어넘은 일본경제는 기술과 수출을 양 축으로 한 선진국가를 건립하기 위해 뛰어왔다. 그리고 선진국으로서의 기초조건을 충실히 이행해온 일본경제는 이제 밖으로부터 선진국으로서의 국제행동원리를 배워 익히고, 안으로는 진정으로 복지경제를 실행시켜야 할 중요한 시기를 맞이한 것이다."

위 문구는 지금으로부터 이미 30년 전 국민소득이 영국과 같은 수준에 달했을 때 작성된 『경제백서』의 한 구절이다. 경제성장 지상주의로부터 복지국가로의 전환을 요구하는 호소가 오늘날 다시 신선하게 들리는 바, 이는 일본경제가 나아가야 할 새 길을 제시해주고 있다.

이탈리아의 역사철학자 베네데토 크로체(Benedetto Croce)는 '모든 역사는 당대의 역사(contemporary history)'라고 선언했다. 역사란 본질적으로 현재의 눈을 통해서, 그리고 현재의 문제들에 비추어 과거를 바라보고, 우리는 현재를 이해하기 위한 열쇠로서 과거를 이해하려 한다는 것이다. 우리가 일본의 전후 경제를 이해하는 것은 우리가 현재 직면하고 있는 문제들에 대한 열쇠를 찾으려는 문제의식으로부터 비롯된 것이다. 독자들이 이 책을 통해 그것에 대한 조그만 실마리라도 찾을 수 있다면 적지 않은 보람이겠다.

제**1**장

폐허에서 부흥으로, 1945~49

* * *

▌암시장에서 부흥으로

1945년 8월 15일 정오, 일본 천황이 라디오 방송을 통해 종전(終戰)의 조칙을 전 국민에게 고한 시점부터 일본의 전후사는 시작되었다.

종전을 맞이한 일본 국민의 감정은 극히 복잡했다. 죽음의 위기가 물러간 것에 대한 안도감과 공습경보에 떨며 등화관제에 신경 쓸 필요가 없게 되었다는 해방감이 몰려왔다. 그러나 다른 한편으로는 정부에 대한 불신감이 쌓였다.

폐허가 된 역 광장에는 암시장이 들어섰다. 이곳에서는 법망을 뚫고 부정 유출된 식료품과 생활용품이 터무니없는 가격으로 판매되고 있었다. 생필품이 절대적으로 부족한 상황이었기 때문에 서민들은 적

종전과 함께 물자를 불법가격으로 파는
암시장이 등장, 경찰의 눈을 피해 전국에
퍼졌다(사진은 동경 신바시 역 앞)

금을 헐어서 최소한의 욕구를 채우는 데 급급했다. 이처럼 사회질서가 극도로 혼란스런 와중에도 긴 세월에 걸쳐 탄압받았던 사회주의 운동과 반체제 운동세력이 확대되어갔다.

포츠담 선언 수락 후, 일본 점령군 총사령관인 미국의 맥아더 장군이 아쓰키(厚木) 비행장에 내린 것이 8월 30일, 동경만에 정박해 있던 전함 미주리호 위에서 일본의 무조건 항복문서에 서명한 것이 9월 2일이었다. 연합군 총사령부는 일본 정부에 대하여 육해군 해체와 군수공업 중지를 명령했다. 아울러 '초기 미국의 대일정책'을 발표했다. 이는 군사적인 고려에 따라 연합군이 채택한 최소한의 조치였다.

10월 11일에는 선거권 부여에 의한 여성의 지위 향상, 노동조합의 조직 장려, 교육 자유주의화, 전제적인 모든 제도의 폐지, 경제기구의 민주화(재벌 해체 및 농지개혁) 등 일본 국민의 기본적 인권확립과 정치적 자유보장을 위한 이른바 5대 개혁지령이 발표됐다.

연합군은 이어 12월 21일까지 수차례에 걸쳐 지령을 내렸다. 요컨대 연합군 총사령부는 일본이 다시는 세계에 위협을 주는 일이 없도록 민주화의 정착과 가혹한 배상 등의 징수책에 힘을 쏟고 있었다. 이처럼 일본경제의 비군사화와 민주화에만 치중한 결과, 전시 경제기구에서 평화경제 시스템으로 교체되는 과정에서 인플레이션을 억제하는 것과 산업부흥을 위한 모든 정책은 경시되었다.

종전의 날 ▌ 8월 15일 무조건 항복을 요구하는 포츠담 선언이 수락되자 시민들이 황궁 앞에서 무릎을 꿇고 있다

▌국민총생산에 맞먹는 피해

전쟁으로 인해 제1선의 전장에서의 피해와 본토 공습의 피해를 포함해 300만 명에 가까운 사람들이 목숨을 잃었다. 그 외 전국 119개에 이르는 도시에서 전재(戰災)로 220만 호가 상실됨에 따라 900만 명 이상의 사람들이 집을 잃었다. 뿐만 아니라 많은 공장과 도로, 다리, 선박 그리고 항만시설까지 파괴되고 말았다. 더구나 경제안정본부가 후에 정리한 〈태평양전쟁 피해 보고서〉에 의하면 일본 국부자산총액의 전쟁 피해율은 종전 1944년의 국부에 비해 35%, 평화적 국부총액(무기·함정류 제외)은 25.4%에 달했다. 그와 더불어 이 피해 총액은 종전 직후 1946년의 국민총생산액과 거의 필적할 만했다. 상실한 국부를 되돌리기 위해서는 전후 부흥이 가장 빠르게 진행될 경우라 해도 수십 년은 걸릴 것이라고 추정했다.

교통지옥 ▌ 전쟁으로 인해 교통기관까지 피해가
미쳐 운송력은 극도로 저하됐다

한편으로 만주, 중국, 그 외 동남아시아 지역 등 과거 일본군 점령지역에서 700만 명이 넘는 복귀병사와 해외귀환자를 본토에 맞이하면서 이 사람들에게 먹을 것과 일자리를 제공해야 하는 심각한 사회·경제적 문제에 부딪치게 되었다.

일본 정부는 점령군의 본격적인 진주 이전에 국내의 군인, 군무원을 제대시키기에 급급했다. 또한 전쟁 중에 미결제로 모아진 임시군사비가 민간 기업에 지불되었다. 이로 인해 거액의 돈이 방출되고 통화가 급팽창하는 상황이 벌어졌다. 이것이 국내 인플레이션을 겪게 한 큰 요인으로 작용했다. 당시 일본 기업은 허탈상태였다. 주요 경영진들이 송두리째 추방되었고 주력 공장은 배상(賠償)지정으로 폐쇄된 데다 원자재는 완전히 고갈되었다. 따라서 근로자들의 의욕이 몹시 저하된 상태였다. 일본의 생산력은 급격히 떨어졌으며 한편으로는 인플레이션이 맹렬한 기세로 진행되어갔다.

▌새로운 경제단체의 탄생

이 시기는 일본경제의 기초가 새롭게 구축되어야 할 극히 중대한 시기였다. 암중모색 속에서 기존의 주요 종합경제단체에 의해 경제단체연합위원회가 결성되었다. 그 후 일본 재계의 '총본산'이라고 불리게 된 경제단체연합회의 모태가 형성되었다. 즉 항복문서 조인 다음날인 9월 3일, 히가시 쿠니(東久邇) 내각의 상공대신 나카지마 치쿠헤이(中島知久平)가 재계 대표로서 일본경제연맹회 회장인 이자카 타카시(井坂 孝), 중요 산업협의회 회장인 마쓰모토 겐지로(松本健次郎), 전국상공경제회협의회 회장인 후지야마 아이이치로(藤山愛一郎), 상공조합중앙회 회장인 고도 다쿠오(伍堂卓雄) 등 네 명을 관저에 초대하여 종전 후의 일본경제 수습 방안에 대해 자문을 구했다. 이것이 일본 재계의 총본산인 경제단체연합위원회 설립의 모태가 되었다. 그러나 경제단체연합위원회가 설립된 후 실시된 경제민주화정책 중, 재계에 가장 큰 영향을 준 것은 말할 것도 없이 재벌해체였다.

▌연합군 총사령부의 재벌해체 압력

1945년 11월 6일, '지주회사 해체에 관한 건'이라는 연합군 총사령부의 문서가 발표되었다. 이를 시작으로 관련된 지시가 잇따라 일본 정부에 하달되었다. 일본 정부는 11월 4일에 제한회사령을 공포하고 지주회사의 해산 및 재산 처분을 제한하며, 처리방침을 결정할 때까지 그 자본구성이 변화하는 것을 억제하는 조치를 채택하였다. 또한 재벌 해체에 관한 정부안을 급히 작성해서 연합군 총사령부의 승인을 구했다.

정부안의 내용은 다음과 같았다. "미쓰이(三井), 미쓰비시(三菱), 스미토모(住友) 각 본사, 야쓰타 호젠사(安田保善社) 4대 재벌의 소유 증권을 조만간 신설하게 될 지주회사 정리위원회에 전부 양도하게 한다. 지주회사 정리위원회는 지주회사를 해산하거나 혹은 계속 관리해서 양도된 증권을 점차적으로 처분하고, 처분 완료 후에는 원 소유자에 대해서 상한 기간 10년 이상의 양도금지 국채를 교부한다"는 이 정부안은 연합군 총사령부에 의해 일단은 수락되었다.

하지만 재벌해체에 종지부를 찍는 것은 단순히 1단계에 지나지 않았다. 연합군 총사령부는 이어 두 개의 조건을 정부안에 더 추가했다. 첫째는 4대 재벌 이외의 공업·상업·농업에 있어서 기업결합의 해체이며, 둘째는 사적 독점 및 거래 제한 등을 저지하고 공업·상업·농업에 있어 민주주의에 의한 자유경쟁의 기회를 주도록 법률을 제정하는 것이었다. 이후에 생긴 독점금지법(獨占禁止法) 등이 바로 그것이었다.

1946년 6월 4일, 정부는 지주회사 정리위원회령을 공포하여 실제로 8월부터 위원회를 발족시켰다. 하지만 이보다 앞서 연합군 총사령부는 18개 사의 재벌회사와 연관된 336개 사를 제한회사로 지정하였고, 그 후 여러 차례 추가 지정하였다. 게다가 1946년 6월에는 개인 금융활동 제한령이 공포됨으로써 재벌이 소유한 모든 재산의 매각·증여·양도·이전이 원칙적으로 금지되었다.

1946년 8월 27일, 지주회사 정리위원회는 제1회 총회를 열어 우선 후지(富士)산업을 추가한 5대 재벌을 제1차로 지정하고 해체의 근본방침을 결정했다. 한편 순수 지주회사가 아닌 대기업에 대해서도 같은 조치를 채택했다. 이어 같은 해 11월에는 가와사키(川崎)중공업 이하 회사 40개를 제2차로 지정하고, 12월에는 재벌 중 미쓰이(三井)광산 이하 20개 사를 제3차로 지정했다. 이에 따라 재벌가족 56명이 관계회사의 중역을 모두 사임하고 그 외의 재벌 임원 2,210명도 632개 사에서 퇴임했다. 또한 재벌해체와는 별도로 1947년 1월 4일자로 연합군 총사령부의 문서에 의하며 약 2,500개 사의 주요 임원이 공식 추방되었다. 이 두 가지의 조치에 의하여 재계는 기구적으로 완전히 새롭게 탄생했다.

1947년 4월 14일 〈사적독점 금지 및 공정거래의 확보에 관한 법률〉, 12월 18일 〈과도 경제력 집중 배제법〉, 다음해 1월 16일에는 〈재벌 지배력 배제법〉, 7월 29일에는 〈사업자 단체법〉이 차례로 공포되었다. 민주적 자유기업제도를 향한 땅고르기가 실시되었던 것이다. 이 조치들은 재계에게 일시적인 큰 쇼크를 준 것은 물론이거니와 그 이면에는 종래 불명확한 기업경영의 전망을 혼란스럽게 하는 요소가 분명히 드러났다.

이로써 점령정책의 기본라인에 따른 금지법과 집배법(集排法)은 1948년에 들어서면서 오히려 완화되는 경향을 보이기 시작했다. 집배법에 따라 지정된 325개 회사 가운데 5월 1일, 194개 사의 지정해제가 지주회사 정리위원회에 의해 발표된 것을 비롯해 잇따라 지정해제가 실시되었다.

결국 최종적으로 남은 지정회사 가운데서도 실제로 과도집중으로 인정된 것은 별도로 처분받은 17개 사에 지나지 않았다. 한편 제정 초부터 완화 요구가 많았던 독금법에 대해서는 정부가 1948년 9월 외자도입 기업촉진을 위한 개정안을 작성해서 연합군 총사령부에 제출했다. 연합군 총사령부는 일본 정부와 민간의 개정안을 참작해 1949년 2월, 개정된 법안을 일본 정부에 회부했다. 이로써 독금법 개정안이 성립되었다.

▌일본 최대의 재벌 미쓰이가(家)

경제 민주화를 내걸고 재벌가(家)를 해체하려는 위기상황 속에서 일본 최대의 재벌인 미쓰이·미쓰비시·스미토모에 관해 생각해보지 않을 수 없다.

일본의 '로즈찰스'라고 불렸던 미쓰이 재벌의 심정은 복잡했다. 분명히 직계와 방계 기업으로 군수물자의 생산을 계속해온 것은 사실이지만 그것은 군부의 강요에 의한 것이었고 전쟁이라는 비상시 국가적 요청에 따른 어쩔 수 없는 선택이었다. 물론 계산된 장사가 전혀 아니었다고는 말할 수 없지만 그렇다고 자발적으로 협력한 것은 결코 아니었다. 재벌들이 공통적으로 이를 의식했다. 특히 미쓰이 관계자들은 훨씬 더 민감했다. 미쓰이는 전시 중 "친미(美)·친영(英)이다. 평화산업 중심이다"라는 말을 자주 들어왔다. 그 때문에 사업적으로도 군부와 정부의 표적이 되어 사사건건 냉대를 받아왔다.

미쓰이가는 300여 년 전 도쿠가와(德川)시대 중기에 이세마쓰자카[伊勢松坂: 現 미에현(三重縣)]에서 에도(江戶: 現 동경)로 나와 니혼바시(日本橋)에서 포목점을 시작했다. 지금의 미쓰코시(三越)백화점이 그것이다. 훗날 금융업을 하면서 미쓰코시와 미쓰이 은행은 미쓰이 재벌의 기원이 되었다. 미쓰이가는 모두 11가였고, 가훈에 의해 재산을 공유했다. 이 재산공유 기구가 뒷날 미쓰이와 합병되었다. 지배인을 기용하여 오랫동안 세상의 파란만장한 변천에도 지혜롭게 대처해 나갔으며, 에도 막부 말기의 위국에서도 벗어나 메이지 초기에는 은행과 물산을 창설하였다. 이어 메이지 중기에는 광산업에 진출하여 일청(日淸)전쟁, 일러(日露)전쟁, 제1차 세계대전을 거쳐 발전을 거듭하면서 일본 최대의 재벌이 되었다. 특히 미쓰이물산은 전 세계에 걸쳐 강대한 상권을 확립한 세계적인 회사가 되었다.

1920년대 중반 미쓰이합명(合名)은 직계회사인 물산·광산·창고의 전주(全抹) 외에 은행·신탁·생명 등의 주식 대부분과 다수의 방계회사의 주식을 보유하고 있었다. 전쟁 전에는 미쓰이·미쓰비시·스미토모의 3대 재벌이 일본의 재계를 지배했다고 하지만 대체로 미쓰이가 6, 미쓰비시가 4, 스미토모가 3 정도로 추정할 수 있다. 미쓰이합명의 이사장인 미쓰이 단다쿠마(三井 團琢磨)는 경제연맹의 회장과 공업클럽의 이사장을 겸하면서 일본 재계의 대부가 되었다. 그러나 1927년 일본의 금융공황과 1929년의 세계공황에 직면하면서 일본의 재계도 최악의 불황을 맞이했다. 그 같은 정세에서 국내에서는 청년 장교, 좌익 청년, 농촌 청년 등이 재벌과 기존정당을 타도하여 혁명을 일으키려는 움직임이 일어났다. 미쓰이는 특히 그 표적이 되었다.

1932년 3월, 미쓰이 신축 본관 현관 앞에서 미쓰이 단다쿠마가 혈맹 단원에게 암살당하는 사건이 발생했다. 그 해 5월에는 5·15사건으로 이누카이(犬養) 수상이 백주에 수상관저에서 청년 장교에게 암살되었다. 1961년에는 아자부(麻布) 삼연대의 장병이 새벽에 궐기하여 중신 몇 명을 암살하려 한 2·26대사건이 잇따라 일어났다.

한편 일중전쟁과 그리고 미국과 영국을 상대로 한 태평양전쟁이 발발하면서 각 재벌은 즉각 전시체제를 구축하고 군수사업을 확충하도록 요청받았다. 미쓰비시는 당가(當家)가 두 명, 스미토모는 당가가 한 명이기 때문에 대응이 빨랐다. 1937년에는 두 곳 모두 본사를 주식 조직화하여 시국상황에 즉각 응할 수 있었다. 그러나 원래 평화산업 중심의 미쓰이는 특별히 서둘렀음에도 불구하고 당가가 11명이나 되었기 때문에 좀처럼 일이 타결되지 않았다. 겨우 1940년 여름이 되어서야 미쓰이합명을 주식으로 개조하고, 종전(終戰) 전년인 1944년 3월에 미쓰이 본사를 만들어 뒤늦게나마 군수산업 추진태세를 갖추었다. 물론 그 사이 군수관계 산업을 이미 시작한 미쓰비시와 스미토모 등은 국가자금을 이용해 사업을 크게 확충했다. 결국 미쓰이는 이 회사들과 앞서거니 뒤서거니 하는 정도로 사세가 축소되고 말았다.

▌미쓰이 재벌은 살아남을 것이다

미쓰이 재벌 계열기업 중에는 전시 중, 사업상 압박을 받아 만주에서 배제되기도 하고 산서(山西)지방에서 쫓겨나기도 했다. 종전 후 미쓰이가는 "평화가 찾아 왔으니 이번에는 이쪽 차례가 되었다"라고 생각했다. 미쓰이 사는 먼저 본사를 중심으로 미쓰이 부흥사업회사를 기획했다. 자사의 총력을 결집해 자본금 1억 엔, 자금 20억 엔을 투입하여 패전 직후의 긴급대책으로 쌀 200만 석, 소금 20만 톤 생산을 위해 전국에 대규모의 간척사업을 계획했다. 또한 조립주택 20만 호 건설을 위해 패전 직후 회사설립 허가신청을 냈다.

그런데 앞에서도 언급한 것과 같이 연합군 총사령부는 "자원이 빈약한 일본이 무사시(武藏) 야마토(大知)와 같은 세계 제1의 군함을 만들어 강대한 미국과 영국에도 전했다는 것은 일본에 재벌이라는 특수조직이 있기 때문이다. 일본의 재군비를 억제시키기 위해서는 재벌을 없애고 그 재생을 막는 것이 선결과제이다"라는 결론하에 재벌해체를 지시했다. 전쟁이 끝나기만 하면 자유롭게 경제활동을 할 수 있으리라고 믿고 있었던 미쓰이 간부들은 낙담하고 말았다. 그 징후가 없었던 것은 아니다. 전쟁 종결 일주일 후 "제2차 세계대전에 한정한다고 가정해도 미쓰이 재벌의 전쟁 책임은 추궁해야만 한다"라는 내용의 로이터 통신이 일본 신문에 게재된 것이다. 10월 11일, 미쓰이 일족 11가의 당주가 모여서 친족회의를 개최했다. 일족들은 일중전쟁이 시작되었을 무렵부터 친미·친영적이라는 군부와 혁신관료들의 중상모략을 받아왔을 뿐 아니라 지탄의 대상이 되어왔기 때문에 오히려 안심할 수 있었다. 하지만 연합군 총사령부와 교섭하고 돌아온 미쓰이 본사 상무이사 스미이 타츠오(住井辰夫)의 보고는 미쓰이가의 기대를 산산조각 나도록 했다. 그는 보고에 앞서 "재벌해체는 심리적뿐 아니라 제도적으로도 일본의 군사력을 이완시키는 것이다"라고 말한 연합군 총사령부의 경제과학국 국장 크래머의 강경한 태도를 먼저 설명했다. "미쓰이 재벌이 친미·친영적이었다"라는 변명도 완전히 무시됐다. "재벌은 정부의 비호에 있었기 때문에 육군과 해군이 정부의 정책을 공박하는 것을 묵시했다. 재벌은 일본 국가에 대하여 충성심만 있는 것이 아니라 자기 이익에 충실한 것에 지나지 않는다"라는 것이 연합군 총사령부의 견해였다. 책임을 면할 길이 없음을 안 미쓰이 본사는 일족의 입장을 옹호하기 위하여 다음 다섯 가지 개혁안을 크래머에게 제시했다.

① 미쓰이 일족의 경영선상에서의 퇴진, ② 미쓰이 본사 최고직 간부직의 퇴진, ③ 본사 소유주식 제3자 매각, ④ 미쓰이 본사의 권한 축소와 순수한 주식회사로의 전환, ⑤ 이사제도 폐지.

그러나 크래머는 "이건 개혁이 아니다. 해체되어야 한다. 24일까지 자발적으로 처리하지 않으면 총사령부는 명령권을 발동할 것이다"라고 말했다. 할 수 없이 미쓰이가 일족회는 1945년 11월 3일, 전원 일치로 해산을 결정했다.

일본 정부가 연합군 총사령부에게 재벌해체안을 제출한 것이 바로 그 다음날이었다. 이어 미쓰이 그룹 각 회사의 사장이 일제히 퇴진하고 12월 18일에는 미쓰이 본사에서 총회의가 개최되어 전 임원의 사임이 결의되었다. 재벌해체를 위한 기관인 지주회사 정리위원회가 발족된 것이 다음해인 1946년 8월이었다. 10월 8일, 미육군 헌병의 호위 아래 대형 군용트럭이 마루노우치(丸之内)의 미쓰이 본관 옆에 정차했다.

이어 미쓰이 본사 소유의 유가증권 등의 7할에 해당하는 공사채와 출자채권, 미쓰이 그룹 각 계열사의 주식 등 장부상으로 7억 수천만 엔이 트럭에 고스란히 실렸다. 사원들은 멀어지는 차를 보고 눈물을 흘렸다.

더욱이 '기업집중배제(企業集中排除)'에 있어서 세계 최대의 상사인 미쓰이물산은 전전(戰前), 스미토모의 무역부문을 맡고 있었기 때문에 특히 주목받았다. 처음 연합군 총사령부가 회사를 9개 계열사로 나누려 하자 미쓰이물산 측은 지속적으로 사원들의 탄원서를 제출하여 완화를 간청했다. 그러나 오히려 이것이 역효과를 낳아 전면적 해산을 당하고 말았다. 사원 200명 이하, 자본금 19만 5천 엔 이하, 지점장급 2명 이하, 미쓰이 사무실 사용금지라는 극단적인 조치가 내려지고 전국 200여 개의 작은 회사로 분산되어 괴멸되었다.

▌자발적 해체를 거부한 미쓰비시 재벌

메이지 유신 이후, 일본경제에서 그 창립 때부터 미쓰이가와 대립 경쟁한 미쓰비시상회(商會)는 이윽고 미쓰비시 재벌이 되었다. 하지만 태평양전쟁 종결로 연합군 총사령부의 목표가 되기는 미쓰이와 더불어 미쓰비시도 마찬가지였다. 미쓰비시 재벌의 경우는 미쓰이와 스미토모 재벌처럼 산하기업의 경영이 '지배인 정치'가 아니었다. 창업자 이와사키가(岩崎家) 당주와 그 일족이 사실상 일본의 최고 권력자로 있는 만큼 상황은 훨씬 불리했다고도 할 수 있었다. 미쓰비시 재벌의 직계기업이 중공업 회사를 보유했던 것도 적극적인 전쟁 협력 덕분이었다.

재벌의 지주회사로서 미쓰비시 본사는 1945년 8월 1일 당시 자본금 2억 4,000만 엔으로 직계·방계 등 각 기업의 주식을 보유하고 있었다. 그러나 미쓰비시 본사의 지분율은 다른 재벌과 비교한다면 상당히 저조한 편이었다. 본사에 대한 재벌 가족의 지분율은 비율의 순위에서 본다면 미쓰비시 47.8%, 미쓰이 63.8%, 스미토모 83.3%의 상태였다. 이것은 직계·준직계 기업에 대한 본사와 재벌 가족의 소유 비율에 있어서도 같은 상황이었다. 재벌 이익을 넘어 주식을 폭넓게 공개하겠다고 미쓰비시 재벌 담당자는 열심히 변명했지만 연합군 총사령부 경제과학국은 "비율수치가 낮은 까닭은 미쓰비시 재벌이 군수생산을 계속하기 위하여 중공업이 중심이었고, 제2차 세계대전의 진전과 함께 미쓰비시 본사와 이와사키 일족의 자본적 한계 때문에 생겨난 필연적인 결과이다"라고 반론했다. 그 당시 이미 자본금이 10억 엔이었던 미쓰비시 중공업의 규모를 생각해봐도 연합군 총사령부 경제관료의 지적은 적절한 것이었다. 실제로 1946년 9월의 시점에서 본다면 미쓰비시 재벌계 기업 76개 사의 전국 총자본은 27억 350만 엔에 달했기 때문에 자본량은 충분히 미쓰이 재벌에 필적한다고 볼 수 있었다. 그 위에 미쓰비시 재벌계 기업을 산업별로 비교해 보면, 일본 우편선박을 포함한 해운업은 40.3%, 기계공업 16%, 광공업이 8.9%, 화공업 6.3%의 수치로 나타났다. 자본금 10억 엔의 미쓰비시 중공업과 합쳐 계열기업이 중화학공업으로 구성되었다.

미쓰이 재벌 담당자들이 그랬던 것처럼 미쓰비시 재벌도 한결 같이 희망적인 관측을 하고 있었다. 미쓰비시 재벌계의 총수인 이와사키 고야타(岩崎小弥太)는 재벌해체가 아닌 지주적 개혁안의 초안을 작성했다.

"미쓰비시 본사는 이사장을 폐지하는 대신 회장과 상담역을 둔다. 종래 본사의 상무사장인 이와사키를 회장에, 부사장인 이와사키 히코야타(岩崎小茉太)를 사장으로 취임시키고 새로운 부사장에는 이와사키 일족을 배제한 선에서 적당하다고 판단되는 사람을 선임한다"라는 것이 고야타가 제시한 초안의 골자였다. 그 초안 가운데 노회(老獪)한 고야타는 전 기업에 있어 56세를 정년으로 명기하고, 최고 수뇌가 되면 해당 기업의 상담역으로 잔류할 수 있도록 했다. 이렇게 해두면 구(舊)임원의 총퇴진도 없게 되고 이와사키 고야타와 이와사키 일족의 영향력도 온전할 수 있다고 생각했다. 미쓰비시 재벌을 영원히 지속시켜야 한다는 것이 고야타의 신념이었다.

하지만 고야타의 염원은 무참히 깨지고 말았다. 10월 중순, 연합군 총사령부의 경제과학국 국장 크래머는 전쟁을 이용해 큰 이익을 취하려고 했던 회사 트러스트에 대한 징벌, 즉 재벌을 해체시키는 방침으로 사태를 처리한다는 공식적인 성명서를 발표했다. 당시 고야타는 건강이 나빠져 아타미(熱海)에 있는 별장에 요양하고 있었다. 그 병상에서 미쓰비시 은행장인 가토 다케오(加藤武男)의 입을 통해 미쓰이도 스미토모와 함께 자발적인 해체를 결정하였으니 미쓰비시도 동의해 주기를 바란다는 당시 대장성(大藏省) 대신의 요망이 전해졌다.

고야타는 "나라를 위해서였다. 그런데 패전했기 때문에 그 명령에 따라 해체할 수밖에 없단 말인가. 자발적 해체는 나의 신념으로는 할 수 없다. 미쓰비시는 국가의 명령에 따라 당연히 국민으로서 해야 할 의무를 다했기 때문에 돌이켜보아도 한 점 부끄러울 것이 없다"라고 말하며 끝까지 버텼다. 하지만 크래머가 자발적 해체를 거부하면 난민에 대한 식량원조에 지장을 초래할 것이라고 위협하자, 결국 자발적 해체를 수락하고 말았다. 미쓰비시 회사의 주주총회에서 이와사키 일족은 해산을 전제로 경영에서 퇴진할 것을 결의했다. 병이 악화되어 동경제국대학 의학부 부속병원에 입원한 고야타는 마지막 주주총회에 참석하지 못한 채 그 결의를 병상에서 전해 듣고는 끝없는 비통에 잠겼다고 한다. 그리고 얼마 지나지 않아 임종을 맞이했다.

▌이미 괴멸상태였던 스미토모 재벌

종전의 시점에서 스미토모 본사가 투자한 기업 수는 120개 사에 달했다. 순위상으로는 미쓰이에 이어 2위였지만, 공칭(公稱) 자본금이 100억 엔을 돌파하여 자본금 94억 엔인 미쓰이 본사를 능가하는 기세였다. 원래 스미토모 지분율이 10%를 넘는 기업으로 한정한다면 29개사로 미쓰이 재벌의 76개 분사, 미쓰비시 재벌의 41개 사에 비해 상당히 규모가 작은 것이었다. 스미토모 재벌계 기업이 미쓰비시 재벌계 기업과 같이 중화학공업 중심이었음에도 불구하고 연합군 총사령부의 확고한 표적이 되지 않고 넘어갈 수 있었던 것은 미쓰비시 재벌계 산하의 기업처럼 대규모적인 중핵기업이 없었기 때문이었다.

그러나 중화학공업 재벌 가운데 스미토모 재벌로서는 메이지 이후 최대의 위기에 놓이게 되었다. 직계 생산회사가 모든 군수회사의 지정을 받고 있는 만큼 전국(戰局)의 악화와 함께 각각의 회사들은 기업활동이 제한되고 주력 공장은 끊임없는 공습에 의하여 괴멸상태가 되고 말았다. 게다가 전쟁이 끝났다고 해서 간단히 민간수요를 받아들일 수 있을 만큼의 여유가 있었던 것도 아니다.

종전 시의 스미토모 본사는 대표 이사 사장인 스미토모 요시사에몬(住友 吉左衛門) 아래에 8명의 이사와 1명의 감사가 자리 잡고 있었다. 스미토모 본사는 재벌해체에 대처하기 위해서 다섯 가지 원칙을 결정하고, 각 회사 수뇌 50명과 스미토모 본사 임원이 모여 잇따라 사업전환방책 간담회를 열었다. 그 석상에서는 이론이 백출했지만, 생산기능을 완전히 상실한 상태였기 때문에 아무 결론을 얻지 못한 채 끝나고 말았다.

그 사이에도 연합군 총사령부 경제과학국의 강경한 태도는 계속되었다. 게다가 "스미토모 재벌 당주에게 전범의 용의" 등의 여론이 나오면서 스미토모 사의 해명은 더욱더 부자연스러운 것이 되었다. 오사카(大阪)의 스미토모 본사에 온 크래머에게 후루다 슌노스케(古田俊之助) 총이사는 "나는 스미토모 재벌 해체에 동의할 의사가 없습니다. 스미토모 요시사에몬은 재벌 내 기업의 운영에 있어서 책임이 없으며 또 관계가 없기 때문에 모든 책임은 총이사인 나에게 있습니다" 하고 당주를 감쌌다. 10월 24일, 후루다는 스미토모 본사의 해산을 알리는 성명과 함께 스미토모 재벌계 각 사의 전 종업원에게 고별인사를 했다.

"스미토모는 그 나름대로의 전통이 있다. 그러므로 형태상의 연계는 없어졌다 해도 정신적인 연계는 결코 잊지 않기를 바란다."

▌은밀히 진행된 경제위기 긴급대책

1946년 1월, 중앙관청의 국장급이 은밀히 모인 가운데 경제위기의 긴급대책이 세워졌다. ① 국민전반의 예금을 동결하고 통화를 신엔(新円)으로 바꾸어 소비구매력을 봉쇄하고 재산세 징수를 위한 조사를 실시할 것, ② 쌀, 보리 등의 유통 루트를 조사하여 부정불법한 유통을 적발할 것, ③ 매점매석을 단속하고 정부가 적정한 배급통제 경로를 취할 것 등이 주요한 검토 항목이었다.

이 내용은 2월 16일에 발표된 경제위기 긴급대책안으로, 예금봉쇄와 지불유예를 비상수단으로 인플레이션을 진정시키는 것이 최대의 사안이었다. 그러나 인플레이션의 진정효과는 극히 일시적인 것으로 끝나고, 9월에는 통화발행액이 최고수준을 돌파했으며 인플레이션 압력은 한층 더 심각해졌다. 이것은 축소재생산과 공급력 부족의 정도가 심해졌기 때문에 생긴 필연적인 결과였다.

같은 시기에 연합군 총사령부는 많은 문제를 안고 있는 전시보상을 중단하는 것으로 최종 결정했다. 그것은 일본경제가 시급히 회복되지 않는 한, 생사의 갈림길에 직면한다는 위기감을 정책당국에 강하게 인식시켜준 일이었다. 또한 연합군 총사령부 당국과의 사이에 종합연락조정역을 할 경제안정본부가 발족하게 되었다. 전후 통제를 재가동시키기 위해 중요 경제정책을 운영하는 것이 이 기구의 역할이었다. 종전 후 일본경제가 이렇게까지 몰아붙여진 것은 일반적으로 상상하기 힘든 어려움이 뒤따르게 됐음을 의미했다. 그래서 각별히 중점적인 방책을 수립할 필요가 있었다. 그 즈음 아리자와 히로미(有澤廣巳) 동경대 교수에 의한 '경사생산방식(傾斜生産方式)'이 요시다 수상에게 보고되었다.

▌경사생산방식과 경제안정본부

경사생산이란 경제재건을 위해 석탄과 철광의 증산에 중점을 두고 증산의 성과를 단계적으로 이루게 한 다음 다른 산업에 영향을 미치게 하는 부흥방식을 의미한다.

경제안정본부는 발족 후 빠른 속도로 안정적으로 자리잡아갔다. 그리고 안정본부의 중심업무는 ① 4분기별 물자수급계획, ② 자금수급계획, ③ 개별물자의 통제가격 설정과 공정가격체계 유지, ④ 가격차 보급금을 산정한 후 각 부에 보내어 실행시키는 것이었다.

처음에 경사생산방식은 여러 가지 장애에 의해 난관에 부딪혔다. 하지만 점차 효과가 상승해 1947년도 실적은 당초의 계획에 비해 석탄 98%, 일반 강철재 81%의 수행률을 보였다. 1947년 2월, 이 방식의 발전으로 임시 석탄광업관리법(석탄국관법)이 가타야마(片山) 내각에 의해 성립되었다. 가타야마 내각은 1948년 4월부터 기초산업 분야에 충실히 노력을 기울였다. 그래서 1947년에 연간 38.3%의 저수준에 맴돌았던 광공업 생산지수(1934~1936년을 100으로 함)가 1948년에 차례로 상승되어 3월에 이르러서는 51.5%가 됨에 따라 전후(戰後) 기준의 반을 돌파하게 되었다.

그러나 통화 유통고는 재정자금의 살포초과, 부흥금융금고의 대출 급증 등으로 이 기간 중에 계속 증가하여, 1947년 1월 1,000억 엔, 1948년 12월 3,552억 엔으로 팽창했다. 그 때문에 1947년 중에는 생산재, 소비재 양쪽 모두 실질가격이 2배 이상 올랐다. 이에 따라 서민들의 생활비도 오르면서 이른바 물가와 임금의 악순환이 거듭되었다. 이리하여 일본 정부는 1947년 3월 은행융자를 규제하고 긴축재정을 실행했다. 한편 중점산업 부문에는 집중대출을 강화했다. 하지만 인플레이션의 악순환을 멈추게 할 수는 없었다.

그런데 신(新)헌법체제로 바뀌게 되는 제1총선거에서 혁신세력인 사회당이 제1당이 되면서 1947년 6월 1일, 사회당 수반의 가타야마 데츠로의 연립내각이 탄생했다. 그로부터 10일 후, 가타야마 내각은 경사생산의 강화, 새로운 물가체계의 확립 등을 골자로 하는 〈경제위기 돌파 긴급대책 요망〉을 발표하고 이것에 의거하는 이른바 〈7월 새로운 물가가격체계〉를 책정했다.

이 물가체계는 석탄, 코크스, 선철, 강철, 동판, 전기동, 과린산 석탄, 소다석회, 가성소다 등의 가격이 전쟁 중반 무렵에 비해 약 65배 인상된 것이었다. 쌀 가격은 한 섬에 1,700엔으로 정해졌다. 공급자 가격이 이것을 상회하는 경우 가격조정 보조금을 지출하여 수요자 가격을 인하하기도 했다. 또한 임금수준은 전국 공업평균, 1,800엔을 기준으로 했다. 이 같은 물가체계는 원가주의(原價主義)에 의한 가격체계를 만들어 그 선에서 인플레이션을 억제하려는 시도였다.

그러나 7월 물가체계도 결국 인플레이션 진행을 억제하지 못했다. 노동조합의 공세에 의한 지불임금의 증가, 재정적자 등에 의해 7월 물가체계는 그 해 연말에는 명목만으로 남게 되었다. 그 이듬해인 1948년 2월에는 공무원 신급여 베이스 2,920엔이 권고됨에 따라 결국 파탄지경에 이르렀다.

▌'국가도 적자'라고 밝힌 경제실상 보고서

경제안정본부는 몇 번의 변화가 있었다. 1948년 절정기 때의 편성은 12국 2부 2실에, 정원은 본부 1,379명과 지방안정국 504명, 외국의 물가청이 1,228명으로 공무원 중에서도 인재만을 모았다. 이들 중에서 안정본부에 파견되었다가 다시 본부로 되돌아와 사무차관 등을 역임한 사람들이 배출되었다.

한편 오쿠로 사부로(大來佐武郞), 고토 요노스케(後藤譽之介), 무카자카 마사오(向坂正男) 등 유수의 관청 경제학자가 활약하기도 했다. 이들은 쓰루 시게토(都留重人)라는 종합조정 부위원장을 중심으로 한데 모였다. "국가도 적자, 기업도 적자, 가계도 적자"라는 경제위기를 기록한 경제실상 보고서는 먼 훗날 일본의 경제백서를 탄생시키게 된다.

"국민은 가능한 한 모르는 게 좋다"라는 식의 관료적 경제행정의 껍질을 깨고 나라 경제위기의 객관적 사실을 전 국민에게 밝힌 것은 정책의 민주화에 중요한 발자취를 남긴 것이라고 할 수 있었다.

그러나 당시의 국내 정치는 너무나 불안정했다. 가타야마 내각은 사회당 내부의 항쟁으로 1948년 2월에 붕괴되었다. 그 뒤를 이은 아시다 히토시(芦田均) 연립내각도 미국으로부터의 원조와 자본도입을 발판으로 발족했으나 쇼와전공(昭和電工) 의혹으로 단명했다. 그 후 요시다 시게루가 재차 정권을 잡은 것이 그 해 가을이었다.

▌정·재계를 끌어들인 쇼와전공 의혹

아시다 내각의 붕괴 원인이 된 쇼와전공 의혹은 단순한 정·재계 유착의 문제가 아니라, 연합군 총사령부 내부 세력까지 연결되어 있었다. 아시다와 요시다의 갈등, 또 그것을 둘러싼 재계인과의 대립이 쇼와전공 의혹의 배경이었다.

종전 직후, 부흥금융금고는 화학비료 최대 메이커인 쇼와전공(昭和電工)에 식량증산을 위해 거액의 융자를 제공했다. 1946년 9월에 6억 3,500만 엔, 1947년 7월에 4억 8,500만 엔, 그리고 그 해 2월에도 10억 3,200만 엔이 대출된 것이다. 이를 위해 당시 쇼와전공 사장으로 있던 히노바라 세쓰조(日野原節三)는 정·관·재계를 비롯해 연합군 총사령부 민생국(GS)에까지 돈을 뿌렸다. 시용 용도가 확실하지 않은 돈만 3억 5,000만 엔에 달했다. 이 사실이 드러난 후 히노바라는 뇌물죄로 조사를 받게 되었다. 1948년 6월 7일, 히노바라 사장의 비서와 상공성(통산성) 화학비료 제2과 황산암모늄계 주임의 체포를 시초로 검거가 시작되었다.

쇼와전공 사장과 공무원의 검거가 잇따르자, 6월 23일에는 히노바라가 구속되었다. 9월에는 정계에까지 파문이 확산되면서 30일에는

아시다 히토시(1887~1959)

경제안정본부 총무장관인 구리스 다케오(栗栖赴夫), 10월 6일에는 니시오 스에히로(西尾末廣)에게도 수사의 손길이 뻗쳤다. 이미 정권의 유지는 불가능해졌다.

니시오가 체포된 다음날, 아시다 내각은 결국 총사직을 결행했다. 11월 28일이 되자 동경 지방검찰은 중의원인 아시다 히토시를 체포하겠다고 밝혔다. 이 같은 의사는 아시다의 뒤를 이어 수상이 된 요시다를 통해 중의원 의장에게 전달됐다.

국회 개회 중에 의원을 체포할 때는 헌법 제50조에 따라 국회의 승낙을 얻어야 했다. 이 승낙을 심의하는 중의원 본회의는 12월 6일에 열렸다. 사회당, 민주당, 신자유당, 그리고 제1클럽 등은 아시다 수상의 체포를 거부했다. 반대로 자유당, 국협당, 공산당 등은 찬성을 표시했다. 그런데 사회당 좌파가 갑자기 결석전술을 펴면서 표결은 140표 대 120표로 체포가 승인되었다. 12월 7일, 아시다는 체포되어 고스게(小菅) 구치소에 수용되고 12월 16일에는 뇌물죄로 기소되었다.

쇼와전공 의혹이 발생하지 않았다 하더라도 아시다 내각은 오랫동안 지속되지 못했을 것이다. 왜냐하면 1948년 전국 소비수준은 1935년 수준을 100으로 봤을 때 61 수준으로, 요컨대 전전 수준을 4할이나 밑도는 것이었다. 뿐만 아니라 도매 물가지수는 1935년에 비해 1947년에는 48.2, 1948년에는 2.7배인 127.9에 이르렀다. 또한 동경 소비자물가도 일 년간 3배나 가깝게 큰 폭으로 올랐고, 서민들은 악성 인플레이션에 지쳐 있었다. 아시다 내각은 결국 경제정책의 실패로 언젠가는 퇴진할 수밖에 없었을 것이다.

▌아시다 내각을 조종한 스가와라 미치즈네

　아시다는 1887년 11월 교토부(京都府)에 있는 작은 마을의 차남으로 태어난 엘리트였다. 그의 아버지는 정우회의원(政友會議員)이기도 했다. 중학교를 졸업하고 곧 일고(一高)를 거쳐 동경대 불문과에 진학한 아시다는 외교관 시험에 합격하여 러시아에 부임했다. 그때가 제정(帝政) 러시아가 무너졌을 무렵이었다. 그 후에는 프랑스와 터키 등에 부임하였고 이어 벨기에 참사관과 임시 대리대사를 역임했다.

　그 후 정계의 진출을 꾀하기 위해 1932년, 브뤼셀로부터 돌아오는 배 안에서 사직서를 제출하고 아버지와 같은 정우회의원이 되었다. 아시다는 이후 종전까지 반(反)군파로서 눈에 띄는 활약을 했다. 특히 1942년 이후에는 8명의 대정익찬회(大政翼贊會, 군부정치 찬성파) 반대의원의 일원으로 활동하였다.

　수상이 된 아시다는 불안정한 정권기반, 의혹, 경제실정 등 삼악(惡)을 모두 책임져야 했다. 그 가운데 쇼와전공 의혹은 아시다만의 책임이라기보다 '흑막'의 인물이 따로 있었다. 스가와라 미치즈네(菅原通濟) 의원은 쇼와전공 사장으로 있던 히노바라의 의형이었다. 스가와라 미치즈네는 아시다보다 6년 늦게 태어났다. 그의 아버지는 동경대 공과대학 제1회 졸업생으로서 몇십 년이나 건축계에서 활약하여 1940년 당시 약 2억 엔의 재산을 가지고 있었다.

　스가와라는 소년시절 만주, 동남아시아를 방랑하고 제1차 세계대전 중에는 싱가포르와 런던에서 지내기도 했다. 1923년 관동대지진에서는 가교(假橋)를 만들어 모은 돈으로 가마쿠라 주변의 토지를 100만 평 사고, 지진과 태평양전쟁 때에 가격이 많이 하락한 보석, 고(古)미술품들도 사 모았다. 여기에 부모로부터 물려받은 재산까지 해서 종전 시에는 일본 유수의 자산가가 된 것이다. 그런 스가와라가 아시다의 흑막으로 아시다 내각을 만들었다고 한다. 스가와라는 아시다를 이용하여 정상(政商)으로서, 재벌해체로 사라진 미쓰이·미쓰비시·스미토모를 대신할 대재벌을 형성하고자 하였다.

▌중도정치의 탄생

아시다와 스가와라의 만남은 동경 긴자(銀座)의 고슌샤(交洵社)에서 이루어졌다. 고슌샤는 당시 유일한 일류 사교클럽으로, 스가와라는 26세 때 멤버로 가입했다. 이후 스가와라는 이 사교장의 신용을 배경으로 반주류파의 정·재계에 인맥을 만들어갔다. 그러다 태평양전쟁 중에 아시다를 만나게 된 것이다. 패색(敗色)이 농후했던 그 시기에 아시다가 자신을 소개하기 위해 "가마쿠라 주변에 빈 집이 없습니까"라고 물었다. 이에 스가와라가 비어 있는 자신의 큰 저택을 하나 제공했다. 이를 계기로 알게 된 아시다는 스가와라에게 "일본은 패배합니다. 그러나 나라가 망하지는 않습니다. 어차피 미군이 상륙하겠지만 소련과 달리 인명은 존중될 것입니다. 하지만 사회주의자의 대두는 피할수 없습니다. 단, 급격한 혁명은 백해무익하고, 공산화를 막기 위해서라도 혁명의 중도정치가 필요하다"라고 말했다. 러시아혁명과 터키개혁을 직접 목격해온 아시다의 지론에 스가와라는 귀를 기울였다.

종전 직전인 1945년 8월 7일, 아시다는 카루이자와(輕井澤)의 하토야마 이치로를 방문하여 패전 후의 일본 재건에 대하여 협의하고 '신(新)자유주의 정당을 만들어야 한다'라는 결론을 내렸다. 8월 15일 스가와라가 가마쿠라의 자택에 돌아오자, 아시다는 무표정한 얼굴로 고급 와인을 꺼내며 "이렇게 된 이상 중도정치를 시작할 것이지만 이번 선거에서는 사회당에도 손을 쓰고 싶다. 다행히 우파의 니시오 스에히로 그룹이 있는데 괜찮다면 5만 엔씩 주지 않겠나. 내 몫은 준비되어 있다"라고 말했다. 당시로서는 5만 엔이란 현재의 억 단위에 해당하는 아주 큰돈이었다. 그러나 스가와라는 그 돈을 마련해주었다고 한다. 한편 스가와라는 사회당 좌파의 스즈키 시게사부로(鈴木茂三郎)에게도 접근했다. 스가와라의 말에 의하면 스즈키는 의형제와 같은 사이였다.

10월, 시데하라 기주로 내각이 성립된 당시 요시다 시게루는 외상(外相), 아시다는 후생대신이었다. 그 후 자유당이 결성되면서 하토야마 이치로 총재는 추방되고 요시다가 총재가 되었다. 아시다는 요시다와 마음이 맞지 않자 자유당을 탈퇴하여 진보당(後 민생당)을 만들었다. 그때의 자금도 스가와라가 준비해준 것이었다. 아시다는 재계인을 모아놓은 자리에서 스테이크를 대접하며 이렇게 말했다고 한다.

"여러분들에게도 결당자금으로 얼마간의 돈을 모금하고자 이 자리를 마련하였으나, 모처에서 차고 넘칠 정도로 모아졌기 때문에 호의만으로 ……."

물론 뜻밖이었지만 이렇게 되면 '뒤져서는 안 된다'는 것이 사람 마음이기 때문에, 재계인들은 서둘러 돈을 들고 왔다고 한다. 이렇게 하여 1947년 4월 신헌법에 의한 제1회 중의원 선거에서 사회·민주·국협의 3당 연립이 이루어졌다. 아시다의 염원이었던 중도정치를 펼칠 수 있는 기회가 찾아온 것이다.

▌ 요시다 대 아시다의 배경

점령하에서의 절대권력자는 연합군 총사령부였지만 여기에도 양립되는 두 파가 있었다. G2(참모 제2부, 정보안보 담당, 부장은 월비 소장)와, GS(민정국, 행정 담당, 부장은 호이토니 소장, 실질적인 권력자는 차장인 케디스) 및 ESS(경제과학국, 재정방면 담당, 부장은 맥아더 소장)가 그것이다. 공직추방을 실행하는 것이 GS의 역할이었고

재벌해체를 진행시킨 장본인이 ESS였다.

점령 초기에는 G2의 배후세력이 미약했다. 그러나 시종일관 G2와 깊이 관계하고 있는 사람이 요시다 시게루였고 아시다는 GS와 ESS의 배후에, 그 접점에는 스가와라가 있었던 것이다. 자본 면에서 볼 때, 재벌이 해체된 후 동원된 자본은 토건업과 탄광업뿐이었다.

요시다 시게루(1878~1967)

스가와라는 선대부터 토목업자로 사단법인 토목공업회의 이사장이기도 했다. 한편 요시다 시게루는 딸을 규슈(九州)에서 탄광 경영을 히는 명문인 아소(麻生)가에 출가시켰고, 그래서 탄광자본과 관계가 깊었다. 게다가 토목이 독불장군처럼 자본을 끌어모은 것에 반해, 석탄은 구(舊)재벌의 중추로 미쓰이광산, 미쓰이화학, 미쓰비시광업, 미쓰비시화성(化成), 스미토모광업, 스미토모화학과 연결되어 있었다. 또한 비료업계에 대한 영향력도 커서 부흥금융금고의 자금은 석탄과 비료에 중점적으로 배분되어 있었다.

이 같은 상황을 파악하고 있었던 스가와라와 아시다는 모든 자금이 요시다 자유당에 흘러들어가는 것을 막기 위해 어떻게 해서든지 남아 있는 비재벌계 비료회사의 쇼와전공(昭和電工)을 진압시킬 필요가 있었다. 그래서 절대권력을 가진 GS와 ESS의 힘을 빌려 쇼와전공의 사장인 모리(森) 일족을 추방시키고, 스가와라의 의(義)동생인 히노하라를 사장으로 내세울 필요가 있었다. 그렇게 하면 쇼와전공에 융자되는 부흥금융금고 자금을 이용하여 GS와 ESS와의 관계를 한층 더 긴밀화시킬 수 있는 것이었다.

마지막으로 관료에 대해 살펴볼 필요가 있다. 태평양전쟁을 수행시킨 3대 세력은 군·재벌·관료였다. 그중에 군과 재벌은 해체되었지만 관료는 보전되었다. 스가와라는 그 권력과 연줄을 맺는 일에 일고교와 동경대 출신인 히노하라를 이용했다. 사실 쇼와전공 의혹이 터진 후 대장성(大藏省) 주계(主計) 국장이었던 후쿠다 다케오(福田赳夫)를 비롯해 구(舊)제국대(현, 동경대학교) 출신의 공무원들이 체포된 까닭이 여기에 있었다. 스가와라는 개혁과 중도정치를 표방하는 아시다를 받들어 GS와 ESS를 등에 업고 재계를 제패할 시나리오를 짠 것이었다. 그리고 구(舊)미쓰이, 미쓰비시 재벌을 능가하는 신흥재벌을 확립하려고 했다. 하지만 요시다의 자유당과 그 배후에 있는 구(舊)재계주류파연합과 GS, ESS에 적의를 품은 G2의 반격에 부딪혔다. 그것이 쇼와전공 의혹을 낳았다. 결국 스가와라의 꿈은 좌절되고 천하를 손에 쥔 아시다도 실각하였다.

▎경제안정 9원칙으로 인플레이션 처리

아시다 내각의 뒤를 이은 요시다 내각은 1948년 1월 전기산업과 탄광 노동자들의 임금을 정함에 있어서, 연합군 총사령부로부터 내려온 〈기업합리화 3원칙〉을 발표했다. 3원칙은 기업 내의 임금인상을 위하여 제품가격을 인상하고 적자융자 및 정부 보조금의 증액을 실시하는 것을 금지한다는 내용이었다. 재정지출과 기업적자, 임금과 물가의 악순환을 단절하고 그로부터 싹트기 시작한 인플레이션을 저지하려는 첫 단계였다.

그리고 같은 해 2월 〈경제안정 9원칙〉이 발표되었다. 9원칙은 미국에서 맥아더 원수가 직접 전한 공식 지령이었다. 맥아더는 요시다 수상에게 편지를 보내어 이 원칙을 엄격하게 실시하라고 못박았다. 여기에는 "고정환율 교환비율을 결정할 수 있는 모든 조건을 빠른 시간 안에 확보하는 것을 목표로 추진한다"고 명시되어 있었다. 하지만 당시 일본 산업경영은 변동환율 비율과 가격보조금에 의해서 온실화되어 있었다. 결국 미국 경제원조에 의존하고 있었기 때문에 자립경제의 기초를 확립하기 위해서는 고정환율 비율의 설정은 불가피한 조치였다.

게다가 연합군 총사령부와 일본 정부는 생산성 확대를 통해서 점차 인플레이션을 진정시키고 조금씩 경제안정을 실현시키려는 의지가 강했다. 반면 9원칙은 통화증발의 억제, 임금 그리고 물가안정을 통해서 단숨에 인플레이션 현상을 수습하려 했다. 요컨대 9원칙은 당시 정부와 민간의 양쪽 수준이 다같이 한창 고조된 상황에서 논의된 것으로, "안정인가, 부흥인가"라는 문제에 있어 안정이 부흥의 선결조건이라고 결론지었다. 그 배경에는 이미 9원칙에 제시된 것처럼 일본경제가 안정을 위해서는 대수술을 거쳐야 하는 단계라는 미국의 평가가 있었다. 1949년 2월, 로열 미국 육군 장관과 함께 닷지 공사(公使)가 일본으로 왔다. 닷지는 9원칙의 기준에 따라 과감하게 경제원칙계획에 착수할 것을 강조했다. 결국 시대는 인플레이션의 처리기로 이행되어가고 있었다.

제**2**장

개발형 자본주의의 맹아(萌芽),
1950~54

* * *

▌닷지, 디플레이션에 타격받다

　미국의 안전보장위원회에 의해 만들어진 〈경제안정 9원칙〉이 맥아더 원수에게 하달된 배후에는 미국의 대일정책 방침에 중요한 변화가 있었음을 말해준다.

　9원칙은 대일 점령 자체를 당분간 지속시킨다 해도 일본 정부의 지위를 높이고, 연합군 총사령부의 권한을 일본 정부에게 이양하며, 일본의 주체적인 경제부흥과 안정을 촉진한다는 취지로 미국의 국가안전보장위원회의 결정에 의한 것이었다. 그리고 미국 대통령의 직접적인 특명으로 닷지가 연합군 총사령부의 특별경제고문으로서, 정책 구체화 노선을 위해 일본에 와서 직접 참여하게 되었다.

　닷지정책은 다음과 같다. ① 종전 후 줄곧 있어온 인플레이션에 종지부를 찍는다. ② 시장경제로의 이행을 신속히 실행하여 통제경제의 낭비를 없앤다. ③ 하루빨리 미국의 대일 원조 부담을 줄인다. ④ 정상적인 환율 비율을 설정하여 일본이 국제경제사회로 복귀하게 하는 것이 초미지급(焦眉之急)의 명제이다.

1949년부터 시작된 닷지정책의 최대 핵심사항은 초긴축재정(단위연도의 균형재정에 그치지 않고 과거에 발행된 국채상환을 대폭 실시하는 것을 목표로 하는 디플레이션 흑자재정의 편성)이다. 또한 일반회계 중 가격차 보조금과 손실보상비의 삭감, 인플레이션 요인을 형성한 부흥금융금고의 모든 신규대출 중단, 달러에 대한 일본 환율 비율의 일원화로 인한 '숨겨진 보조금'의 전폐 등이 병행 실시되었다. 말하자면 균형재정을 절대화한 지렛대로 전후 인플레이션의 수습과 시장경제 이행을 위한 강제 충격요법을 취한 것이다.

그리고 1년 후에는 소득세 중심주의인 셰프세제가 시작되었다. 셰프 박사에 의해 개발된 세제개혁은 닷지 균형예산의 세입 면을 뒷받침하여 그와 더불어 세제를 근대화하는 것이 목적이었다. 셰프 박사는 1949년 5월, 일본을 방문하여 가진 기자회견에서 "경제안정을 위해서는 인플레이션을 저지할 수 있을 만큼의 세수(稅收)가 필요하지만 세 부담이 생산을 저해할 정도로 큰 부담이 되어서는 안 된다. 세제는 이 두 가지의 목적을 동시에 달성해야 한다"라고 말했다. 3개월간의 조사를 거쳐 8월에는 이른바 셰프권고를 발표하였다. 이는 11월 15일 국회에 제출되어 1949년도 제4/4분기에 대한 보정예산으로 일부 실시되고, 다음해 1950년도 예산에서는 셰프권고를 거의 전면적으로 받아들여 세제개정이 실시되었다.

통제경제에서 해방

전후 일본 정부가 채택한 경제정책들은 좀처럼 현저한 효과가 드러나지 않았다. 그런 만큼 닷지정책으로 인한 디플레이션도 심각했다고 말할 수 있다. 아리자와 히로미(有澤廣巳) 교수는 이 사태를 '안정공황'이라고 표현했는데, 과장된 표현이라고만은 할 수 없었다.

1949년부터 다음해에 걸쳐 인플레이션은 완전히 수습되고 오히려 암거래 가격은 공정가격을 밑돌게 되었다. 그러한 정세였기 때문에 전시와 전후에 걸친 물건 배급 통제와 가격 통제는 예상치도 못한 빠른 시간 안에 폐지되었다. 이는 서민의 일상생활을 위해서는 대단히 잘된 일이었다. 반면 인플레이션의 급격한 수습과 머니 서플라이(Money Supply: 중앙은행, 시중은행에 의한 통화의 공급량)의 수축작용 때문에 민간기업은 도산하고 근로자들은 해고당했다.

종전 후, 인플레이션으로 인해 발생한 거품기업과 암시장 브로커가 한순간 사라져버린 것만은 아니었다. 노동쟁의, 중소기업 도산으로 인한 일가족 자살, 시타야마(下山)국철 총재의 살해사건과 사회소설조의 미스터리한 일들이 잇따라 일어난, 전후 역사상 가장 암울한 시기도 바로 이때였다.

한국전쟁이 불황을 극복하게 해주다

제2차 세계대전 직후 전 세계가 심각한 동서대립 상황에 처해 있을 때, 1950년 6월 한반도에서는 전쟁이 발발했고 상황은 완전히 뒤바뀌었다. 중국 공산당혁명 후에는 동서 세계의 무력대결이 이 한국전쟁에서 응축되어 자칫하면 제3차 세계대전이 발발할지도 모른다는 긴박감으로 꽉 차 있었다. 일본에 주둔하고 있던 미국 군대가 출동했다. 한반도와 가까운 일본에서 한국으로 전략물자가 조달되고 이를 위한 비용은 미국 군사 예산에서 달러로 지불되었다. 그것이 바로 '조선특수'였다. 조선특수 발생으로 인해 닷지 불황기에 쌓였던 일본의 국내과잉 재고가 순식간에 해결되었다. 이로 인해 일본은 세계적인 군수물자를 사들이기에 바빴고 국제적인 가격 폭등과 함께 일본의 수출액도 급격히 확대되어 국내증산이 계속해서 늘어났다. 미증유의 외수 붐에 의하여 기업은 고수익을 올리고 일본의 국제수지도 흑자로 전환됐다. 그 후 조선특수로 인한 특수 수입이 바탕이 되어 국내 소비경기와 투자경기가 그대로 성장으로 이어지게 되었다. 일본 상품에 대한 해외 특수는 급속히 증대되고 그 수출액은 거의 매월 전후 최고 기록을 경신했다. 광공업 생산지수는 1950년 10월 마침내 전후 기록을 돌파해 108.4가 되고 다음해 1951년 4월에는 132.3으로 상승되었다.

조선특수 ▌ 한국전쟁이 시작되자 미군의 근거지가 된 일본은 물자보급과 병기의 재생·보수 등으로 경제적으로 크게 도약했다. 그중에서도 섬유와 금속산업이 호황을 이루었다(사진은 차량을 분해하여 볼트와 너트의 세정과 분류를 하는 작업)

반면 수입 원료의 고갈, 수송수단의 단절, 에너지 부족, 물가고 등으로 인해 급격한 생산장애가 일어났다. 특수현상은 의외로 일본경제에 대하여, 이른바 '깊이가 없음'을 간접적으로 폭로한 것이었다.

이 같은 특수현상은 1950년 말에 시작된 미국 경기후퇴의 영향을 받아 그해 말 함께 기세가 꺾였다.

1951년 3월, 미국이 주석 저장·매입을 정지하자 수출계약은 급속하게 감소했다.

또한 원재료의 부족을 보충하기 위하여 정부가 채택한 비축수입촉진책에 의해 고가일 때 매입한 해외상품이 일시에 쇄도하였다. 하지만 수입업자는 자금난으로 고통을 겪게 되었다. 이에 따라 무역상사와 섬유도매상의 정리, 기업의 잇따른 도산으로 인해 상업공황사태가 벌어졌다.

마침내 1951년 3월 23일, 소련의 말리크 UN 대표가 한국전쟁의 평화적 해결을 위한 성명을 발표했다. 그리고 7월 2일 이후 사실상 전투정지 상태로 돌입하자 주식 시세는 급락했다. 7월 말, 이른바 '섬유공황'이 찾아왔다. 일본은행의 구제융자로 우선 절박한 고비는 넘겼지만 생산과 수출은 여전히 호전되지 않았고 공황상태는 상업부문에서 생산부문까지 파급되었다. 연말이 가까워짐에 따라 불황은 점점 더 심각해져갔다.

▌샌프란시스코 '강화조약' 체결

미·소 진영의 대립이 격화된 까닭은 미국이 소련을 제외시키고 대일 강화책을 단행했기 때문이다. 1950년 1월 1일 맥아더 장군은 연두성명에서 강화조약 조기체결과 집단안전보장의 필요를 강조했다. 미국 국무성 고문인 존 포스터 덜레스도 대일 개별강화(個別講和)의 체결을 고려 중이라고 밝혔다. 덜레스는 25일 강화특사로서 정부와 협의를 위하여 일본을 방문했다. 그는 요시다 수상과의 회담을 통해 강화조약의 구상, 강화조약 체결 후의 집단안전보장, 일본의 '방위력 분담'에 관하여 시달했다. 그리고 2월 16일, 맥아더 원수는 요시다 수상에게 미·일 경제협력체제의 확립을 검토해줄 것을 지시했다. 19일에는 매카트 경제과학국장이 경제안전 본부장관에게 미국의 군수생산 확대에 대해 호응하는 일본 측 산업생산계획에 필요한 자료를 제출할 것을 요구하였다. 이는 일본을 반공의 성벽으로 육성하려는 미국의 세계전략체제가 구체적인 형태로 드러난 것이었다. 미·일 경제협력을 위한 구상을 하고 있는 사이에 덜레스 특사의 활약으로 대일강화를 위한 준비가 진행되었다.

1951년 9월 8일 샌프란시스코에서 일본, 소련, 체코, 폴란드를 제외한 48국의 연합국과 강화조약이 체결되었다. 같은 날 미일안전보장조약도 체결되었다. 1953년 4월 28일 양 조약이 발효되고, 그동안 바라던 강화독립이 달성되었다. 이제 일본은 정치·경제적으로 완전히 새로운 단계에 돌입하게 된 것이었다.

▌재계도 단독강화를 지지

샌프란시스코 강화조약이 체결된 이후부터 재계의 정치적 발언이 두드러졌다. 여기서 주목할 만한 것은 점령시대에 종지부를 찍은 대일 강화 문제에 대한 발언이었다. 맥아더 원수가 연두성명에서 강화조약의 조기체결과 집단안전보장의 필요성을 강조한 것에 대해 경단련은 1951년 정기총회에서 '세계정세의 전환과 일본의 진로'를 결의하고, 정부에게 강화조약의 조기실현을 호소했다. 강화조약은 경단련의 최대 관심사였기 때문에 경단련의 통일된 견해를 덜레스 특사에게 제출하도록 권했다. 그 결과 경단련, 일산협(日産協), 금융단체협의회, 일본상공회의소, 일본무역회, 일본중앙기업연맹, 일본경영자단체연맹, 경제동우회 등 8단체 연맹에서는 그 해 1월 25일 일본을 방문한 덜레스 특사에게 〈강화조약에 관한 기본요망〉을 전했다.

그 주요 내용은 다음과 같다.

① 전면강화는 불가능하고 다수강화를 희망하지만, 그것도 조기실현이 무리라면 미국과의 단독강화도 부득이하다. ② 완전 독립과 평

메이데이 ▌ 5월 1일, 대일강화조약 발표 후 첫 번째 데모로 중앙회장인 메이지진구에서부터 진행해온 대열 중 약 6,000명이 황궁 앞 광장에 난입, 경비들이 최루탄과 권총으로 대응하여 데모자 2명이 사망하고, 쌍방 모두 2,300명 이상이 중경상을 입었다

등 호혜원칙에 의한 국제협정, 국제기관의 참가를 기대한다. ③ 미국에 의한 일본의 방위와 미군의 일본 주둔을 요청한다. ④ 배상 완전 중단, 재외 자산 반환, 대일정부 크레디트 공여 등을 희망한다. ⑤ 강화 기간까지 일본 정부의 내정 권한을 대폭 위양한다. ⑥ 강화 후, 미·일 경제협정을 체결하고, 미·일 경제제휴위원회를 설정해야 한다.

이 요망에 대해 덜레스 특사는 이튿날 "이 건설적 시사를 충분히 고려하겠다"라는 대답을 보내왔다. 경단련은 1952년 3월 정기총회에서, 자유진영의 일원으로서 미·일 경제협력을 추진해나갈 것을 결의했다.

덜레스 특사에의 '요망' 중에 ⑥에서 언급된 미·일 경제제휴위원회 설정 문제는 곧 '미일경제제휴간담회'로 발족되었다. 이것은 후에 방위생산의 본격적인 재개로 이어지게 되었다.

실질소득이 전전(戰前) 수준을 넘다

강화조약이 발효된 1952년, 일본경제는 경제원조의 중단에 의해서 경제자립 태세의 확립이 요청되었다. 그러나 여전히 각국의 수입제한 강화에 따른 해외시장의 축소가 점점 더 현저해지고 전년까지 순조롭게 이어져온 무역수지는 비관적인 상황이었다. 소득 및 소비면에서는 전년도에 비해 실질 국민소득이 12% 증가하고 소비수준은 16% 상승해서 생활수준의 회복속도가 생산속도를 상회했다. 생산 무역 면에서 보면 1952년에 광공업 생산지수는 7% 상승에 그치고, 수출은 역으로 6% 감소되었으며 무역수지 적자는 4억 3만 3,000달러에 달했다. 1953년이 되어도 그와 같은 양상은 달라지지 않았고 특히 파운드 권(圈)에 대한 수출이 매우 저조하여 국제수지가 약 8억 달러에 불과했다. 한국전쟁 상황이었음에도 불구하고 종합수지는 1억 9,400만 달러나 적자였다.

그러나 같은 시기 광공업 생산은 24%, 국민소득은 16%나 전년보다 증가해 국민 1인당 실질소득은 전후 처음으로 전전 수준을 넘어섰다. 국내 경제규모 확대는 정부의 부흥계획 목표를 훨씬 앞질렀을 뿐 아니라, 세계 각국 중 유일한 성장률을 보였다. 경제심의부의 1954년도 연차경제보고에 따르면 "국제수지를 악화에 이르게 한 주요 원인은 국내 경제의 실력보다 그 이상의 팽창이 요구되는 데 있었다"고 한다. 이는 얼핏 보아서는 모순된 현실을 조리 있게 설명하고 있다. 게다가 1953년 5월 7일, 남북한 휴전회담이 사실상 타결되자 지금까지 국제수지를 최대로 지지하고 있던 특별수요가 비관적인 상태가 되었다.

일본 정부는 국제수지 개선을 목적으로, 1953년 10월부터 1954년 3월에 걸쳐 일련의 금융긴축 조치를 취했다. 이 때문에 1954년은 시종일관 디플레이션 기조를 유지하였고 상반기에는 경제규모가 축소되는 경향이 일시적으로 나타났으나 해외시장 상황의 호전과 국내 물가의 하락 때문에 수출이 예상외로 증가하여 특수격감에도 불구하고 국제수지는 연간 1억 달러의 흑자를 남겼다. 반면 물가의 급락을 초래한 출혈경영이 속출하고 실업인구가 증가해 사회불안이 가중되었다. 이처럼 디플레이션 정책하에서 불황에 허덕이던 경제는 1955년에 들어서

가타야마 데쓰(1887~1978)

면서 세계적 공업 붐과 국내 풍작(豊作)으로, 수출이 점점 더 증가했다. 공업생산도 상승되고 국제수지는 무역수지만으로 연간 1억 6,000만 달러, 무역외 수지를 포함하면 4억 9,400만 달러에 이르렀다. 여기에 물가는 안정되고 금리가 저하하는 등 금융정상화도 궤도에 올랐다. 국민소득은 약 1할이 증가하고 경제지표는 무역을 제외하면 모든 것이 전전 수준을 웃도는 '인플레이션 없는 증대' 또는 '수량경기'라는 이상적인 경제성장을 실현했다.

▌보수연합을 열망한 재계

강화조약의 발효에 따라 미국의 대일 경제원조의 중단으로 일본의 경제 자주권 회복은 일본 국내 경제에 큰 영향을 주었다. 이와 더불어 정치에도 큰 변화가 있었다. "경제발전에는 정치안정이 필수불가결하다"라고 인식하던 경제단체연합회와 재계는 불안정한 보수 정계의 움직임에 마음을 졸이고 있었다.

1946년 5월, 제1차 요시다 내각이 탄생된 이후 가타야마·아시다

양 내각의 불과 1년 반을 제외하고는 요시다 시게루가 수상을 지속해왔다. 하지만 인심은 점차 내각에 싫증을 느끼고, 강화조약 발효를 기회로 삼아 정국의 전환을 표면화했다. 이 같은 국민감정을 바탕으로 자유당 내의 하토야마 이치로파(鳩山一郎派)는 요시다 배격공작을 적극화하고 머지않아 실시하게 될 중의원 총선거에 대비하며, 국회 내외에서 반(反)요시다적 언동을 취하게 되었던 것이다. 개진(改進), 좌우 양 사회당(左右兩社會黨)의 야당 또한 요시다 내각 타도에 기세를 올렸다.

불안정한 정치에 위기감을 느낀 재계는 보수연합에 의한 안정정권을 요구했다. '보수연합'이란 패전 후에 결성된 모든 보수당을 하나의 정당으로 연합시키는 것을 의미한다(연합이 실현된 것은 후에 서술하는 것과 같이, 1955년 11월의 일이었다). 그때까지 모든 보수당은 끊임없는 이합집산을 되풀이하고 서로 헐뜯고 있었다. 이는 '보수' 내지는 '보수 신당'의 결성 문제가 정치 일정에까지 오르게 되면서부터 오히려 더 격렬해졌다. 보수계열의 각 당과 그 보스들에 의해 신당이 결성되는 것 자체에는 이론(異論)이 없다 하더라도, 신당 안에 그들이 바라는 위치를 차지할 수 있을 것인가가 문제였다. 왜냐하면 이는 중앙과 지방의 이권다툼과 선거의 당락에도 영향을 미치기 때문이었다.

재계가 전력을 다해 정계공작에 나선 이유는 명백했다. 재계에 있어 '보수세력의 결집에 의한 강력한 안정정권'을 만드는 것은 '공업적으로 강력한 일본'을 지배하는 데 전제조건이 되기 때문이다. 재계는 전후 일본 대기업 체제를 유지하기 위해 국정에서 자본가의 입장을 대변하여 행동하는 정치세력, 즉 정당을 필요로 했다.

보수연합에 대해서는 미국 정부에서도 움직임이 있었다(세계전략의 일환으로서 일본을 아시아의 전략거점으로 마련하는 것에 노력을 집중하여온 미국에 있어서도 일본의 보수·친미 세력이 '강력안정정권'이 되는 것은 필수조건이기 때문이었다). 세계전략의 일환으로 일본을 아시아의 전략거점으로 삼기 위해 노력을 쏟아온 미국으로서는 일본의 보수·친미 세력이 강력한 안정정권으로 자리 잡을 필요가 있었다. 그러나 일본 재계가 당시 보수연합실현에 필사적이었던 이유는 그것 때문만은 아니었다. 1952년 4월 샌프란시스코 강화조약이 발효된 이후, 연합국에 의한 군사점령체제가 해제됨으로 인해 일종의 '권력공백'이 생겨난 것이다. 이 같은 정치적·법제적 환경에 대응하기 위해 재계는 지배체제 확보의 견지에서, 보수연합이라는 새로운 정당을 열망할 수밖에 없었다.

한편 재계는 점령군 권력이 뒤로 물러난 후, 그 뒤를 계승해야 할 일본 정부의 통치능력과 일본의 국내 정치와 행정·경제운영의 능력이 충분히 발휘될 수 있을 것인가에 대해 불안해했다. 그런 의미에서 강화조약 발효를 사이에 둔 전전(戰前) 수년간에 걸쳐 보인 보수정당의 동향은 재계의 불안을 진정시킬 수 없었다.

▌경제안정에는 정치안정이 필수

전후 일본의 제1문제인 '새로운 정치와 제도적 환경이 재계에게 어떤 의미를 가지는가'라는 생각해 볼 필요가 있다. 패전 이후 1946년 11월에 공포된 신헌법의 조항은 재계에 중대한 정치적 의미를 가지는 것이었다. 수상 지명을 위한 국회 의결은 통상 '출석의원 과반수'(제56조 2항)의 찬성을 얻어야 하기 때문이었다. '원로'의 추천에 의해 수반(首班)이 지명되던 전전의 초헌법적인 천황제 정치는 이미 폐지된 뒤였다. 또한 신헌법에는 "국회는 국권의 최고기관이고, 국가의 유일한 입법기관이다"(제41조)라는 중요한 조항이 포함되었다. 일반 국민의 기본적 인권과 민주주의적 권리를 보장하고 참정권을 통해 국민에 의한 민주적인 정치활동을 허용하는 조건 역시 새로이 만들어졌다.

전후 일본의 의회제도와 운영, 그리고 선거제도에는 미흡한 점과 결점이 남아 있음에도 불구하고, 헌법체계와 선거제도는 '국가최고기관'인 국회를 발판으로 정치의 민주적 전환을 현실로 가능하게 만드는 조건을 제공해주었다.

전전에도 재벌은 정우(政友), 민정(民政)의 2대 보수정당 자금을 전부 제공해주는 형태로 되어 있었다고는 하지만, 일본으로서는 재벌이 천황 '친정'하의 정부였기 때문에 정치적인 근심을 할 필요가 거의 없었다.

하지만 상황은 크게 변했다. 전후 일본에서는 선거법 개정에 의해 유권자 수가 일거에 증가했다. 재계로서는 자신들에게 이익을 줄 수 있는 정당을 정권에 앉히기 위해서는, 유권자 다수의 지지를 얻어 적어도 국회의석의 과반수를 차지하게 하는 것이 절대적인 과제였다. 그래야만 해당 정당이 국가 행정기관을 장악하는 내각을 조직할 수 있었다.

그러나 당시 일본에서는 이합집산과 내분에 몰두한 보수정계가 국민의 지지를 잃게 되었다. 각종 의혹사건과 공무원 비리의 발각이 그런 정세에 박차를 가하는 또 하나의 이유가 되었다. 재계로서는 보수정당이 국회에서 '안정된 다수'를 계속 차지한다고 낙관할 수 있는 상태가 아니었다. 제2의 이유 또한 재계에 있어서 정계에 '지배의 위기'가 닥칠지 모른다는 가능성을 내포하고 있었다. 단, 그 경우의 '위기'라는 것은 군사적인 의미가 아니라 정치적·행정적 위기, 다시 말하면 일본 정부의 통치능력의 결여로 인한 위기를 의미한다.

일본은 점령시기부터 계속적으로 미국 군사력 지배하에 놓여 있었다. 강화조약과 동시에 발효된 미일안보조약은 미국이 "육군·공군·해군을 일본 국내 및 부근에 배치하는 권리"(제1조)를 가지는 것, 일본에서 '대규모 내란 및 소요'가 발생할 경우, 그것이 "하나 또는 둘 이상의 외부 국가에 의한 교사 또는 간섭에 의하여 야기되었다"라고 판단되면 미국이 그 진압에 출동하는 것을 규정하고 있다. 그 경우 '내란'과 '소요'의 성격을 판단하는 것은 미국 정부의 권한이었기 때문에 일본 재계로서는 군사적 의미의 '지배 위기'에 직면하는 것을 근심할 필요가 없었다. 재계는 미국의 아시아 전략의 거점으로서 '공업적으로 강력한 일본'과 미국의 군사지배하에서 안정을 찾고자 하였다.

▌정당 내의 파벌투쟁은 중지하자

요시다 수상은 1952년 8월, 당 내외의 정세를 전망할 때 정계와 재계의 불안이 심화되는 것을 우려하여 정국 일신을 위해 헌법 제7조를 방패로 삼아 신헌법하에서 처음으로 예고 없이 해산을 단행했다. 1951년 봄 이후 불황이 점점 더 심각해지면서 조업단축과 기업 도산, 종업원 해고가 늘어났다. 게다가 1951년 무렵에 발생한 의혹사건과 뇌물공여사건, 부정담합, 사기·횡령사건이 발각되면서 국민의 정치 불신을 높이는 결과를 낳았다.

조선업계가 보수정계 유력자에게 선심 쓴 대금으로 인한 조선의혹, 금융업자가 정계 유력업자에게 정치헌금을 기부한 보전경제회사건, 일본교통공사·철도홍제회·고속도로 교통영단 등의 국회의원 뇌물죄사건, 152명이 검거된 해상보안청과 중견간부 130명의 징계면직, 그 외 처분을 받은 경찰예비대 비리 등이 대표적인 사례다. 이같이 전국이 불안한 가운데 같은 해 10월, 중의원 총선거가 실시되었다. 한편 경단련은 9월 25일 제2회 정기총회에서 〈총선거와 경제기본정책에 관한 요망〉을 결의하고, 정부가 일관해서 지지해나갈 기본지침을 다음과 같이 책정했다. ① 자위력 확립, ② 산업정책의 종합성 및 일관성 확보와 독점금지법 수정, 방위생산 계획 추진, ③ 식량증산, 산림자원 확보, 전원(電源) 개발, ④ 균형재정에 의하여 생겨난 정부자금과 민간자금과의 부조화 시정, 행정기구의 합리화 등이다. 경단련은 이를 내각에 요청했으나 이 요망사항은 안정된 보수정권이 아니고서는 실현될 수 없는 것들뿐이었다.

총선거의 결과 자유당이 240명으로 간신히 과반수를 유지하여 제4차 요시다 내각이 실현되었다. 하지만 좌파 사회당의 진출과 여당 내의 분파 항쟁은 조금도 개선되지 않았다. 정국의 안정은 아직 먼 이야기였다. 이러한 중에 1953년 2월, 요시다 수상이 중의원 예산위원회의 석상에서 우파사회당 의원의 질문에 '빠가야로'라는 욕설을 내뱉었다. 이 일로 의원들 내에 요시다 수상에 대한 징벌 동의안이 상정되었다. 야당에 동조한 여당 내의 하토야마파들이 일부러 불참하면서 3월 들어 이 동의안은 가결되었다. 이에 따라 요시다 내각 불신임이 성립되어 국회는 또 한 번 해산되었다. 불신임안에 동조한 하토야마파는 분당해서 '분파 자유당'을 결성했다.

▌재계의 안정정권 수립 추진

'빠가야로 해산'은 정계뿐만 아니라 국내 경제에도 충격을 주었다. 1953년도 예산심의가 미결되고 4월부터는 당분간 잠정예산으로 처리해야 했다. 게다가 다수의 경제관계 법안도 예산안과 같은 상황에 처하면서 경제정책이 실현해야 할 목표마저 불확실한 상황이었다.

4월 중순에는 남북한 휴전교섭의 타결 기색이 보이고, 국제정세도 변하고 있었다. 강력한 경제정책추진을 통해 경제자립 달성을 서둘러야 할 필요가 더욱더 절실해진 것이었다. 이를 위해서는 다른 문제는 배제하고라도 보수 안정정권의 확립에 재계가 노력하지 않으면 안 되었다.

그러나 4월 19일에 실시된 중의원 총선거에서 자유당은 결국 과반수를 넘기지 못하고 비교 원내 제1당으로 전락하고 말았다. 하토야마 자유당(분파자유당)도 당선자가 35명에 그치고 개진당은 12의석을 잃는 등 보수 각 당은 기대에 훨씬 못 미치는 결과를 초래했다. 이것에 비해 좌파 사회당과 우파 사회당은 각각의 의석수가 15석, 16석이 늘어나고 좌파 사회당은 자유당과 개진당에 이어 제3당으로 부상했다. 결국 정국안정을 향한 정치권의 시도는 또다시 어긋나고 말았다.

경단련은 4월 21일 정례이사회에서 "현 상태로는 차기 정권이 극히 불안정하지만, 이러한 때 소이(小異)를 버리고 대동(大同)을 취하여 보수 안정정권을 확립할 필요가 있다"라는 재계의 결의를 각 보수정당에 전하기로 결정했다. 하라야스 사부로(原安三郎: 일본화학 사장), 야마가와 료이치(山川良一: 미쓰이광산 사장), 카나이 시게나오(金井滋直: 흥국인견펄프 사장), 쓰카다 코타이(塚田公太: 쿠라시키방적 사장) 등 4명의 이사가 기초의원으로서 안건의 초안을 작성했다. 또한 일본상공회의소, 일본경영자단체연맹, 경제동우회 대표들도 급히 모이게 하여 원안을 심의하고 4개 단체연맹에 다음과 같은 요청서를 작성했다.

"강화독립 이후 벌써 1년이 경과했지만, 우리나라 경제실상을 보면 자립체제 확립은 아직 미흡한 단계이다. 장기적인 전망을 가진 기본정책을 확립하고 이것을 강력하게 실행시키지 않는 한 불안정한 사태가 돌발할 수 있는 우려가 있다. 이 시국을 대처하기 위해서는 강력한 안정정권 확립을 필요로 한다. 따라서 각 정당은 정책에 큰 차이가 없는 한 종래의 정책을 버리고 감정에 휩싸이는 일이 없게 하며, 도량을 베풀고 또 대동(大同)한 입장에 서서 강력한 안정정권 수립에 서로 협력할 것을 바라는 바이다."

이시카와 이치로(石川一郎) 회장은 개진당, 하토야마 자유당 및 우파 사회당 등을 방문하여 각 당에게 요청서를 전달했다. 5월 18일에는 요시다 자유당 총재가 수상으로 지명되어, 21일에는 제5차 요시다 내각이 성립되었다. 경단련은 일본경영자단체연맹과 공동으로 6월 4

일, 제5차 요시다 내각의 각료 초대 오찬회를 개최하여 동 내각을 격려했다. 그러나 내각에 대해 요시다 수상의 협력을 요청받은 야당의 개진당은 시시비비주의로 일관했다. 이로 인해 제5차 요시다 내각은 중의원 의석이 202명에 그치고, 자유당의 단독내각이 되었다. 그 단명은 사실 당초부터 예상된 것이었다. 따라서 요시다의 자유당은 다수파 공작에 분주했다. 1953년 11월에 소집된 임시국회직전, 자유당은 하토야마 이치로를 포함한 하토야마 자유당의 대다수를 요시다당에 복귀시키는 일에 성공했다.

▌정국의 불황 심각

1954년 4월 20일 동경지방 검사는 자유당의 사토 에이사쿠(佐藤榮作) 간사장의 체포를 이누카이(犬養) 법무대신에게 청구하기에 이르렀다. 그러나 이누카이 법무대신이 검사총장 지휘권을 발동함으로써 이 일대의 의혹은 간신히 수습되었다. 요시다 내각은 일단 붕괴는 면했지만 이 사건은 요시다 내각에 대한 민심을 더욱더 멀어지게 했다. 조선의혹 수사가 한창 진행되고 있던 1954년 3월, 오가타 다케도라(緒方竹虎) 부총리는 "일본 자유당 및 개진당을 해산한 후, 보수 신당을 결성하고 총재는 공선한다"라는 보수연합 구상을 발표했다. 하지만 오가타는 보수정당 내에 뿌리박혀 있던 요시다에 대한 반감 때문에 요시다 수반의 신당 구상보다는 하토야마 신당 쪽에 끌리고 있었다. 게다가 개진당과 자유당에 복귀하지 않은 구분파(舊分派) 자유당(1953년 12월에 일본 자유당으로 개칭)의 조각운동으로 합류되면서 6월에는 자유당 간부가 보수 3당에 의한 신당 운동의 중단을 공식 발표해야만 했다.

수렁과 같은 정치 혼란 속에서 불황은 점점 더 심각해져갔다. 1954

년 5월 25일에 개최된 경단련의 정기총회는 〈정국의 안정과 기본 경제 정책의 확립에 관한 결의〉를 시행하고, 종래 반복되어온 주장과 같이 정국의 안정과 종합적 경제정책 강화의 추진을 요청했다. 그리고 민간 경제인으로서도 '엄중히 자숙하고 경영의 쇄신과 합리화에 전념하여 적극적으로 난국 타개에 협력할 것'을 맹세했다. 이러한 재계의 근심과는 상관없이 보수정계의 내분은 수습되지 않았다. 보수와 혁신 양 세력의 대립도 점점 더 첨예화되어, 국회는 방위이법안(防衛二法案)과 교육이법안(敎育二法案) 등을 둘러싸고 심의가 난항을 거듭했다. 예정회기의 최종일이던 6월 3일, 정부는 경찰법안을 통과시키기 위해 회기기간을 이틀간 연장하려고 했다. 그러나 좌우파 사회당이 이를 실력으로 저지하려고 하면서 미증유의 국회난투사건이 발생했으며 결국 의장의 요청에 의해 국회 사상 최초로 원내 경찰이 투입됐다.

이 혼란을 목격한 경단련은 마침내 일본상공회의소, 일본경영자단체연맹 및 경제동우회와 연락하여 6월 7일에 긴급히 4단체 수뇌자 회의를 개최했다. 그리고 8일 사단체의 사무국장 회의를 개최하여 〈국회분규 수습에 관한 공동성명〉을 결정하여 각 당 대표 및 전 의원에게 송부했다. 이 성명에서는 이 같은 사태가 "의회정치에 대한 국민의 불신을 초래했을 뿐만 아니라 신생 일본에 대한 외국의 신뢰를 크게 실추시켰음을 지적하면서, 각 파는 우선 시국의 중대성을 인식하고 조용히 국회의 위신과 책무를 생각하여 당리·당략을 넘어선 대국적 견지에서 서둘러 사태의 수습에 만전의 노력을 기울일 것"을 요청했다.

한편 보수정계의 반(反)요시다 움직임은 1954년 7월에 오사카에서

기시 노부스케(1896~1987)

열린 신당결성촉진협의회 제1회 지방유세를 계기로 점점 더 강도를 더해갔다. 이 유세에 참가한 자유당의 기시 노부스케, 이시바시 단잔, 개진당의 아시다 히토시 등은 '반요시다 보수신당의 결성'을 내외에 표명했다. 개진당은 당론으로 '요시다 내각 타도, 구국신당 결성'을 내걸고 9월 19일에는 하토야마(자유당), 시게미츠(개진당) 회담이 실시되어 '새로운 지도자에 의한 신당 결성'을 성명했다. 같은 달 21일 신당결성촉진협의회는 신당준비회로 바뀌었다. 이후 11월 24일 자유당 하토야마파, 개진당, 일본 자유당을 규합하여 일본 민주당이 결성되었다. 마침내 요시다 내각은 완전히 고립되어 12월 7일에 퇴진했다.

▌미국 정부도 요시다를 단념하다

요시다는 최후까지 중의원을 해산하고 총선거에서 사건의 타결을 도모하려고 애썼다. 그것을 허용하지 않고 최후의 통첩장을 전한 것은 재계였다. 구(舊)미쓰이시대, 재계는 이미 '대지배인'의 지위에 있던 경단련 고문, 무카이 타다하루(向井忠晴)를 내세워 정계공작에 나섰다. 무카이는 요시다 수상에게 퇴진을 권고하고, 오가타 부총리와 이케다 자유당 간사장에게 "요시다 수상이 해산해도 재계는 선거자금을 책임지지 않을 것이다"라고 최후 통보를 했다. 얼마 후에 '정기국회의 휴회 직후 해산'을 공약한 제1차 하토야마 선거관리 내각이 발족했다. 그 사이 무카이의 충격적 발언으로 인해 보수정계 내부에서는 여러 가지 움직임이 전개되었지만, 결국은 재계가 바라던 대로 사태가 수습되어갔다. 그러나 이 요시다 퇴진극 이면에는 사실 훨씬 더 큰 배경이 있었다. 즉 요시다 내각의 퇴진은 미국 정부의 결정이 결정적인 원인이었다.

연합통신 워싱턴 특파원이 전한 정부 외교문서에는 이미 미국이 요시다 수상을 단념한 것으로 기록되어 있다(워싱턴발 1986년 5월 29일 日附). 재일 미국 대사관은 일본 보수계의 내분이 계속되고 있던 1954년 5월 29일, '요시다 수상에 대하여 미국이 취해야 할 태도', '미국의 대일 정책에 대한 본연의 자세'라는 제목으로 두 통의 보고서를 본국 연합군 사령부에 발송했다. 그 해 9월 이후에 요시다 수상의 방미가 계획되어 있을 때였다. 특파원은 보고서의 내용을 다음과 같이 전하고 있다.

우선 요시다 수상에 관한 보고서에는 "약체 내각 혹은 불안정한 현 보수정권을 강력하고 안정된 보수정권으로 변화시킨다"라는 긴급한 지령이 포함돼 있었다. '강력 내각'이 필요한 까닭은 ① 경제위기의 대책, ② 헌법개정, ③ 스파이 단속을 위한 법 제정 등 중요 과제를 더 이상 요시다 내각에서는 기대할 수 없음이었다. 또한 자유당 내에서 반(反)요시다파가 대두함에 따라 "그 신통력에도 큰 폭의 어둠이 깔려 있다"며 '요시다 단념'을 결단했다. 요시다가 방미할 경우에는 "요시다 정권이 그 후에도 지속될 수 있을 것 같이 응대하고, 일절 언질을 비춰서는 안 된다"라는 제안도 덧붙여져 있었다.

▌자본의 일원화로 정계에 압력을 가한 재계

요시다 퇴진 후에 재계는 새로운 정부 수상으로 민주당 하토야마 이치로(鳩山一郎) 총재를 희망하고 있었던 것은 아니었다. 재계가 그것까지 주문할 힘은 없었다고도 할 수 있다. 어떻든 재계의 최대 목적은 보수연합의 조기 실현과 '강력내각으로 안정된 보수정권'을 만드는 것이었다. 그 때문에 재계의 노력은 계속되었다.

경단련이 1955년 1월 13일, 〈경제재건 간담회〉라는 이름으로 정치헌금기관을 발족시킨 것 역시 이 같은 노력의 하나였다. 한 달 정도

후인 2월 27일, 하토야마 선거관리 내각에 의한 중의원 총선거가 예정되어 있던 때였다. 경단련 측은 간담회 발족이 당시 재계간부와 대기업이 종래대로 제각기 정치헌금을 하는 일이 빈발하여 의혹사건과 비리사건에 끌려들 우려가 있었기 때문이라고 설명했다. 그러나 그것은 표면상의 이유였고, 본래 목적은 정치자금을 일원화함으로써 정계에 대한 재계의 영향력을 강화하는 것이었다. 하지만 1955년의 선거 결과도 여전히 재계의 기대에 어긋나는 것이었다. 보수당의 득표율은 강화조약 발효 직후인 1952년 선거 이후, 1953년 선거를 거치면서 66.1%에서 65.7%로 떨어졌다. 그런데 1955년 선거에서는 63.2%로 더욱 저조했던 것이다. 재계에 있어 중대한 문제는 의석수였다. 요시다 뒤를 이은 오가타 다케도루(緒方竹虎) 총재의 자유당과 격전을 벌인 하토야마 민주당은 제1당이 되었다.

이후 재계의 정치공작은 점점 더 활발해졌다. 그중에서도 중요한 움직임은 1955년 8월에 전개되었다. 재계는 보수연합이 일본 보수세력 내부의 문제를 해결할 뿐 아니라, 미국에 대한 정치적 '선물'이 된다는 것을 강조했다. 재계는 8월 25일, 방미를 눈앞에 두고 있는 민주당 간사장 기시 노부스케를 불러 4단체 공동으로 성대한 환송회를 열었다. 그 석상에서 일본상공회의소의 후지야마 아이이치로(藤山愛一郎) 회장은 재계의 총의를 대표하여 다음과 같이 말하였다.

"우리가 기시 씨의 방미에 대해 관심을 가지는 것은 미국으로부터 어떤 선물을 가지고 올 것인가가 아니라, 미국에 어떤 선물을 가지고 갈 것인가 하는 점이다. 재계가 보수연합을 열망하고 있다는 사실을 반드시 전하길 바란다."

기시 간사장이 재계에서 부탁한 사명을 완수하기 위하여 최선을 다한 흔적은 당시의 『뉴스위크』지의 보도에서 찾아볼 수 있다. 이 주간지는 "미·일 교섭의 최대 문제는 스테이트먼트(Statement)와 커뮤니케(Communique)에 쓰여져 있는 것이 아니라, 쓰여 있지 않은 것에 있다"라고 밝히고 있었다. 결국 보수연합 문제는 미국 정부와 일본 재계의 제휴에 의해 일본 보수정당 간의 절대적인 정치 문제가 되었다.

그러나 미·일 간의 제휴공작이 당시, 일본의 보수 각당에게 합당의 대의명분을 설명한 것으로만 보는 것은 정확한 해석이 아니다. 일본 측 재계는 우선 요시다를 강제 퇴진시키기 위하여 선거자금 제공 거부를 통해 목적을 달성한 후, 이번에는 경단련이 새로운 '경제재건간담회'를 발족시켜 정치자금 제공의 창구를 일원화했다. 이는 재계가 정치헌금을 내세워 정계의 보수연합 실현에 압력을 가한 것이었다.

▌CIA도 정당공작자금 제공

미국 측도 같은 수법, 요컨대 돈에 의한 정당지배라는 수단에 호소하였다. 그 사실이 명백해진 것은 나중이지만, 미국 정부는 CIA(중앙정보국)를 공작 창구로 사용하였다. CIA는 제2차 세계대전 직후인 1947년 펜타곤(미 국방성)과 그 군사 중추에 있는 통합참모본부 등과 함께 '국가안전보장법'에 의거하여 설립된 조직이었다. CIA 국장은 미국 대통령의 안전보장에 관한 최고자문기관인 국가안전보장회의의 정식 멤버이기도 했다.

CIA에서 일본 정당에 공작자금이 흘러들어간 사실에 관해 1954년 당시, 미국 국무성 차관보였던 로드 힐드먼 씨는 연합통신 기자를 통해 다음과 같이 증언했다(워싱턴발 1976년 4월 5일 日附).

"CIA의 공작자금이 일본 정당으로 흘러들어갔다는 보고를 받은 것은 사실이다. 공작이 실행된 시기는 1954년에 CIA에 대하여 외국의 은밀한 정치활동을 인정하는 국가안전보장회의의 지령이 있던 해인가, 그 다음해였다. 돈을 받은 것이 일본의 어떤 정당인지, 어떤 정치가인지는 일절 밝혀지지 않았다."

또한 이 기사가 보도되기 3일 전인 4월 2일자 『뉴욕타임스』지에는 CIA가 그 후 1958년, 기시 수상 재선 총선거에서도 거액의 자금을 전했다고 보도했다.

힐드먼 씨가 말한 '1954년 또는 그 후'라는 말은 어찌 되었건 중요한 증거다. 그 시기는 미·일 합작이라고도 말할 수 있는 보수연합공작이 막판에 달했을 때이고, 일본 보수정계가 신당 결성을 둘러싸고 정쟁을 벌이던 시기이기도 하다. 더욱이 동(同)지가 당시, CIA의 공작자금을 받은 상대가 일본의 어떤 정당인지, 어떤 정치가인지는 명확하지 않다고 하는 것도 수긍이 가는 말이다. 힐드먼 씨는 1976년에 출판된 자서전에서 "CIA는 국무성 예산에서는 지출할 수 없는 방법으로 많은 나라에서 자유자재로 돈을 사용했다"라고 밝히고 있다. 그런 공작자금의 경우, 어느 정도의 돈이, 어떻게 해서, 누구에게 건네진 것인가 하는 점 등이 모두 비밀로 되어 있는 구조는 훗날 미국 국회에서 정리된 보고서에 의해서도 뒷받침되고 있다.

미하원 정보활동조사 특별위원회가 1976년에 완성한 보고서 〈CIA의 비밀활동에 관한 보고〉는 다음과 같은 사실을 지적하고 있다. "(미 정부 내에서는) CIA에 치외법권적인 지출의 자유권한이 주어진 것과 '영수증 없는 막대한 자금을 사용하고 있는 것에 대해서는 충분한 설명이 되어 있지 않다. 공표된 CIA 연방예산에는 오직 한 가지 항목만이 쓰여져 있을 뿐이다." CIA가 비밀활동에 약간의 금액을 지출하고 있다는 것을 국회에 제안하면, 국회의 승인을 얻지 않고도 막대한 금액을 비밀계획으로 쓸 수 있었다.

힐드먼 증언과 미하원 보고서로 볼 때, 1955년 당시 일본 정당들의 보수연합에는 일본 재계와 CIA의 쌍방에서 지폐뭉치가 흘러들어간 것이 된다.

▌경단련 결의에서 보수연합을 후원

요시다 퇴진 후 1954년 12월 10일에 선거관리 내각으로 탄생한 제1차 하토야마 내각은 1955년 2월 중의원 총선거를 단행했다. 이 선거에서 민주당은 제1당으로 되고 제2차 하토야마 내각이 성립되었지만 이번에는 자유당의 야당색이 짙어지고 정국은 더욱더 불안해져갔다. 게다가 이 시기 좌우 양 사회당은 합당 교섭을 진행시켜 총선거전 1월에 동시에 개최한 임시대회에서 공동으로 사회당 합당 실현을 결의했다. 합당교섭위원회까지 결성한 양 파는 사회당의 합당 달성은 시간 문제라고 생각했다. 좌우 사회당(左右社會黨)의 연합이 실현된다면 중의원 의석이 모두 156명으로 제2당이 될 수 있었다. 게다가 선거결과에 따라서는 좌파 사회당의 우위로서 신사회당이 활동하게 될 가능성도 높았기 때문에 재계 및 보수정계는 심한 충격을 받았다. 특히 재계는 하루빨리 보수연합이 성공하기를 더욱더 열망했다.

일본 민주당은 4월 이후 자유당에게 보수연합을 제안하였다. 또한 5월 7일에는 민주당 간사장인 기시 노부스케가 "보수연합은 국민의 여론이며 그 때문에 민주당의 해산도 있을 수 있다"는 내용의 담화를 발표하기에 이르렀다. 한편 경단련은 5월 6일에 열린 정기총회에서 이번 총선거

사회당 통일 ▎일미안보 등의 조약으로 분열되어 있던 사회당은 10월 13일 4년 만에 합당되었다. 신(新) 위원장으로 선출된 좌파 스즈키(사진 왼쪽) 씨가 우파 가와카미와 악수

를 통해서 다시 한 번 국회의 과반수를 획득하고 지방선거에 있어서도 절대 다수를 확보해야 하는 보수 각 당의 책임에 대해 다시 한 번 강조했다.

"우리는 각 당이 국가의 기본정책을 위해 의견을 통일하고 국민에게 그 향후를 제시하며, 공동책임으로 우리나라의 독립 완성을 일치시켜 추진하는 체제를 다지고 현안(懸案) 해결을 위하여 매진하도록 충심으로 요청하는 바이다."

정부는 예산 성립을 위해 자유당의 협력을 얻기로 하고, 1955년도 예산을 민주당과 자유당의 공동수정에 의해 6월 8일 중의원을 통과시켰다. 그리고 그달 29일에 하토야마 수상은 "보수연합을 목표로 자유당과의 정책협정이 시작되었다"라는 취지의 담화를 발표했다. '미국에 들고 갈 선물'을 전한 기시 간사장이 귀국한 후, 보수연합을 향한 움직임은 드디어 마지막 단계를 맞이했다.

그 사이, 6월 7일에는 자유·민주 양당 사이에 신당의 사명, 성격, 강령 등을 협의하기 위한 '합동정책위원회'를 발족시켰다. 그렇지만 양당 간의 의견대립은 더욱더 뿌리깊어갔고, 특히 신당의 총재 이하 임원 포스트를 둘러싼 논쟁은 허용조차 되지 않았다. 그러나 이 역시 재계가 중재에 나섰다. 재계는 9월 21일, 재차 일본상공회의소의 후지야마 회장을 통해 민주, 자유 양당의 임원 세 명을 불러 보수연합에 대해 의견조정을 도모하였다.

▌난산 끝에 자민당 결성

연합을 향한 움직임은 이 같은 곡절을 거친 끝에, 후지야마의 알선으로 일주일 뒤인 9월 28일에 양당에 의한 보수연합 연설회가 결성됐으며, 10월 27일에는 '신당준비결성회'가 발족되었다. 그리고 마침내 11월 15일, 재계가 열망한 보수정당의 연합이 실현되었다. 다시 말해, 자유민주당이 발족한 것이다. 이보다 앞선 10월에는 좌우 양 사회당이 통일되었다.

보수연합은 1952년, 강화조약이 발효된 직후부터 재계가 전개시켜온 필사적인 공작이었다. 이 같은 보수정계의 재편극은 1954년과 1955년의 단계에서 미국 정부까지 개입하여 겨우 실현된 것이었다. 일본 재계와 미국 지배층이 일본의 정치지배의 발판을 군히는 데 중요한 첫발을 내디딘 것이기도 했다. 자민당 발족에 있어서는 양당이 내건 공약의 일단을 소개했다. 이는 양당의 공약과 실제 행동과의 관계를 나타낸 것이지만, 재계의 요망이 여기에 응축되어 있다고 해도 과언이 아니다. 우선 양당이 발족한 시기에 채택한 '입당선언'은 다음과 같이 시작된다.

"정치는 국민을 위한 것, 즉 그 사명과 임무는 안으로 민생을 안정시키고 공공복지를 증진하며, 밖으로는 자주독립의 권위를 회복하고 모든 평화조건을 확립하는 것이다."

또 '당 성격'을 주제로 한 문서는 양당이 특정계급과 계층만의 이익을 대표하여 국내 분열을 일으키는 계급정당이 아니라, 국민 전체의 이익과 행복을 위하여 봉사하고 국민 대중과 함께 민족번영을 일으키는 국민정당임을 명시하고 있다. 뿐만 아니라 계급독재에 의한 국민의 자유를 박탈하고, 인권을 억압하는 공산주의와 계급적 사회주의 세력을 배제한다는 사실도 밝히고 있다. 자민당은 또한 '당의 정강'을 통해 현행 헌법의 자주적 개정과 국정에 상응한 자위군비의 필요성을 강조했다. 이는 자민당이 미국의 초기 대일 점령정책의 '전환' 이후 내세우기 시작한, 일본에 대한 군사적 요구를 책임지는 정당이 되는 것을 명시한 것이다. 이는 동시에 일본 재계가 갖고 있는 자민당에 대한 기대에 부합되는 길이기도 했다. 지방·경제분야에서도 자민당은 '복지국가 실현을 도모하는 정당'으로서 다음과 같이 공약하고 있다.

"우리 당은 토지 및 생산수단의 국유·국영과 관료통제를 주체로 하는 사회주의 경제를 부정하는 동시에 독점 자본주의를 배제하고, 자유기업을 기본으로 한다. 또한 개인의 창의와 책임을 중시하고, 이와 더불어 통합 계획성을 부여하고 생산을 증강시키는 한편 사회보장 제도를 강력하게 실시하고 완전고용과 복지국가 실현을 도모한다."

이러한 공약은 재계가 바라는 바로 그것이었다.

▌인플레이션 없는 경기 상승

보수연합이 실현된 1955년은 경제적으로는 불황을 탈피하고 '전후 최고의 해'라고 칭송받을 정도로 '인플레이션 없는 경기 상승'을 성취한 해였다. 자민당의 당내 정세는 여전히 복잡했지만 어쨌든 자민당은 중의원 절대 다수를 확보하고 경제 번영으로 지탱되어 제3차 하토야마 내각의 정국은 상당히 안정되었다.

경단련은 1956년 5월에 개최된 정기총회에서 "우리나라 경제는 전후 10년의 부흥기를 거쳐 오늘날 새로운 발전기를 맞이하려고 한다. 건전하고 정상적인 경제발전을 도모하는 것이 지금이야말로 우리 경제인의 현실적 과제인 것은 마음 든든한 일이다"라고 그 소감을 밝혔다. 사실 경단련이 처음으로 경제계 문제에 전념할 수 있었던 것도 정국의 안정에 의한 것이었다. 국내 경제도 1956년에는 이른바 '진무 (神武) 경기'에 돌입했다. 정부의 5개년 계획의 상정 성장률은 원래 낮게 책정된 것이었지만, 어쨌든 여기에 비교해서 1956년도의 성장률은 국민소득과 소비증가는 2배 이상, 생산과 수출은 3배, 수입은 5배, 투자는 8배라고 하는 세계 제1의 경이적인 경제성장세를 나타냈다.

▌경제기획청 발족

경제계획의 전망이 밝았던 것은 1954년 12월에 요시다가 퇴진하고, 하토야마 내각이 성립되었기 때문이다. 하토야마 내각은 요시다와 반대로 참신한 정책을 내놓았다. 그중 하나가 경제기획청이다. 경제기획청은 1955년 7월 발족하고, 1956년부터 1960년에 걸쳐 〈경제자립 5개년 계획〉을 작성했다.

현재 일본의 경제대국화는 하토야마 내각에 의하여 시작된 것이었다. 기획청은 일본경제계획을 연구하고 입안하는 관청이었다. 당시 경제 실무를 담당하고 있던 농림성과 통산성과는 상당히 성격이 달랐다. 자본주의 경제는 자연 그대로 방치해두면 필연적으로 호황과 불황의 진동이 교대로 밀어닥친다. 이것을 방지하기 위해서는 정부의 일관된 경제정책이 필요하고, 거시경제를 분석·강화하는 것이 경제기획청의 역할이다. 거시경제의 강화는 그 후 서방 대부분의 나라에서 다소간 도입됐지만 "일본의 경제계획은 거의 모든 계획이 무너지는 것이다"라는 비난을 받으면서도 착실하게 효과를 올리고 있었다. 이때의 주요 정책은 대략 다음과 같다.

▌재계가 열망한 독점금지법 개정

점령기 개혁의 재평가가 실시되는 가운데 재계가 가장 절실히 요망했던 사안이 바로 독금법 개정 문제였다. 1953년 법 개정에 따라 '불황 카르텔'과 '합리화 카르텔'이 인정되어, 그 전년부터 통산성의 행정 지도에 의한 '권고 조업단축'이 실시되었다. 한편 일본의 경제기반 강화는 강화독립 후 일본에 있어서 가장 필수적인 과제였다. 그중에서도 점령하에 억제되어온 전력개발이 무엇보다 시급했다. 전력시설은 직접적인 폭격 피해는 적었지만, 하루 중 전력수요가 가장 집중되는 저녁시간 때에는 계획정전이 실시되었다. 더구나 가까운 장래에 중화학공업을 발전시키려는 장기 구상에 입각할 때 전원의 개발과 증강(당시는 수력댐이 중핵)은 절대 불가피한 초중점적인 경제기반 체계였다.

전원 개발사업이 계기가 되어 건설업의 근대화가 대형 불도저 등의 도입에 의해 대폭적인 공기단축(工期短縮)을 촉진시켰다. 그 외에 중공업에 기초 자재를 공급해야 할 철광업, 조선사업(국가가 해운기업에 저리융자하여 배를 만들게 함) 추진과 전원 일체로 된 해운업, 경사생산 후에도 애로사항이었던 석탄광업이 전력업과 함께 '4대 중점산업'으로 꼽혔다. 여기에 장래성 있는 전략산업으로 통산성이 제안한 기계공업과 전자공업 등을 육성하기 위해 임시조치법과 같은 특별입법을 추진하였다. 그 후 미국이 '개발형 자본주의'라고 이름붙인 일본 산업의 육성원형은 대체로 강화조약 직후인 1950년대에 기인했다고 할 수 있다.

조세특별조치법, 기업합리화 촉진법 제정에 의한 이른바 자본축적 세제의 발족과 확대는 산업기반 강화와 거점산업 조성에 크게 기여했다. 특별조치에 의한 특별상각과 산출상각은 기업의 설비투자 의욕을 불러 일으켰다. 한편 공사(公私)부분에 걸친 장기자금의 공급을 위해 재정투융자(財政投融資)도 적극적으로 운영됐다. 일본개발은행, 일본수출입은행, 주택금융공고(公庫), 중소기업금융공고(公庫), 그 외 정부계 금융기관도 강화독립기 전후에 잇따라 설립되었다. 게다가 부족한 외화를 중점적으로 사용하는 대의명분을 가지고, 사반기(四半期)마다 외화예산제도가 제정됨으로써 수입제한과 외국기술 도입이 활용되었다. 그리고 합성섬유 등 고분자화학과 석유화학공업 등 발흥산업의 육성과 발전도 촉진됐다.

일본개발은행의 또 하나의 역할

요시다는 최후에 재계로부터 퇴진을 권유받았지만, 요시다 내각의 장기정권 시절 양자 사이에는 밀월의 시기가 있었다. 그 밀접한 관계를 나타낸 것 중 하나가 일본개발은행의 총재 인사였다. 1951년 4월, 후에 '재계 사천왕의 한 사람인 고바야시 나카(小林中)의 초대 총재 취임이 바로 그것이다. 이것이 너무 돌발적이고 중대한 사건이었다는 것을 이해하기 위해서는 개발은행 탄생의 의미와 경위를 얘기할 필요가 있다.

패전 후, 일본경제 부흥을 위해서는 우선 기간산업에 자금을 공급하는 굵은 파이프를 만드는 것이 중요했다. 이리하여 1946년 1월, '부흥금융금고'가 설립됐다. 당시의 대장대신인 이시바시 단잔에 의해서였다. 그런데 연합군사령부로부터 부금(부흥금융금고)이 바로 인플레이션의 원흉이었다는 비판과 함께 부금의 부정융자 사건인 '쇼와전공 의혹'이 노출되었고, 마침내 아시다 내각이 붕괴되었다.

그 다음해인 1949년 3월에 연합군 총사령부의 재정고문으로 내일(來日)한 닷지는 부금의 금융활동을 일체 정지시켰다. 쇼와전공 의혹이 연합군 총사령부 내부의 권력투쟁과 겹쳐 발생했다는 것은 앞에서 말한 바 있지만, 쇼와전공 의혹이 아시다 실각으로 이어진 데 대해 요시다 체제는 만전을 기해야 했다. 이리하여 부금을 대신한 자금공급 파이프로서 개발은행이 창설된 것이었다. 산업부흥을 위한 자금공급의 주추(主柱)는 이른바 산업계의 생사를 좌우할 정도의 권력을 가진, 생명보험회사의 경영자였던 당시 52살의 고바야시 나카였다. 당시 대장성(大藏省) 대신은 이케다 하야토(池田勇人)였다. 고바야시 총재는 요시다와 이케다 두 사람이 다른 사람들의 의견을 들어보지도 않고 순간적으로 결정했다고 한다. 원래 고바야시는 개발은행의 총재 취임 때, "내가 할 일은 오직 하나, 정치가와 임원들이 융자를 부탁하러 오면 단호히 거절하는 것이다"라고 말했다. 조선의혹 때에는 재삼 국회에 참고인으로서 소환되었는데, "내가 총재로서 알고 있는 한도 내에서는 개발은행에는 절대로 부정이 없다"라고 잘라 말했었다. 사실 고바야시 재임 중에 조선의혹을 비롯하여 보전경제회사건, 육군비리, 전원개발비리 등 수많은 의혹사건이 발생했는데, 그에게 직접 그 의혹이 미친 적은 한 번도 없었다.

그렇다고 해서 일본 최대의 금맥을 쥐고 있던 고바야시가 이케다 등에게 아무런 공헌도 하지 않았던 것은 아니었다. 물론 그런 일을 노골적으로 요시다, 이케다와 관계있는 회사에 적절하게 융자를 조절한 것은 아니었지만, 고바야시의 개발은행에서 융자를 받은 회사 경영자들은 합의한 대로 요시다와 이케다를 지지했다. 개발은행의 융자를 받으려고 하는 회사는 물론 그렇지 않은 회사, 또한 아시다와 하토야마에게 가까웠던 경영자들도 점점 요시다와 이케다에게 쏠리기 시작했다. 그 결과 요시다와 이케다의 헌금 금맥이 확장되어갔다.

▍금맥을 잡은 고바야시 나카의 실력

고바야시는 요시다에게 직접 돈을 빌려준 적도 있었다. 1953년 3월, 이른바 '빠가야로 해산'에 이은 총선거 때 고바야시는 요시다로부터 직접 전화를 받았다.

"할 이야기가 있으니까 좀 와. 지금 사람을 보낼 테니까."

고바야시는 그 사람과 함께 관저의 뒷문으로 들어갔다. 고바야시가 "그런데 도대체 얼마의 돈이 필요합니까"라고 묻자, 요시다는 "의원 한 명에게 50만 엔씩 건넨다. 주지 않아도 될 사람도 있으니까 그것을 제하고 100으로 본다면 5,000만 엔이 필요하다"라고 대답했다. 고바야시는 이케다와 사토를 불러 "실은 지금 요시다 씨로부터 제안이 있었다. 어떻게 조치를 취하지 않으면 안 되게 되었는데, 그래서 내가 5,000만 엔의 반인 2,500만 엔을 내겠다. 그리고 당신 두 사람이 2,500만 엔, 즉 한 사람이 1,250만 엔씩 만들 수밖에 없다"라고 제안했다. 이케다와 사토가 곤란한 표정을 짓자, 고바야시는 "당신들이 비협조적이면 곤란하지 않은가"라고 꾸짖고는 승낙을 받아냈다.

그 후 고바야시는 닛코(日與)증권의 도오야마 모토이치에게 부탁하여 "자유당이 아니라 고바야시 개인에게 빌려준다"라는 조건과 함께 2,500만 엔에서 3,000만 엔으로 올려 조달했다. 그러나 이케다와 사토 측은 일이 순조롭지 않았다. 두 사람이 어느 은행으로 가서 돈을 부탁했지만, 만족할만한 대답을 얻지 못했다. 고바야시는 마음속으로 "뭐 하는 자들이야, 두 사람이 나가 2,500만 엔 정도 만들지 못하고서 어떻게 대간부라고 말할 수 있는가" 하고 생각했다. 두 사람이 고바야시에게 전화를 걸어줄 것을 부탁해왔다. 결국 고바야시가 모든 책임을 지는 것으로 해서 은행으로부터 2,500만 엔을 빌려서, 모두 5,500만 엔을 요시다에게 전달했다고 한다.

1954년 12월에 하토야마 이치로가 요시다로부터 정권을 물려받은 직후, 축하파티에서 하토야마와 친한 정치 평론가가 "개발은행 총재인 고바야시가 요시다 일파에게 정치자금을 조달한 것은 천하가 다 아는 일이다. 하토야마 내각이 우선 단행해야 할 것은 고바야시 총재의 경질이다. 그리고 우리 쪽에서 새로운 총재를 선출하자. 이것이 되지 않는 한, 우리는 마음을 놓을 수 없다"라고 불만을 토로했다. 하지만 고바야시는 개발은행 총재를 그만두지 않았다. 아니, 하토야마의 권력에 의해서도 사임될 수가 없었던 것이다. 오히려 고바야시에 의해서 하토야마 측이 퇴진으로 치닫게 되었던 것이다.

고도경제성장, 1955~64

* * *

▌이미 전후(戰後)가 아니다

1950년대 후반부터 1970년대에 걸쳐 공전의 높은 경제성장이 실현되었다. 1965년 불황을 전후로 두 자릿수의 고도성장은 제10회 『경제백서』에 쓰여 있는 '이미 전후가 아니다'라는 캐치프레이즈가 잘 설명해주고 있었다. 이는 당시 고토 요노스케(後藤 譽之助) 경조제기획부 조사과장이 아이젠하워 미국 대통령 교환기금으로 해외를 순회하며 미국 최고 번영기를 견문하고 받은 감명을 귀국 직후 백서에 남긴 것이었다.

전전 수준으로 복귀했다고는 하지만 당시 일본 GNP가 전 세계 GNP에서 차지한 비중은 불과 2%로 미국 GNP의 1/12에 지나지 않는 수준이었다. 일본은 전후 의식에서 벗어날 필요가 있었다. 또한 전후의 세계정세는 동서 긴장 완화로 인해 각국의 경제성장 열기가 갑자기 높아졌다. 중동의 대유전이 잇따라 개발되어 각국에 낮은 가격에 공급된 것도 세계 각국의 성장을 자극한 중요한 요인이었다. 1950년대 후반부터 1960년대에 걸친 일본경제는 잠재 성장력이 현저히 두드러진 반면, 경기순환의 상하 진동 또한 격렬했다. 여기서 하향경기로의 전환의 계기가 된 것은 국제수지적자의 제약과 금융긴축의 발동이었다.

이 무렵, 고도성장의 큰 두 줄기의 붐은 '진무 경기', '이와토 경기'의 2대 호황이었다. 이 두 시기의 붐은 '밑바닥 불황'으로 일시적으로 중단되었지만 그 특징에서 본다면 하나의 선상에서 받아들여도 좋을 것이다. 진무와 이와토, 양 호황의 공통된 특징은 첫째, 광범위한 기술혁신과 발전을 배경으로 설비투자가 고양되었다. 이러한 붐은 ① 생산공정의 일관화·연속화·자동화, ② 신제품과 신산업의 비약적인 발달, ③ 결합생산의 대발전, ④ 관련 사업의 유발투자의 확대 등에 의해서 고조되었다.

둘째, 대중소비사회의 급속한 성장이 가계의 소비수요를 증대시켰고 이것이 고도성장을 촉진시켰다. 진무 경기 때에는 전기세탁기, 텔레비전, 냉장고 등의 가전제품이 무서운 속도로 보급되었는가 하면, 이와토 경기 때에는 자동차 대중화 등이 급진전되었다. 이로 인해 새로운 형태의 생활품을 가지는 것이 곧 대중의 꿈과 희망이 되었다. 그리고 이때부터 정착된 춘투(노동자들의 임금투쟁)에 의해 봉급이 매년 10%를 전후로 인상되어 이에 따른 가계수입의 증대가 생활용품 수요의 증가를 가져왔다. 이 소득효과와 양산효과에 의해서 생활용품의 가격을 크게 낮출 수 있었고 그 가격효과로 인하여 생활용품 수요의 누계적 증대를 불렀다.

일·소 국교회복이 정치과제

하토야마 수상은 요시다 시게루와 기시 노부스케 두 사람이 관료 출신의 재상이었다는 것과 달리 당인파(黨人派) 재상이라는 역사인식을 가지고 있었다. 하토야마 내각은 불과 2년 사이에 보수연합 이외에도 일·소 국교회복이라는 중요 안건처리를 실시하였다.

당시 일본과 소련 사이에는 요시다의 단독강화, 이른바 샌프란시스코 대일 평화조약과 미일 안전보장조약 체결에 의해서 아직도 전쟁상태가 종결된 것은 아니었다. 이것은 일본에 있어 위험하고, 특히 소련 연안에 출현한 북양어업선단은 일촉즉발의 상황하에 있었다. 하토야마는 일·소 국교회복에 심혈을 기울였으나, 보수연합과는 달리 미국은 당연한 듯 극히 냉담한 태도를 보였다. 재계도 일·소 국교회복에 의한 경제적 이익이 거의 없는데다, 미국과의 경제관계에 악영향을 불러일으키지 않을까 하는 우려에서 소극적인 자세를 취하고 있었다. 이 같은 배경 속에서 일·소 국교회복을 이끈 또 다른 주인공은 수산업계의 실력자인 농림부장관 고노 이치로(河野一郎)였다.

고노는 재계로부터 미움을 받았다. 그러나 이에 앞서 하토야마의 정치내력과 재계와의 관계를 정리해볼 필요가 있다. 하토야마가(家)는 정치가의 가계다. 부친 가즈오(和夫)는 제4대 중의원 의장과 외무차관 등을 역임한 바 있었고, 고노 이치로도 일고교와 동경대를 거쳐 31세의 젊은 나이에 동경시 의회의원에 당선되었다. 이어 41세 때에는 동경시 의회의장, 49세에는 이누카이(犬養) 내각의 문교부장관을 지냈다. 그 후 오직(汚職) 혐의를 받기도 했지만, 명경지수의 심경을 말하고 문부대신을 사임했다. 전시 중에는 일관하여 도조 내각을 비판하고, 카루이자와(輕井澤)에 틀어박혀 있었다. 전후 1945년 11월, 자유당을 결성하여 초대 총재가 되었다. 1946년 4월에는 중의원 선거에 당선되어(이 선거에서 자유당이 제1당으로 되었기 때문에) 하토야마는 조각을 단행하고자 하였지만, 하토야마 내각 성립 직전에 연합군 총사령부의 지령으로 공직 추방되었다. 이때 마음에도 없는 요시다 시게루를 수상의 자리에 앉힌 사람이 하토야마이고, 요시다는 하토야마의 추방이 해제되면 곧 수상 자리를 하토야마에게 되돌려주는 조건부로 수상이 되는 것을 승낙했다. 이후 하토야마의 '차기 수상 취임'은 정계에서는 명백한 사실이 되었다.

하지만 1951년, 하토야마의 추방 분위기가 해제됐을 때 쯤, 그와 요시다와의 관계는 이미 소원해진 뒤였다. 요시다파와 하토야마파는 오히려 정권을 둘러싸고 대립하면서 정계는 대혼란으로 치달았다. 하토야마는 추방해제 직전에 가벼운 뇌출혈로 쓰러져 1년 정도 병상에 있었지만, 곧 재기하여 정권분투에 의욕을 불태웠다. 1953년, 반(反) 요시다의 '분파 자유당'을 결성하여 총재가 된 하토야마는 반년 정도 지나 자유당으로 복귀하고 1954년에는 일본 민주당을 결성했다. 그 후 성립된 하토야마 내각은 선거제도를 바꾸어 소선거구제로 하고, 전후 헌법을 개정하는 것을 당초 목표로 세웠다. 하지만 1955년 2월에 실시된 총선거에서 헌법 개정을 위한 3분의 2 이상의 의석을 확보하는 데 실패하자 하토야마는 다음 정치과제로 일·소 국교회복에 전념하였다.

▌재계의 권고에 의한 하토야마의 퇴진

1956년 7월, 경단련·일상·일경련·경제동우회 등은 연명하여 정부의 일·소 교섭을 공공연하게 방해하는 의견서를 공표했다. 게다가 하토야마 내각이 어떻게든 일·소 교섭을 매듭지으려 하자, 9월 6일에는 재계 4단체의 유지 78명이 모여 하토야마 수상의 퇴진권고를 결의했다. 이들은 간사장인 기시 노부스케, 총무회장인 이시이 고지로(石

井光次郎), 정조회장 미즈다 미키오(水田三喜男)의 자민당 3명의 임원을 불러 권고안을 전달했다. 그리고 실제로 하토야마 수상은 그해 12월, 마침내 퇴진했다. 이것은 전대미문의 사건이었다.

하토야마의 퇴진을 결의한 것은 당시 경단련 회장이었던 이시자카 다이잔(石坂泰山)과 일상 회장 후지야마 아이이치로(藤山愛一郎)였다. 하지만 실제 무대 뒤에서 시나리오를 쓰고 연출을 담당한 것은 일본 개발은행 총재인 고바야시 나카 등 재계 사천왕이었다.

경단련의 이시자카 회장 자신은 그다지 정치적인 의도를 가졌던 것은 아니었던 것으로 보인다. "하토야마 씨가 텔레비전에 나오는 것을 보았을 때 나는 '하토야마 씨가 불쌍하다. 저런 불편한 몸으로 ……. 정치를 위해서도 좋은 방법은 아니다'라고 생각했다. 그러자 신문에는 하토야마 자신도 싫다고 말한 것이 쓰여져 있었다. 그리고 재계의 후지야마 아이이치로 씨 등도 하토야마 퇴진을 찬성했기 때문에 나는 같이 퇴진을 권고했다"라고 당시를 회상하고 있다. 권고의 취지는 "국내 정치의 현 상황에 있어 국민과 다름없이 근심이 끊이지 않고 재계인 유지로서도 보고 있는 것이 참기 힘들다. 이때 서정일신(庶政一新)을 기하기 위하여 후계 수반 결정을 희망하는 하토야마 수상의 의견을 명심하여, 서둘러 민주적 방법에 의한 정국 수습을 도모하고 싶다"라는 것이었다.

민주당에서 즉시 반발이 일어났다. 다음날 7일, 각료 간담회의 석상에서 '재계의 태도는 너무한 것이다'라는 의견이 나왔다. 또한 하토야마 측근의 농림부장관 고노 이치로는 라디오 연설에서 "실업가가 정치에 간섭하는 것이 도대체 있을 수 있는 일인가? 정치에 참견하고 싶다면 국회의원이 되어 나와라" 하며 격노하였다.

원래 이시자카라는 사람은 항상 "정치는 좋아하지 않아. 정치자금에도 관여하지 않을 것이야"라고 말했을 정도로 정치를 싫어하기 때문에 하토야마의 퇴진 문제에 있어서는 최초 브리지스톤 창업자이자 사장이었던 이시바시 마사지로(石橋正二郎)에게 상담을 하였다. 이시바시의 장녀가 하토야마의 장남 이이치로(威一郎)와 결혼해 이시바시, 하토야마의 관계는 긴밀한 것이었다. 이시자카와 기시 노부스케와의 관계가 깊었던 후지야마 아이이치로, 게다가 이시바시도 동행하여 동경 오토와(音羽)에 있는 하토야마 집에 몰려들어, 하토야마에게 "건강이 안 좋으니까, 이때 사임하면 어떻겠습니까"라며 건강 문제를 이유로 퇴진할 것을 요구했다.

▌고노 이치로의 격노

하토야마 자신은 "재계의 의견으로 받아들이겠다"라고 극히 냉담했지만 역시 이때도 고노 이치로가 다음날, 경단련의 간부를 불러 "발칙한 말 하지 마라. 우리는 국민투표에서 몇천만 표를 얻어 의회의원과 수상을 역임하는 것이다. 재계인이라 해도 기껏 10 내지 20 표일 것이다"라며 얼굴이 새빨개져서 격노했다고 한다. 고노가 이렇게 맹렬하게 반발한 것은 재계의 진짜 목적이 일·소 국교회복의 저지에 있고 또한 그것을 진행시키고 있는 것 자체가 자신의 일을 망치게 하기 위한 것임을 간파했기 때문이다.

이 퇴진권고극의 무대 뒤 주역은 앞서 말한 바와 같이 일본개발은행 총재인 고바야시 나카였다. 일경련 전무이사·사무국장을 거쳐 니폰(日本) 방송, 후지(富士) TV, 산케이 신문사 사장이 된 시카우치 노부타카(鹿內信隆)가 "그때 고바야시 나카 씨의 총재실에 기시 도조(岸道三)(경제동우회 대표간사, 도로공단 총재)씨도 모두 모여 모의를 한 것이 지금도 생각납니다"라고 증언했다. 일·소 교섭은 1956년이 되자 고노 농상, 시게미츠 아오이(重光葵) 외무부 장관이 잇따라 소련을 방문하고 10월 7일 하토야마, 고노 양측 대표가 모스크바로 출발했다. 동월 19일에는 일·소국교회복공동선언, 통상항해의정서에 조인했다. 이런 교섭 경과를 되돌아보면, 재계가 퇴진을 요구한 9월은 바야흐로 교섭이 가까워지고 있었던 것이다. 시카우치는 하토야마 퇴진의 요구에 "재계가 소련과의 국교회복을 둘러싸고 지극히 통일된 반공정신에 정열을 바친 것이 가장 큰 배경이었다"라고 증언했다. 그리고 역시 재계 사천왕의 한 사람이었던 닛신보(日淸紡) 사장 사쿠라다 다케시(櫻田武: 後 일경련 회장)는 "최대 이유는 일·소 교섭이었군"이라고 했다. 그때 북경방송이 "하토야마는 일·소 국교회복을 단행하라"라는 말을 요란스럽게 떠들고 있었다. 그리고 "뭐야, 하토야마 씨는 중공(中共)쪽으로 쏠렸는가"라며 걱정했다. 총평도 하토야마 내각에게 "공약을 실행하라. 국민운동의 형태로 일·소 국교회복 촉진을 받아들여라"고 재촉했다. 게다가 하토야마 씨는 휠체어에 의지하는 환자로 솔직하게 말하면 불쌍해서 똑바로 쳐다볼 수 있는 상태가 아니었다. 사쿠라다 다케시는 "나는 솔직히 능력이 없는 사람이 '일가의 명예'를 위해서 경험을 하나 더 쌓는 데 지나지 않는다는 느낌이었다. 분명히 말해서 하토야마 선생의 국사와 외교에 대한 능력은 아무리 봐도 무리인 것 같았다"라고 회상하고 있다.

그 무렵 재계에서는 '공동조사회'라는 비밀기관이 있었다. 이것은 일경련이 중심이 되어 1955년 9월에 비밀리에 결성된 반공운동 조직으로, 당초는 시국간담회로 발족했지만 1958년 공동조사회로 개칭하고 1968년 11월까지 존재했다. 간담회 발족 무렵에 배포된 전단지에는 '당면 정세와 문제의 소재점'에 대해 다음과 같은 결론을 내리고 있었다. "세계는 이제 총체적 안정기에 돌입하고 있다. 그동안 이 나라의 진로를 결정하고 장래의 설계도를 확정해야 한다. 무엇보다 정치는 민주주의, 경제는 자유주의라는 원칙이 이미 일본의 기조가 되고 있는 이때, 이것을 깨뜨리려는 세력에 대해 우리는 보다 적극적인 태도를 취해야 한다." 요컨대 재계는 반공사회운동을 펼쳤던 것이다.

대외적으로는 반 중소사상에 입각하고, 국내에서는 좌파 사회당, 공산당, 총평, 일교조가 대상이 되었다. 활동범위는 정치공작, 조합대책, 청년대책, 문교대책, 언론대책과 문화공작으로 광범위했다. 하토야마 퇴진공작도 공동조사회(또는 시국간담회 무렵)에서 사전에 검토되었다. 사쿠라다는 "퇴진 요구 협의를 할 때에도 좌장인 내가 놀란 것은, 이렇게 그 사실에 집착해 있으리라고는 믿지 못할 정도로 거의 모두가 손을 들어 발언하는 것이었다. 나로서는 좀 감당하기 어려울 정도로 대단한 열의였다"라고 당시를 회고하고 있다.

▎재벌에서 재계의 시대로

재계의 불안을 뒤로 하고, 결국 일·소 국교회복은 실현되었다. 하지만 하토야마는 퇴진했다. 재계와 고노 이치로의 확집은 그 후에도 계속되지만, 재계에 있어 하토야마 퇴진은 또 다른 '안심'을 의미했다. 재계가 전전과, 전후에서 가장 크게 달라진 점은 전전은 재벌그룹의 오너와 경영자가 소귀에 경 읽기 형태였지만, 전후에는 재벌이 해체되고 비 재벌계의 대기업도 해체되어 일종의 진공상태가 되어 있었다. 그 진공상태와 난세의 재계를 떠맡은 사람이 고바야시 나카를 비롯해 '재계 사천왕'이었다.

사천왕 등과 맺어진 자들이 실권을 잡고 요시다가 장기 정권을 지탱해왔다. 후에 이시자카 다이잔(경단련 회장)과 아다치 마사(足立正: 일상회장), 기카와다 이치류(木川田一隆: 동우회 대표간사) 등이 재계에 드러난 얼굴로 등장하고서도 정재계의 주요 인사 등에 관하여 그들은 완전히 배제되어 있었다. 요컨대 전후 재벌해체에 의하여 '재벌시대'에서 '재계시대'로 변했지만 그 재계도 '드러난 얼굴'과 실제로 정재계를 조정하는 '숨겨진 얼굴'로 이중구조화되어 있었다. 그 '숨겨진 얼굴'의 대표가 고바야시들로 그들은 자신들의 권력을 유지하기 위하여 주류가 아닌 재계인들과 밀착한 정치가는 배제해야 했다. 이것이 하토야마 퇴진극의 또 다른 측면이었다.

하토야마 이치로는 관료파 정치가와 같이 관청의 이권을 배경으로 하여 기업으로부터 돈을 받을 힘은 없었다. 이것은 당인파(黨人派)에 공통되는 약점이었다. 오직 그렇지 않은 사람이 어업이권을 확보한 고노 이치로였다. 따라서 당 수준의 정치자금은 무리해서라도 돈을 만들 수는 있어도 개인적인 정치활동 자금과 생활자금을 조달하는 것은 많은 정치가들이 힘들어 했다. 전전부터 일본 사회에서는 정치가를 '우물담'이라고 불러왔다. 더러워도 돈을 모으지 않으면 아무리 부자라도 사재를 다 써버리고 이윽고 우물과 담만이 남게 된다는 의미이다. 하토야마에게는 다행히 개인적으로 유력한 후원자가 있었기 때문에 우물담이 되지 않았다. 먼저 언급한 브리지스톤 타이어 창립자, 이시바시 마사니로였다. 이시바시는 하토야마가에 생활자금을 제공하는 물주였다. 하토야마 애용의 감색 고급차 캐딜락은 이시바시의 소유차로 운전사도 같이 하토야마에게 제공되었다. 그 외 매월 생활비(통상 월 20만 엔)의 대부분은 이시바시가 분담했다.

▌재계 주류가 위험하게 본 고다마 요시오

이시바시는 후쿠오카현 구루시(福岡縣 久留市)에서 태어났다. 그리고 후에 당인파의 유력 정치가인 이시이 고지로(石井光次郎)와는 죽마고우였다. 이시바시는 그 후 버선 생산에서 시작하여 국산 자동차, 타이어를 생산하면서 마침내 이시바시 재벌이라고 불리게 되었다. 이시바시는 브리지스톤 타이어를 중심으로 기업그룹을 만들었다.

하토야마와 이시바시는 이시이 코지로를 통해 전전부터 왕래가 있었다. 딸 야스코(安子)가 하토야마의 장남과 결혼한 것은 전후의 일이다. 종전 후 곧 하토야마 부부는 동경으로 옮겨 아자부(麻布)의 이시바시 저택에서 동거했다. 신당 대립의 의논 또한 이시바시의 집과 긴자(金座)의 고슌사(交洵社)에서 종종 행해졌다. 한편 하토야마는 이시바시 집에서 오우치 효혜이(大丙兵衛), 아리자와 히로미(有澤廣巳), 미노베 료이치(美濃部亮吉) 등의 경제학자를 초청하여 전후 경제의 전망에 대한 의견을 구하기도 했다.

이들 경제학자들의 의견은 "극도의 인플레이션기가 될 것이므로 계획 경제를 취하지 않으면 전망이 없다"라는 지론이었다. 이것이 "자유경제가 아니고서는 안 된다"라는 하토야마의 지론과는 맞지 않았다. 하토야마와 이시바시는 혼인관계에 있고 하토야마의 정치세력에 의해서 이시바시가 이익을 얻는 그런 관계는 아니었지만, 재벌주류에게는 자신들에 의해서 조종되지 않는 수상은 재미없었다. 더욱이 재계주류가 위험하다고 본 것은 고다마와의 관계였다.

1953년 1월, 전국지에 하토야마와 히로가와 코젠(廣河弘禪), 미키 다케요시(三木竹吉), 미후라 요시이치(三浦義一), 고다마의 5명이 고다마 집에서 회담하고 있는 것이 특종 사진으로 실렸다. 히로가와, 미키는 당인파의 유력 정치가, 미후라는 전전부터 우익의 거두였다. 이날 회담 내용은 자유당 내의 인사에 관한 것이라고 말했다. 그리고 하토야마는 가벼운 마음으로 사진사를 불러 사진을 찍었다고 한다. 하토야마 개인은 크게 신경쓰고 있지 않은 듯했지만 이 특종 사진에 놀란 재계인은 많았다. 고다마라는 괴인물이 정계 이면에서 큰 영향력을 가지고 있다는 사실이 사진에 의해서 확인된 것이기 때문이다. 고다마는 전전에 수상 암살 미수사건을 일으킨 우익 청년이었는데, 전시중에 외국으로 나가 해군의 첩보기관인 '고다마기관'을 설립한 것으로 알려져 있었다. 고다마기관은 그 활동비를 만들기 위하여 아편을 매매한 것으로 전해지고 있으며, 종전 직전에 현금 수억 엔과 금, 다이

아몬드 등 수억 엔의 자산을 일본에 들여왔다고 한다. 그 자산은 종전 처리 내각의 해상(海相)으로 있던 요네우치 미츠마사(米內光政)가 들고 왔지만, 요네우치는 귀금속류는 점령군에 건네주고 현금은 고다마에게 돌려주었다. 그 돈이 하토야마가 자유당을 결당할 때 자금이 된 것이다. 종전 직후 수억이라는 돈은 굉장히 큰 돈이었다. 그 후 고다마는 전쟁고아 수용소 건설에 300만 엔, 노동자를 위한 대중식당 건설에 200만 엔을 기부하여 화제를 불러일으켰다. 하지만 보전경제회 사건의 정치헌금 흑막 용의자로 경시청의 가택수사를 받은 후부터는 모습을 감추고 말았다. 후에 다나카 가쿠에이(田中角榮) 내각 때, 록히드사건으로도 알 수 있듯이 고다마가 보수당의 정치자금에 전후 시종일관 깊이 관계되어 온 것은 명백했다. 그렇다고 해서 하토야마만 깊은 관계를 가진 것은 아니다. 하지만 재계는 고다마가 그림자같이 붙어 다니는 하토야마를 빨리 정권으로부터 물러나게 하고 싶었을 것이다.

▌ 쇼와의 요괴, 기시 노부스케

일·소 국교회복을 계기로 하토야마 내각은 총 사직하고, 정권은 이시바시 단잔 신자민당 총재에게 계승되었다. 이시바시 수상이 병으로 쓰러졌기 때문에 1957년 2월, 기시 노부스케 내각이 성립되었다. 기시는 후에 '쇼와의 요괴'라고 불리었는데, 그 생애는 마치 전쟁기간 중에서 전후에 걸쳐 '쇼와 정치사' 그 자체였다. 눈부신 실적으로 채색되어 있지만, 반면 한국, 인도네시아, 미국 등의 국제 스캔들을 일으키는 사람, 혹은 금권정치의 토대를 만든 정치가 등으로 알려져 있었다.

기시는 야마구치현(山口縣)에서 태어나 후에 부친의 생가를 이어받아 기시라는 성을 가졌지만 원래 성은 사토(佐藤)였다. 그는 동경대 법학부를 졸업한 후, 농상무성(農尙務省)에 들어가 당시 만주국 경영에 참가했다. 만주에 주재하고 있을 때, 그 날렵한 실력은 일본 본국에까지 소문이 날 정도였다. 귀국 후에는 상공차관, 1941년 10월에는 도조(東條) 전시 내각의 상공상, 국무상, 군수차관을 차례로 역임했다. 하지만 이 전쟁 중의 이력이 문제시되어 전후 A급 전범용의로 문초당했고, 1945년 9월에 체포되었다. 그 후 스가모(巢鴨) 구치소에 유치되어 1948년 12월에 석방되기까지 옥중에서 고통을 겪었다. 출옥 후, 고향인 야마구치에 돌아왔다가 곧 상경한 기시는 일본재건연맹을 결성하고 그것을 발판으로 1953년 4월, 총선거에서 정계로 복귀했다. 요시다 정권 말기인 1954년, 하토야마 신당(일본 민주당)의 창당에 참가하고 자유당에서는 제명되었지만, 그 후에 민주당 간사장으로 미키 다케요시, 오노 반보쿠들과 함께 보수연합의 중심적인 역할을 하였다. 그리고 합당 후, 자민당 간사장으로 취임하였다. 1956년 12월, 자민당 총재 공선에 출마하여 제1회 투표에서 톱이 되었지만 2, 3위 연합 때에는, 이시바시 단잔에게 극적으로 패했다. 하지만 기시는 이시바시 내각에서 외상으로 입각한 것이 다행이었다. 이시바시가 병 때문에 퇴진하게 되어, 그는 노력하지 않고 뜻밖에 수상이 되었기 때문이다.

기시를 재정 면에서 지탱해준 것은 일상(日商) 회장인 후지야마 이치로였다. 기시와 후지야마의 관계는 나중에 후지야마가 기시가 있는 정계로 자리를 옮기고, 기시가 그 재산을 '탕진했다'라는 말을 듣고부터는 냉담해졌지만, 예전부터 문경지우의 관계였다. 기시가 스가모 형무소에서 석방되어 동생인 사토 에이사쿠가 있는 관방장관실을 방문했을 때, 먼저 전화를 걸어 온 것이 후지야마였다고 한다. 재계의 대부라고 알려진 후지야마는 기시에게 이렇게 말했다. "자네는 지금 공직추방에 있는 몸이네. 우선 나의 회사에 오지 않겠는가. 물론 아무것도 하지 않아도 괜찮네, 그저 놀게!!"

재계에 확대된 기시의 폭넓은 인맥과 금맥

실업 중에 있던 기시는 후지야마 외에 만주시대 자신의 부하였던 시이나 에쓰사부로(椎名悅三郎) 등의 알선에 의해 동양펄프, 동경강재 등에서도 회장직을 맡아 생활비를 조달받았다. 사실 재계에 들어선 후 기시에게 정치자금이 고갈되는 일은 결코 없었다. 원래 상공관료였던 기시는 재계에 폭넓은 인맥과 금맥을 가지고 있었다. 후에 미키 다케오가 그를 총재에 추천한 것도 그런 장점을 인정했기 때문이었다. 생전에 기시의 부친과 친분이 두터웠던 경제 평론가 미키 요노스케(三鬼陽之助)는 전성시대 기시의 금맥을 네 가지로 분류하였다.

첫째, 관료시절 몸담았던 통산성 — 상공성을 배경으로 했기 때문에 거액의 헌금 거래자는 자타가 인정하는 철강업계였다. 기시와 철강업계의 인연은 전시 중의 통제경제시기까지 거슬러 올라간다. 업계와의 인연도 그 무렵부터인데, 기시가 상공대신, 군수차관을 역임했을 때, 나가노 시게오(永野重雄), 후지이 헤이고(藤井丙午) 등이 철강통제회 측의 임원이었기 때문에 친교가 깊었다.

둘째, 경단련·일상을 비롯한 경제단체이다. 특히 기시 수상시대에 경단련 회장을 오랫동안 역임한 우에무라 고고로(植村甲午郎), 게다가 당시 일상 회장이었던 후지야마 콘체른의 뒷받침이 컸다.

셋째, 기시의 고향인맥으로 야마구치현 출신 히시하라 후사노스케(久原房之助: 前 정우회 총재 광업)와 아유가와 요시스케(鮎川義介)를 중심으로 장주(長州) 재계인이다. 그들은 이토 히로부미(伊藤博文) 이래, 장주벌 6인째인 '재상'의 탄생에 들떠 있었다. 게다가 히사하라, 아유가와하고는 오랫동안 인연을 가졌다.

아유가와는 닛산(日産)의 시초였다. 그는 1937년부터 1942년에 걸쳐 닛산을 통째로 만주에 옮겨서 만주 중공업을 세우고 총재로 활약했다. 전후 기시와 같이 추방의 우려도 있었지만, 해제와 함께 다시금 움직이기 시작했다. 구(舊)닛산빌딩인 다이이치(第一) 물산(現 미쓰이 물산)을 13억 엔에 매각하고, 그 돈을 기금으로 1956년, 일본 중소기업연맹을 결성했다. 그 위에 중소기업단체법을 성립시키기 위하여 자민당에 5,000만 엔을 헌금했다. 아유가와는 당시 "정치헌금을 5,000만 엔 뿌렸다"고 공언했지만 기시가 이시바시도 총재선을 두고 투쟁했을 때에는 1억 엔의 헌금을 약속했다고 한다. 그러나 아유가와의 말로는 비참했다. 차남 긴지로가 그 당시 세상을 배경으로 '영화는 유지로(裕次郎), 정치는 긴지로(金次郎)'라는 기묘한 슬로건을 내걸고 참의원 선거에 출마했지만, 낙선한 것뿐만 아니라 선거위반으로 문초 당했다. 아유가와는 이 사건을 계기로 몰락했다. 기시는 아무런 구제의 손길도 뻗치지 않았다 한다.

넷째, 스미토모 기업그룹이다. 동경대학시대, 기시가 아즈카 사카에(我妻榮: 민법학자)와 수석자리를 두고 경쟁한 것은 유명한 이야기지만, 이 두 사람의 성적 경쟁에도 끼어든 사람이 기시 내각시대에 스미토모 화학의 사장이었던 쓰치이 쇼지(土井正治)였다. 쓰치이는 졸업 후에도 기시와 친교가 두터웠으며, 그는 스미토모 그룹의 회장으로서 기시를 지원했다. 이런 풍부한 금맥이 지탱해준 덕에 기시는 공직 추방이라는 결점이 있었음에도 불구하고 총리, 총재의 자리를 유지할 수 있었다.

▌안보국회의 정상화를 바란다

기시 수상은 '미·일의 새로운 시대를 연다'라는 슬로건을 내걸고 대미 협조외교를 추진하였다. 미·일안전보장조약의 개정을 최고 중점과제로 삼고 배상 문제 해결과 통상조약체결 등 동남아시아 모든 국가와의 관계개선을 시도했다. 한편 내정 면에서는 지나친 점령정책을 시정하고 일본 정세에 맞는 제도체계로 재편성하는 것을 정치과제로 삼았다. 그해 6월 기시 수상의 방미를 계기로 미·일안전보장조약의 개정을 미국에 요청했다. 1958년 9월 후지야마(藤山) 외상과 덜레스 국무장관 회담을 통해 개정교섭이 추진되었다.

기시 내각의 끈질긴 교섭 결과 1960년 1월 워싱턴에서 신조약 〈미일 상호협력 및 안전보장조약〉이 조인되어 개정 문제는 일단락되었다.

미국이 극동정책에 있어서 새로운 방향을 모색할 만큼 일본 측의 시정 요구가 상당 부분 받아들여진 셈이었다. 경제계는 신조약의 체결을 미·일 신시대의 개막이라고 여기고, 미·일 경제협력을 위한 무역자유화 추진이 실현되는 시기에 도달했음을 환영했다. 그러나 야당 및 혁신진영은 전쟁을 우려하며 안보개정에 거세게 반대했다. 노동조합과 학생들까지 끌어들이면서 이들 반대세력은 지금껏 한 번도 없던 규모로 확산되어갔다. 결국 신(新)조약은 1960년 5월 19일 중의원에서 자민당의 단독체결로 강행되어 6월에는 자동 승인되었다.

하지만 이러한 기시 내각의 강한 정치자세에 대한 비판은 한층 더 높아졌다. 보혁대립(保革對立)은 점점 격화되고 반대운동이 첨예화한 결과, 비준(批准) 후에

데모대 국회 포위 ▌ 6월 18일에는 신조약에 대한 반대운동이 정점에 달해 학생, 노동자 등의 데모대가 국회를 포위했다. 참가자는 이날만 33만 명. 반대운동이 전국 각지에서 일어났다

예정되었던 아이젠하워 미국 대통령의 방일을 연기하도록 요청해야 할 사태까지 이르렀다. 이것은 '신(新)시대'를 지향하는 미·일 관계에 심각한 충격이었다. 그 후 경단련 등 경제 4대 단체는 공동으로 '폭력 배제와 의회주의 옹호'에 따라 국정운영을 정상화하고 국제적 신용회복을 위해 힘써야 할 것이라는 성명을 발표했다.

　기시 내각은 신안보조약비준서 교환 후에 총퇴진했다. 이와 관련하여 기시는 1979년 9월, 83세로 중의원 의원직을 사임하고 정치무대에서 일단 사라졌지만, 그대로 은거생활로 들어가지는 않았다. 당의 원로로서 당내 다카파(派)의 상징적 존재로서 임종 직전까지 정부 여당에 대한 영향력은 조금도 쇠퇴하지 않았다. 특히 후쿠다 다케오(福田赳夫) 전 수상의 정치적 스승역을 맡고 또 아베 신타로(安倍晋太郎) 전 자민당 총무회장의 양아버지로서의 영향력을 유감없이 발휘했다. 또한 인도네시아 배상과 한일유착 등 기시가 관계된 의혹사건은 약 14개에 달하여, 그 방면에서는 초거물적인 것으로 자주 평가되었다.

▌이케다를 지지한 재계 사천왕

이케다 하야토(1899~1965)

　기시 퇴진 후, 1960년 7월에는 이케다 하야토(池田勇人) 내각이 성립되었다. 이케다 수상은 '관용과 인내'를 슬로건으로 내걸어 안보투쟁에 의한 첨예화된 정치기조의 전환을 추진했다. 경단련은 신(新)내각의 정책 입안, 실시의 참고가 될 수 있게 경제계의 요망을 매듭지어 8월에는 〈이케다 내각의 새로운 정책에 대한 요망〉을 건의했다. 이케다 내각은 여기에 응하는 형태로 다음달 9월에 '소득배증' 등의 신경제정책을 발표했다. 이 새로운 정책의 목표는 안보 이후의 혼란을 수습하고, 내정의 안정을 경제중점주의로 실현시키려고 하는 데 있었다. 이 새로운 정책은 국민에게도 호감을 불러일으켰다. 그 해 11월, 중의원 총선거에서 자민당은 296의석을 얻어 정국은 거우 안정된 상태에 이르렀다.

'요시다 학교의 우등생'이라고 불리는 이케다의 지지자는 역시 고바야시 나카(일본개발은행 총재), 사쿠라다 다케시(일경련 회장), 나가노 시게오(永野重雄: 닛산회장), 미즈노 나리오(水野成夫: 일경련 상임이사) 등의 재계 사천왕들이었다.

이 사천왕의 내력을 거슬러 올라가 보면, 미야지마 세이지로(宮島清次郞)라는 사람에게서 시작된다. 미야지마는 1906년에 동경대 법학부를 졸업한 요시다 시게루와 동기생이었다. 두 사람은 학생시절부터 문경지우였다. 1936년 2·26사건 후, 오카다(岡田) 내각이 붕괴하고 히로다(廣田) 내각이 성립되었을 때, 요시다 시게루는 사실상 히로다 내각의 조각 참모장의 역할을 맡았다. 그는 당시 닛신보(日淸紡) 사장으로 있던 미야지마를 만난 자리에서 "나는 이번에 외무대신이 된다네. 그러니까 자네도 꼭 상공대신으로 입각하여 나를 도와주게"라고 말했다. 미야지마는 요시다의 부탁이라면 할 수 없다고 생각하고, 닛신보의 경영에서 손을 떼야겠다고 결심했다. 결국 육군의 간섭에, 요시다 외상과 미야지마 상공상 모두 일시에 해고당했지만, 두 사람은 서로 신뢰하는 사이였다. 요시다가 수상이 되게 하기 위해 미야지마는 물심양면으로 도와주었다. 이전에 총선거에 입후보하여 낙선하는 좌절을 맛본 적이 있던 미야지마는 자신이 이루지 못한 꿈을 요시다 수상에게 걸어보려는 기대도 있었다. 미야지마는 요시다 수상이 관료들과 중요한 문제를 의논하는 아침 회의 때 언제나 객원으로 출석해 있었고, 수상에게 거리낌 없이 모든 말을 다하였다. 1949년 2월, 제3

차 요시다 내각 조각 때, 미야지마는 1년생이었던 이케다 하야토를 불러 직접 면접을 본 뒤 대장상(大藏相)으로 결정하였다. 자유당의 대의사회의 강력한 반대에도 불구하고 요시다는 미야지마의 결정에 따랐다고 한다.

이때 미야지마의 상담을 받아 이케다 하야토를 추천하고, 연락계를 담당한 사람이 사쿠라다 다케시였다. 사쿠라다는 패전 그 해 12월에 미야지마에게 발탁되어, 41세에 닛신보의 사장이 되었다. 그와 이케다와는 동향(히로시마켄)으로 절친한 사이였다. 미야지마는 사쿠라다에게 "무카이 타다하루(向井忠晴: 전전 미쓰이물산 회장으로 미쓰이 재벌의 회장, 제4차 요시다 내각의 대장상)가 괜찮다고 생각하는데 어떤가"라고 물었다. 사쿠라다는 무카이가 공식추방 제1호로 대신으로서는 부적격함을 설명한 후에 이케다를 추천하였다. 이케다는 대장성 사무차관을 퇴임한 후 중의원 총선거에 출마한, 아직 의원 1년생이었다. 그러나 미야지마는 당장 이케다를 불러 1시간 반 정도 재정 문제를 중심으로 구두시험을 가졌다. 결과에 만족한 미야지마가 요시다에게 전화하여 이케다를 추천함과 동시에 그 자리에서 결정된 것이었다.

요시다와 재계를 잇는 한 줄기의 굵은 파이프를 잇게 한 이가 미야지마이고, 그 흐름을 퍼올리는 사람이 사쿠라다, 고바야시, 나가노 등 재계 사천왕들이었다. 사쿠라다에 의하면 회사(닛신보)의 일로 상담하고 싶어 미야지마의 자택에 전화를 하면 "오늘 이른 아침 요시다 저택에 갔다"라든지 "어젯밤 늦게 총리로부터 전화가 있어서"라는 식으로 자주 말하였다고 한다. 갑자기 생각이 나서 닛신보를 비롯한 관계 주식회사의 주식을 조사시켰더니, 미야지마 명의의 주식이 1천 주, 2천 주가 팔리고 있었다. 결국 미야지마는 별장까지 내놓게 되었다. 그렇게 만든 돈을 신문지에 싸서, 요시다 집 현관 옆에 잃어버린 물건처럼 놓고 오는 것이었다. 애초 재계 사천왕이란 고바야시를 정점으로 한 동지적 결합이었지만, 고바야시를 미야지마와 연결시킨 것은 전전부터 고슈(甲州) 재벌의 총사로서 재계의 원로였던 네즈 가이치로(根津嘉一郎)였다.

고바야시는 네즈에 이끌려 1929년, 부국징병보험(부국생명의 전신)에 스카우트되어 1943년에 사장이 되었다. 네즈는 한편 파산 직전의 닛신보를 재건시킨 미야지마의 수완을 높이 인정했으며, 미야지마와 고바야시 두 사람이 조직한 것으로 재계의 강력한 견인차가 될 것이라고 생각했다. 요시다가 정권을 잡고 미야지마가 협력자 제1호로 끌어들인 사람이 고바야시였다.

▌요시다를 조종한 이시자카 다이잔

재계 사천왕에게 있어 요시다 시게루 직계의 이케다 하야토는 '보수본류(保守本流)' 이상의 의미를 가진 소중한 정치가였지만, 은밀히 이케다를 높이 평가하는 재계인이 있었다. 그가 바로 하토야마 수상 퇴진극을 주도한 경단련의 이시자카 다이잔이었다. 이시자카는 이케다보다 13세 연상이었다. 동경대 시절 학우 중에는 도큐(東急) 그룹의 창시자였던 고토 게이타(五島慶太), 요미우리(讀賣) 신문사 사장인 쇼리키 마츠타로(正力松太郎), 고마츠(小松) 제작소 회장인 가와이 요시나리(河合良成), 개진당 총재인 시게미즈 아오이(重光葵) 등이 있었다. 이시자카는 체신(遞信)관료로 시작하여 1938년에는 제일생명의 사장이 되어 동(同)사를 일본생명에 이어 생명업계 제2위로 발전시켰다. 전후에 공직에서 추방된 1948년 미쓰이 은행 사장인 사토 기이치로(佐藤喜一郎)에 의해 미쓰이계의 도시바(東芝) 사장으로 취임하였다. 58세 때 처음으로 상업계에 발을 내디딘 것이다. 당시 도시바의 사정은 닛산자동차, 도호(東宝)와 같이 전후 격동기의 적기가 늘어나고 노동운동의 태풍에 휩싸여 경영은 풍전등화였다. 더욱이 도시바 노련(勞

連)은 산별회의(産別會議) 중에서도 가장 강성이어서 사내에서는 평사원이 중역을 호통칠 정도였다. 이시자카는 취임 후 "나는 6,500명의 사람을 자른다"라고 태연하게 말하면서 비능률적인 공장의 폐쇄를 단행했다. 이시자카는 특히 노동쟁의를 반미국 정치투쟁과 반요시다 정권 공격에 직결시키는 것을 가장 싫어해서, 공산당계의 노조간부들에게 도시바 노동 문제와 반미·반정권 공격은 관계가 없다고 일축해버렸다. "기업이 생존하기 위해서는 노동자들의 희생도 있을 수 있다"라는 발언은 이케다가 "가난한 사람은 보리를 먹어라"라고 내뱉은 것과 같았다. 결국 이시자카는 노조를 공격하여 도시바 재건에 성공한 경영자로서 그 강한 힘과 용기가 평가되어, 1956년에는 경단련의 제2대 회장으로 추대되었다.

이시자카는 가식 없이 말하는 군센 성격으로 '과감한 개혁'을 좋아했다. 전체적으로 수익을 크게 하는 "베터 라이프(Better Life)를 구축해 간다"라고 하는 성장 제일주의에서도 두 사람은 일치했다. 공정보합의 문제에 대해 일본은행이 우유부단할 때는 "일은 총재 같은 건 필요 없다. 총재실에는 컴퓨터만 놓아두어라. 그런 편이 공정보합을 올릴 것인지, 내릴 것인지를 정확하게 판단할 것이다"라고 말하기도 했다.

경단련의 전신은 군국주의에 전면적으로 협력한 일본경제연맹회였기 때문에 1946년에 경단련으로 변신한 후에도 반성하는 자세로 계속 침묵을 지켜왔다. 하지만 이시자카가 2대 회장으로 추대되면서 뀌다놓은 보릿자루처럼 정계에 대해서도 관계에 대해서도 아무 말도 하지 않았을 때, 이시자카는 '일은 총재 무용론'을 내세워 보다 많은 세간의 주목을 받았다. 이시자카는 1960년 안보소동으로 기시 내각이 무너졌을 때, 이케다를 추대하여 절호의 기회를 잡았다. 그 소동 중에 오노 반보쿠(大野伴睦), 고노 이치로(河野一郎), 마쓰무라 켄조(松村謙三) 등 당인파는 정권탈취를 계획하는 한편, 기시 자신은 영향력을 보

최초의 여객선 YS11 ▌ 국산여객기 YS11의 테스트 비행이 8월 30일 무사히 성공했다

전하고 싶었기 때문에 동생인 사토 에이사쿠의 선양을 꾀했다. 그러나 원로 요시다 시게루는 이시자카로부터의 요청을 받았기 때문에 기시와 사토를 설득하여 "다음은 이케다이다. 2년 후에는 사토에게 선양한다"라고 약속했다.

요시다와 이케다를 보수본류라고 여기는 이시자카는 물론 이케다의 지지를 얻어 빈틈없이 재계를 장악했다. 일경련·경제동우회·일본상사에도 이시자카와 보조를 맞추었다. 이시자카 이하 재계인이 모두 이케다를 지지한다는 사실에 기시도 꺾일 수밖에 없게 되었다.

▌일본항공 사장 인사사건

이케다가 수상이 되고 얼마 지나지 않아 '과감한 개혁'을 좋아하는 이시자카를 매우 감탄시킨 사건이 있었다. 일본항공 사장의 인사 문제였다. 당시 일본항공 사장은 일은 출신의 야나기다 세이지로(柳田誠

二郎), 부사장은 마쓰오 시즈마(松尾靜磨)였다. 마쓰오는 항공 엔진에 있어서는 최고 권위를 자랑하는 체신관료로서 전전부터 민간항공에 종사해왔다. 야나기다의 임기가 임박하여 후임 사장으로 누구를 지적해야 하는지에 대하여 여러 가지 배후 공작이 행해졌지만, 많은 사람들은 "기술면에 있어서는 마쓰오 이외는 없다"라고 했다. 하지만 그때 생각지도 않았던 유력후보가 나타났다. 요시다 시게루는 이케다 수상에게 시라스 지로(白洲次郎)를 후임 사장으로 추천했다. 시라스는 아소 다가키쓰(麻生太賀吉)와 같은 요시다 그룹으로 도호쿠(東北)전력의 회장이기도 했다. 곧 일본항공 사장의 문제는 표면화되어 감독관청인 운수성에 넘어갔다. 그러나 운수관료들은 모두 마쓰오 승격을 지지하는 분위기였다. 그 무렵 운수성의 고구레 무타오(木暮武太夫)는 총리대신실에 불려가 이케다로부터 "듣자 하니 운수성은 마쓰오만 지지하고 있는 것 같은데, 운수대신인 자네는 시라스가 될 수 있도록 최선을 다하길 바란다"라는 말을 들었다.

그리고 드디어 야나기다가 사임한 1961년 1월이 되었을 때, 이케다가 시나노마치(信濃町)에 있는 집에 고구레를 불러 저녁무렵부터 술판을 벌였다. "이 대접은 수상이 나에게 시라스가 사장이 되게끔 엄명을 요구하는 것이다"라고 고구레는 생각했다. 그때 전화가 걸려왔다. 이케다는 "실은 운수대신이 여기에 와 있는데 나의 불찰이었습니다. 이미 마쓰오 시즈마의 사장 취임은 각의에서 결정했습니다. 무심코 내가 깜빡하여 어떻게 할 수가 없었습니다. 이 건은 용서해 주십시오. 예엣. 자, 그러면……" 하고 일방적으로 계속 말하고서 수화기를 내려놓았다. 전화를 걸어 온 사람은 요시다 시게루였다. 오늘밤 요시다가 시라스의 건으로 최종 요청을 해올 것임을 알고 있었기 때문에 이케다는 고구레를 불러놓고 눈앞에서 거절해 보였던 것이다. 멍한 얼굴을 하고 있는 고구레에게 이케다는 직접 술을 부어 주면서 "이것으로 결정난거지. 나도 확실하게 되어 미음이 상쾌해졌네. 운수대신 마

쓰오에게 열심히 하라고 전해주게"라고 말하며 낄낄 웃었다. 이시자
카는 이 이야기를 듣는 순간 "정말 훌륭하다. 은인보다도 행정이 중요
한 것이다. 이런 것을 분별할 줄 아는 게 일급의 정치가다'라고 말하
며 이케다를 더 높이 평가했다고 한다.

▌국민소득배증계획과 전국종합개발계획

이와토 경기는 진무 경기보다 한층 더 규모가 큰 호황이었다. 〈국
민소득배증계획〉과 〈수입무역자유화계획〉의 〈소득배증계획〉은 시장
경제를 증진시키고 1961년도부터 10년 동안에 실질 GNP를 두 배로
늘렸다. 정부의 책임하에 사회보장제도를 충실하게 이끌어 나가고 과
학기술과 교육면에서는 인적 요소를 중시했다. 또한 완전고용을 달성
하여 소득격차를 줄이는 것이 목적이었다. 〈소득배증계획〉에는 여러
가지 장점이 있지만 고도성장이 진행되고 있는 중에 노동력 부족 경
향이 예상 이상으로 심각해졌다. 매년 춘계투쟁 임금인상은 고도성장
중에 타결되었지만, 생산성 상승률이 낮은 농업, 중소기업, 서비스업
의 코스트 상승이 가격형성으로 되돌아와, 소비자 물가는 1960년대
후반에 연율 5% 이상이나 지속적으로 상승되었다. 〈소득배증계획〉과
함께 지금까지 너무 조심스럽게 계획치를 책정해 온 일본 정부가 과
감하게 성장목표를 높이 세웠기 때문에, 기업은 재래공장 내부 설비
근대화에서 '모든 공장의 기술혁신'이 장기적으로 지향하기에 이르렀
고, 전국종합개발붐도 타기 시작하면서 '투자가 투자를 부른다'는 설
비투자 효과가 꽤 강하게 작용되었다.

제3장 고도경제성장, 1955~64 • 121

▌수입무역 자유화계획

1961년 이케다는 부인을 동반하여 백악관을 방문하고 케네디 대통령에게 '성실한 정치가'로 환대받아 더욱더 자신감을 가졌다. 그 다음해인 1962년 7월 이케다 내각이 처음으로 참의원 선거를 치렀다. 자민당이 70석을 획득하여 압승했다. 이케다 정치를 미국과 일본 국민이 지지했기 때문이다. 게다가 이케다 배후에는 '재계의 제왕' 경단련 회장 이시자카가 있었다. 고도성장정책의 연장, 그 외 무역자유화, 산업구조의 합리화, 전국 13지구의 신 산업도시 건설 등에도 협력하며, 장기정권을 위한 선로를 깐 것이다. 이케다와 이시자카는 쾌조의 '이인삼각(二人三脚)'이었다.

동경의 인구가 1천만을 넘은 것도 1962년이었고, 대미 무역수지가 처음으로 1억 1,300만 달러의 흑자를 기록해, '엔고 달러저' 현상이 나타난 것도 이케다·이시자카시대였다. 이시자카를 단장으로 하는 톱 매니지먼트 시찰단이 방미한 것을 계기로 마케팅이 산업계에 도입되었다. 대량생산과 대량소비의 '유통개혁'이 일어나고 순식간에 니치이, 이토요카도, 도큐 스토어 등의 슈퍼 스토어 등의 난립난전이 되었다. 대형화와 체인화를 겨루는 '백화점 전쟁'도 발발했다. 이시자카는 이케다와 추진해온 무역자유화를 실현시켰다. 당시 경단련의 회장이었던 이시자카는 자유화 추진론자였다. 이시자카의 '찬찬코론'이라는 것이 있다. 이것은 자본 자유화에 반대하는 경영자들을 야유한 것으로 다음과 같이 말하고 있다. "일본 산업은, 철은 서독을 능가하여 미국에 이어 제2위고, 조선과 발전기도 대단한 것입니다. 이것을 지금과 같이 소극적으로 추진해서는 안 됩니다. 일본도 OECD에 가입했지만 애초 OECD는 외자도입 때문에 생긴 것입니다. 지금까지 따뜻한 고타츠에 들어가 있던 사람에게는 불만이겠지만 국가 전체에 플러스가 된다면 적극적이어야 합니다. 이것만 발달한 일본이 보호정책 아래,

온실 속에서 문을 열면 추우
니까 곤란하다는 것은, 어린
아이가 철없어 투정하는 것
처럼, 챤챤코를 입고 북을 둥
둥 치면서 유모차를 타고 빽
빽 소리치는 것과 같은 것으
로 꼴불견이지요."

무역 자유화에 대하여 경
제계의 입장은 '총론 찬성과
각론 반대'였다. 요컨대 기본
방침으로도 자유화의 이론에
대해서 이의가 없다 해도 자
신의 업계가 자유화되는 것
은 모두가 반대 의사를 표시

무역 자유화 ▎ 국내 산업 보호육성을 위해
수입 제한을 실시해온 정부도 1962년 10
월에 230품목을 자유화시켰다

했다. 외자협의론은 민간업계만이 아니라 통상산업성 내에서도 쉽지
않았다.

그런 풍조 속에서 이시자카는 적극적인 자유화 추진론자였다. 왜
이시자카는 자유화 추진론자가 되었던 것일까. 그 하나는 그가 젊었
을 때부터 몸에 익혀온 국제감각 때문이었다. 처음 유럽여행을 했던
것은 1916년 8월인 30세 무렵이었다. 이시자카의 깊은 교양도 유럽
과 중국에서 기인한 것이다. 이시자카는 1965년 11월, 미키 통산대신
의 강한 요청을 받아 일본 만국박람회협의 회장을 이어받았다. 이 오
사카 만국박람회(1970년 3월 개회) 동경올림픽(1964년 10월)에 이어
제2의 국제적 행사로서 일본의 실력을 세계로부터 평가받는 시험장이
었다. 회장에 취임한 이시자카는 "개최일이 늦어지거나 한다면 그것
이야말로 국가적 치욕이다"라며 박람회장의 준비작업 선두에 나섰다
고 한다.

▌이케다와 이시자카가 추진한 소프트 랜딩(Soft Landing)

　　이시자카에 있어 자유화 그 자체는 '국위 선양'의 의미도 있었다. "아직 일본경제는 깊이가 얕고 축적이 모자란다. 그래서 자본 자유화에 의해 무역을 권장하고 경제를 확대시켜야 하는 시기다. 따라서 정치가와 국민 모두가 국가의 권위를 냉정하게 생각할 필요가 있지 않을까"라고 이시자카는 말하고 있었다. 그 위에 이시자카의 내셔널리즘은 국가나 국위를 강하게 의식하고 있다고는 하지만, 결코 배타주의적인 것은 아니었다. 오히려 문호 개방주의에 입각한 국제감각에 의한 것이었다. 더욱이 도시바 사장 시절에는 외자 활용론을 주장했다. 도시바는 미국 거대 전기상품의 GE와 제휴하고 있었는데 그 체험으로부터 외자는 두려워할 것이 아니라, 오히려 활용해야 한다고 주장했다. 따라서 외자거부는 '현대 쇄국주의'이고, 외국기업에게 돈을 벌 기회를 주지 않고 자기만이 벌려고 한다는 점에서 '일종의 이기주의'라며 거절했던 것이다. 무엇보다 이시자카가 외자 환영론에 마음이 움직였던 것은 일본경제의 성장력과 활력을 믿고 있었기 때문이다. 가령 "외자에 빼앗길 정도로 일본 기술진은 빈약하지 않다는 것에 자신을 가져야 할 것이다"라고까지 말하기도 했다. 이와 같이 개별 기업과 특정 업계의 입장과 생각을 넘어 항상 일본경제 전체에 있어 플러스 혹은 마이너스에 대하여 두루 생각하는 것이 이시자카의 경제철학이자 사고방식이었다.

　　'재계 총리'라고 불리는 경단련 회장의 발상으로는 너무나 당연한 주장이었지만, 그 논리가 이해를 벗어나 명쾌하면 할수록 예측할 수 있는 파문도 많았다. 그래서 자유화 추진은 견실하면서도 현실적인 대처 방법에 따라 이케다 수상과 상담하며 '소프트 랜딩'을 추진했다. 또한 무역 자유화 계획은 지금까지 폐쇄적이었던 일본 수입액의 90%를 앞으로 5년 안에 자유화하기로 했다. 즉, 기업은 생존전략을 내걸어 설비투자를 한층 더 고조시켰던 것이다.

자유화 중에서도 특히 산업 전체의 경쟁력 강화와 근대화에 있어서 장점이 컸던 것은 석유수입의 자유화였다. 또한 외화예산은 폐지되고 통산성 주도의 산업정책도 순조롭게 변용되어갔다. 1966년 10월, 이시자카는 파리에 있는 산업경제자문위원회의 석상에서 "일본도 세계의 요청에 따라 자본거래 자유화를 단행합니다"라고 말하며 머리를 숙였다. 하지만 당초 실제로 100% 자유화된 업종은 제빵, 제지, 맥주, 시멘트, 피아노, 오토바이 등 외국자본이 필요없는 것뿐이었다. 50% 자유화 업종에도 수산, 클리닝, 라디오, 시계, TV 등 외자도입이 필요 없는 것이 대부분으로, 외국자본이 기회를 엿볼 틈은 전혀 없었다.

이 점이 이케다와 이시자카의 전략이었다. 통산관료들은 자유화를 매우 경계했으며, 경단련 안에서도 미쓰이은행 회장인 사토 키이치로 등이 이를 불안해하고 있었다. 그러나 이 획책이 효과를 발휘하여 외자 도입 신청은 '제로'라는 결과로 끝이 났다. 일본경제계가 강대한 '외적'에 의하여 단숨에 침식될 뻔한 대혼란만은 피할 수 있었던 것이다. 이것이 소프트 랜딩의 내용이었다. 즉 '자유화 포즈'를 보여준 것뿐이었다.

이러한 이케다·이시자카 전략이 경제대국의 기초를 강화시켰다. 그러나 오늘날에

3월 14일 ▎ '인류의 진보와 조화'를 테마로 일본만국박람회가 개최되었다

와서 무역마찰은 일본을 전 세계로부터 고립시켰다. 좋든 나쁘든 간에 요즘은 그렇게 하지 않으면 고도성장이 달성되지 않는다는 것도 사실이다. 하지만 만일 이케다, 이시자카가 무조건 한꺼번에 '개국' 했다면, 미국의 빅3를 선두로 한 대자본이 침공해 와서 아직 경제기반이 완전히 성립되지 않았던 도요다, 닛산, 그리고 혼다도 금방 유린되었을 것이다. 하이테크업계와 전기업계도 또한 마찬가지다.

▎ 이케다와 사토 사이를 증명한 아사히화성 문제

1964년 봄, 일본은 IMF(국제통화기금) 8조 국으로 이행하고 OECD(경제협력개발기구)에 가맹하는 등 명실공히 경제 선진국이 되었다. 7월에는 이케다 개조 내각이 시작되었다. 이케다는 라이벌인 사토 에이사쿠의 도전을 피해 자민당 총재로서 3선되어, 장기정권을 잡는 데 성공했다. 그런데 이때 후두암에 걸린 이케다 하야토는 9월 9일, 국립 암센터에 입원했다. 정계 내외를 불문하고 대부분의 사람들은 고노 이치로를 이케다의 후계자로 믿고 있었다. 누구보다도 고노 자신이 그렇게 믿고 있었고, 이케다도 그것을 바라고 있었던 것 같다. 정계 심층 사정에 정통한 데다 이케다와 고노 두 사람 모두 친했던 미우라 고시지(三浦甲子二: 텔레비아사히 전무) 역시 "이케다는 사토에게만은 물려주고 싶어 하지 않는다. 그 후계자는 고노밖에 없다"라고 말하고 있었다. 이케다 3선을 둘러싸고 사토와의 갈등 후유증이 깊어가는 한편, 이케다를 전면적으로 지지해 3선을 실현시킨 고노의 보답에 응해야겠다고 생각했을 것이다. 하지만 이 일로 사토는 이케다에게 적의를 품게 되었다. 그것을 말해주는 에피소드가 있다.

이케다 내각의 개각에 따라 1961년 7월, 통상산업대신이 시이나 에츠사부로에서 사토로 교체되었다. 이때 일부 정관계인만이 알고 있는 '아사히화성 문제'가 발생하였다. 섬유업계는 새로운 화학섬유시대를 맞이하여 미쓰비시합성, 미쓰이석유화학, 일동화학 등 수십 개의 회사가 미국회사의 화학섬유 제조기술 도입을 위한 인가취득을 통산성에 신청해놓고 있었다.

사토 에이사쿠(1901~1975)

당시 자민당 간사장은 이케다의 친우였던 마에오 시게사부로(前尾繁三郎), 부간사장은 기시파의 후쿠이에 슌이치(福家俊一)였다. 어느 날 밤, 후쿠이에는 민사당(民社黨) 위원장의 니시오 스에히로(西尾末廣)와 정계의 흑막, 노동조합 관계 실력자 세 사람에게 초대되어 아카사카(赤坂)에 있는 요정에서 회합했다. 그 자리에는 아사히화성의 사장으로 막 취임한 미야자키 테루(宮崎輝)가 합석하고 있었다. 노조관계자는 "아사히화성의 부침에 관계되는 중요한 일이다. 통상산업성은 아크릴 제조기술 도입을 두 개의 회사로 한정하고 있는 것 같다. 자네도 알다시피 미야자키 사장은 이케다 총리와 사토 에이사쿠의 구(舊)제5고(구마모토)의 후배이기 때문에 아사히화성은 반드시 기술도입 인가를 받게 될 것이다"라고 장담했다. 그러나 아사히화성은 두 회사에서 제외되었다. 아무래도 사토가 일부러 도장을 안 찍어주는 눈치였다. 그래서 미야자키 사장이 이케다를 방문해 여러 번 머리를 숙였다. 곤란해진 이케다는 "나와 사토와 자네는 서로 아는 사이이니, 자네가 직접 사토에게 부탁해보게. 총리의 입장에서 통산대신에게 머리를 숙일 수야 없지 않은가"라고 말했다고 한다. 미야자키는 사정 설명을 하면서 다음과 같이 호소했다.

"저도 사토상을 만나러 갔습니다. 그러나 왠지 애매한 태도였고, 인가해 주겠다는 약속을 해주지 않더군요. 우리 회사의 부침에 관계되는 일입니다. 어쨌든 잘 부탁드립니다."

미야자키가 돌아간 후 이케다는 후쿠이에를 불러 다음과 같이 지시하였다.

"아사히화성 노조가 유력한 지지조직인 민사당의 니시오도 '간사장의 마에오는 이케다의 오른팔일세. 후쿠이에 군은 기시·사토 형제와 깊은 관계니, 자네가 중심이 되어 이 건이 잘 조처되길 부탁하네."

다음 날 통상산업대신실에 들어간 후쿠이에는 사토에게 인가를 안해주는 이유를 물었다. 그러자 갑자기 사토의 얼굴이 험악해졌다.

"그 이야기라면 그만 둬! 미야자키는 후배인 주제에 발칙한 자다. 총리대신이 되기 전까지는 이케다를 '낙제생'이라고 경멸하고 나에게 잘 보이려고 해놓고, 이케다가 총리가 된 후에는 갑자기 그쪽에 빌붙고, 뭐라고 하면 이케다의 이름을 거론하며 나를 압박하려고 한다. 나는 그런 인간이 싫다. 그러니까 이 문제는 두 번 다시 내 앞에서 입에 담지 마."

석유콤비나트 ▌ 통상산업성은 「석유화학공업 육성대책」의 일환으로 거대 석유콤비나트를 건설했으나 공해 문제 등을 야기시켰다

이케다가 '낙제생'이라고 불린 이유는 제5고등학교 시절에 사토보다 1년 늦게 졸업했기 때문이다. 두 사람은 '요시다 내각 우측의 귤나무, 좌측의 벚나무'라고 말하는 사이였지만 이케다가 먼저 수상이 되었기 때문에 사토는 아무래도 좋은 기분은 아니었다. 결국 아사히화성 문제는 마에오와 후쿠이에가 사토를 잘 구슬려 인가도장을 찍게 함으로써 마무리되었다. 덕분에 종합 메이커 아사히화성은 '캐시미론' 생산을 늘려 높은 실적을 남기게 되었다.

고노 이치로를 싫어한 재계

이케다의 후계자 선택으로 돌아가 보자. 결국 이케다의 후계자는 양도하기 싫다던 사토 에이사쿠가 되었고, 막다른 곳까지 이른 고노 이치로는 다음해인 1965년 7월에 사망했다. 고노 이치로를 무참하게 좌절시킨 뒷무대의 주역은 고바야시 나카를 비롯한 재계 사천왕이었다. 고바야시는 '고노 죽이기'에 전력을 기울이고 사토 옹립을 꾀했던 것이다. 고바야시는 "이케다는 사토에게 반감을 갖고 있기 때문에 사토를 빈번히 나쁘게 말하는 것이고, 자기를 추천하여 준 고노를 내세우는 것이었죠. 하지만 '한 나라의 총리대신은 좀 더 냉정하고 광범위하게 생각하지 않으면 안 된다. 만일 자네 뒤를 고노가 계승한다면, 어떻게 될 것인가'라고 나는 설득했습니다. 그 후 일 대 일로 만날 때, 혹은 여럿이 만날 때에도 나는 이케다에게 " '나라의 운명을 그르치지 마라. 후계자를 잘못 뽑아 나라를 멸망시킨 것은 이케다 하야토라고 역사책에 쓰여질 것이다' 그렇게까지 말해주었지요"라고 당시를 회상했다. 그리고 국립암센터에 입원 중일 때, 이케다는 사임을 결의하고 드디어 후계자를 지명하게 되었다.

"재계의 동지들 모두 걱정하고 있었습니다. 이케다가 고노를 지명하는 게 아닌가 하고 말입니다. 가와시마 쇼지로 부총재와 미키 다케오 간사장이 당 내의 조정역을 맡았지만, 최후지명을 할 사람은 총재인 이케다였습니다. 그래서 내가 이케다에게 말을 잘할 필요가 있었지만 무엇보다 상대는 환자입니다. 나는 겨우 병문안이란 구실로 이케다를 만났지요."

고바야시는 이케다의 입에서 간신히 '후계자는 사토 에이사쿠'라고 말하는 것을 들었다. 하지만 어째서 고바야시와 재계는 그렇게까지 고노 죽이기에 힘을 쏟았을까. 총재 3선 후, 아직 건강했던 이케다가 고바야시에게 같은 질문을 던졌을 때 고바야시는 이렇게 대답했다.

"고노는 재계에 돈을 강요하는 듯하다. 따라서 고노가 정권을 잡으면 도쿠가와시대의 타누마와 같은 정권이 되고 만다."

더욱이 사쿠라다 다케시도 이케다의 지배인 역할을 했던 마에오 시게사부로에게 "고노를 잘라라"라고 강요하고 다음과 같이 말했다 한다.

"고노 씨는 농림오직(汚職)이다, 토건오직(汚職)이다 하여 여러 가지 소문이 나돌아, 그대로 내버려두면 필시 이케다 내각에 문제가 생긴다. 가령 고노 씨가 미국에 가서 보리를 사든지, 그 외 여러 가지 일을 했을 때, 상사(商社)의 지사장에게 '달러를 가지고 와라' 혹은 '나를 접대하라'는 말을 얼마나 많이 하였는지 모른다고 상사의 지점장들이 빈번히 나에게 말을 해주었다. 그리고 그는 미쓰이물산은 이렇다, 또 토맨(종합상사)은 이렇다 등 여러 가지 말이 많았다."

▮ 고다마 요시오의 그림자

역대 수상 중에 재계에 돈을 원하지 않았던 인물은 아무도 없었다. 미야지마와 고바야시 등이 요시다의 무리한 주문에 응하여 돈을

마련해준 에피소드를 소개했지만, 권력자 배후에서 자금을 만든 '비화'
는 무수히 많다. 그런데 왜 고노 한 사람만이 '악자(惡者)' 취급을 받았
을까. 요컨대 고노는 재계의 손에서 밀려난 것이다. 제어능력이 없어
위험인물이 될 우려가 높았던 것이다. 재계에서 돈을 받지 않고 자신
의 돈으로 정치자금을 조달한다는 것은 아무리 자산가일지라도 오래
지탱될 리가 없다. 하지만 재계로서는 돈으로 속박할 수 없는, 요컨대
물주로서 제어할 수 없다는 것은 매우 곤란했다. 이것은 고노만의 경
우가 아니다.

오노 반보쿠가 총리 총재가 되지 못한 것도 같은 이유에서였다.
오노가 중의원 생활 25년 근속 축하회를 열었을 때, 경제 4단체의 톱
과 고바야시 나카, 나가노 시게오 등 모두 얼굴을 내밀었지만 그때 오
노는 "나는 고바야시 나카와 나가노들로부터 한 푼의 돈도 받은 적이
없다"라고 말했다 한다.

고노의 헌금 금맥이라고 한다면 이름도 없는 중소기업과 수산업,
파친코, 프로레슬링, 경마 등이었다. 같은 당인파의 고노도 재계주류
에 헌금 금맥을 가지고 있지 않았기 때문에 재계방류와 재계 밖에서
금맥을 찾아야 했다. 그를 위해서는 재계 주류의 제어하에 있다는 안
정감이 있어야 했던 것이다. 하지만 고노 이치로가 고바야시들로부터
철저하게 기피되었던 것은 실은 이런 당인파의 일반론이 아닌, 특별
한 이유가 있었던 것이다.

하기하라 기치타로(萩原 吉太郎, 北炭), 스에다 마사카즈(末田雅一,
大映), 그리고 고다마 요시오 등이 결정적으로 그들을 끌어들이는 역
할을 한 것이다. 하기하라와 나가다가 고노하고 긴밀한 관계였다는
것은 주위가 다 아는 사실이었지만, 사실은 고노와 가장 오랫동안 깊
은 관계를 맺어온 사람은 고다마 요시오였다.

"일본 자유당 창립 당시, 나는 간사장으로서 자금을 담당했는데,
그 무렵 자가용을 가지고 있던 국회의원은 나뿐이었을 것이다. 그래

서 나는 고다마 군이 하토야마 상에게 들고 온 묘한 물건(대륙에서 들고 온 다이아몬드)을 자동차로 돌아다니며 돈으로 바꿨다"라고 나중에 고노 자신이 술회했을 정도였다.

고바야시 재계의 중추는 애초부터 미야지마 세이지로를 중심으로 요시다 정권 지원자 그룹으로 탄생된 것이고, 당연히 그 후의 정권을 요시다의 후계자들로 강화해나가려고 도모하였다. 그것에 대하여 요시다와 숙명적으로 대립관계에 있던, 하토야마를 지원한 고다마, 하기하라, 나가다 등은 어떻게 해서라도 요시다의 진행을 단절시키려고 하였고, 그 소원을 고노 이치로에게 부탁한 것이다. 그래서 고바야시들이 '하토야마 제거', '고노 묵살'에 이상하리만치 집념을 불태웠던 것이다.

요시다와 하토야마 전쟁, 이케다와 고노, 또는 고노와 사토 전쟁이란 실은 그 제각기 지원 그룹, 아니 무대 뒤의 참모 집단이 주도한 권력투쟁이다. 고노를 옹립하여 새로운 재계 집행부를 꾀한 고다마, 나가다 등이 고바야시 등의 기성시대의 재계주류를 무너뜨리려 했던 것이다.

경제대국 일본, 1965~71

* * *

▌안정성장노선의 사토 내각

1964년 7월, 자민당대회의 총재공선에 있어서 이케다 수상은 겨우 과반수를 유지해 3선을 통과했다. 보수당 내부에 강력한 반(反)이케다 세력이 형성되었던 것이다. 이케다 3선체제는 정치적 동요를 초래하는 쟁점을 먼저 진정시켜야 했다. 이 같은 정국의 불안정과 더불어 이케다 수상의 불치병에 의한 입원 등 건강 문제까지 얽혀 정권의 이동이 발생했다.

11월에 성립한 사토 내각은 이케다 내각의 '관용과 인내' 대신 '관용과 조화'를 제시하고, '고도성장' 대신 '안정성장'을 주장했다.

이 '안정성장론'에는 그 나름대로의 배경이 있었다. 사토 수상은 일찍이 이케다 경제정책을 비판했는데, 그 하나가 고도성장이 야기한

'왜곡'의 시정에 있었다. 제1차 고도성장은 당초 예상을 웃도는 템포로 전개되었기 때문에 소비자물가 상승, 농업과 중소기업 등의 생산성이 떨어지고 생산자본에 대한 사회자본의 부족, 주택대책 부재, 사회보험제도의 불안정, 그리고 국제수지의 취약성에 대한 '왜곡' 현상이 발생했다. 이 같은 문제로 경제심의회는 1963년 4월부터 국민소득배증계획의 중간검토를 개시하고, 12월에 〈국민소득배증계획〉 중간검토보고서를 이케다 수상에게 제출했다.

그 보고서에는 이미 '왜곡' 시정의 필요성이 지적되어 있었다. 이 '중간검토'를 거쳐 사토 내각성립 직후인 1965년 1월 〈중기경제계획〉이 각의 결정되었다. 이 계획은 〈국민소득배증계획〉을 부정하고 새로운 계획을 책정하려고 했던 것은 아니었다. 이 계획의 기본 구상은 일본경제의 성장력을 유지하면서 뒤떨어진 산업분야를 끌어당겨 경제를 근대화하고 복지국가를 향한 전진을 도모하는 것이었다. 그리고 물가와 국제수지를 고려하여 연평균 경제성장률을 이케다 정권시대의

한일조약 조인 ▌ 6월 22일 한국과 일본의 국교정상화를 목표로 추진해온 교섭이 체결됨. 한일기본조약 외에 어업·경제 등 4가지 협정이 체결, 의정서가 조인되었다

실적보다 좀 낮게 억제하여 안정된 경제성장을 실현하는 것을 목적으로 삼았다.

▌1965년의 불황

발족 후 얼마 지나지 않아 내각은 '1965년 불황'이라는 첫 번째 시련에 부딪혔다. 이 불황은 적어도 두 가지 측면에서 살펴볼 수 있다. 첫째, 전후 경제는 처음으로 설비 스톡(Stock) 조정작용이 표면화되었다는 것이다. 요컨대 설비투자 붐의 누적 효과로 연율 10%를 넘는 공급력이 계속 증가하는 한편, 동경올림픽 관련 공사가 끝남에 따라 공급력 초과 정도가 일시에 높아졌다. 그 때문에 설비투자가 상당히 억제되고 매크로 수요 갭이 점점 확대되었던 것이다. 둘째, 1960년대의 '은행이여 잘 가라, 증권이여 어서 오라'라는 주식 붐을 타고 일본 기업의 자금조달이 직접금융에서 간접금융 방식으로 급속하게 변화되어갔다. 투자 신탁의 과도가 주식 공급을 발생시키고 고빗사위의 증권공황이 생겨났다.

전자의 대응책으로는, 전후까지의 국채불발행(國債不發行)의 원칙, 즉 단위 연도마다 재정 균형주의 사고방식을 재정법 개정에 의해 근본적으로 전환시켰다. 그리고 건설 국채 7,300억 엔, 감세폭 3,100억 엔이라는 대형 적극예산 편성을 결정했다. 뿐만 아니라 기업수입을 회복시켜 하위를 밑돌던 주가를 상승시키는 효과도 보게 되었다. 하지만 1967년까지는 제조업의 설비투자가 현저하게 나타난 것은 아니었다. 이로 인해 결국 많은 기업이 도산했다. 그러나 이런 과정을 벗어나자 전후사상 가장 오랫동안 '이자나기' 호황이 실현되었다.

그 후자의 대응조치로는 야마이치 증권회사에 대한 일본은행의 특별 구제융자와 유력은행 등에 의한 과잉 주식매상을 위한 공동기관이 설치되었다. 이와 같은 '일본은행 특별 구제융자'가 실시되기까지는 당시 대장대신이었던 다나카 가쿠에이(田中角榮)의 정치적 결단이 있었다. 1965년 5월 25일, 동경 미나토구에 있는 일본은행의 히카와(永川) 기숙사를 무대로 한 이 비밀극을 '히카와 기숙사 회담'이라고 했다. 당일의 상황을 소개하면 다음과 같다.

그날, 일본은행의 히카와 기숙사는 저녁부터 어수선한 분위기에 휩싸여 있었다. 검은 대형차가 잇따라 현관 앞에 모여들었다. 해가 저물고, 저녁 6시가 되자 소집한 멤버가 모두 모인 것이다. 대장성으로는 사무차관 사토 이치로, 은행국장 다카하시 슌에이(高橋俊英), 재무조사관 가지키 도시미치(加治木俊道), 그리고 민간 금융계에서는 흥은은행장 나카야마 소헤이(中山素平), 미쓰비씨 은행장 타미쇼조(田實涉三) 등이 여기에 속해 있었다.

후지은행에서는 사사키 쿠니히코(佐佐木邦彦) 부은행장이 출석했지만, 사안의 중대함을 뒤늦게 알아차리고 이와사 요시자네 은행장이 급히 달려왔다. 그러나 회의가 시작되어도 야마이치 구제에 대해서는 서로의 눈치를 보며 모두가 몸을 사리고 있었다. 처음에는 일본 증권금융을 이용할 작정으로 검토했지만, 정관에서는 무담보 구제융자를 해줄 수 없게 되어

야마이치 증권을 구제 | 증권업계의 톱인 야마이치 증권의 구제를 위해 무제한·무기한 특별융자가 발표되어 282억 엔이 융자되었다

있었기 때문이다. 야마이치는 적격 담보가 없었다. 남은 방법은 일본은행의 특별 구제융자밖에 없었다. 무담보 융자는 '일본은행은 주무대신의 인가를 받아 신용제도 보지육성을 위해 필요한 업무를 실시하는 것으로 한다'라는 일은법 25조에 근거하고 있었지만, 일본은행은 이를 기피하고 있었다. 적격한 담보 없이 일은 자금을 융자해주는 것에 있어서, 일본은행은 가장 먼저 특융을 할 용의가 있다고 밝히고 대신 정부가 보증서를 줄 것을 요구했다. 그러나 정부의 보증을 받기 위해서는 국회를 거쳐야 하므로 비밀도 드러나며, 시간도 걸렸다. 그래서 대장성은 일본은행 특별 구제융자에 주저하고 있었다.

9시가 지나 이날의 '주역'인 다나카 가쿠에이 대장대신이 뒤늦게 도착했다. 다나카는 국회에서 농림에 관한 까다로운 법안 심의의 문제가 있어, 빠져나올 수가 없었기 때문이었다. 회의는 여전히 난항을 거듭했고 결론에 도달할 기미도 전혀 보이지 않았다. 그때 다나카는 나카야마에게 가볍게 "나카야마, 흥은에서 야마이치에게 200억 엔을 빌려주면 어떻겠나"라고 물었다. 나카야마는 "200억 엔 정도라면 빌려줄 수 있습니다. 그러나 저는 은행장을 사임하겠습니다"라고 대답했다. "어째서?"라는 다나카의 질문에 나카야마는 "흥은에는 200억 엔 정도 빌려줄 수 있는 여유는 물론 있습니다. 그러나 야마이치에게 무담보로 200억 엔을 빌려주었다고 하면 흥업채권은 각 은행의 신용을 잃어 팔리지 않을 겁니다. 그런 은행의 채권을 살 수 없다고 하는 것은 당연하니까요. 그래서 저는 은행장을 사임하겠습니다"라고 대답했다고 한다.

▌'일본은행 특별 구제융자' 결단을 내린 다나카 가쿠에이

실은 이것은 다나카가 의사촉진을 위하여 취한 연극이었다. 그때 다소 술기운이 돈 타미가 "당장 결정이 어렵다면 거래소를 2, 3일 휴업하고 그 사이 대책을 강구하면 어떻겠습니까"라고 말했다. 그러자 다나카는 얼굴이 새빨개져서 대단히 격노하였다.

"뭐라고! 지금 우리가 이렇게 밤늦게까지 모여 있는 것은 어떻게 해서라도 막다른 곳까지 이른 일본 증권공황을 구제하기 위해서이다. 그런데 자네의 언행은 그래도 은행장이라 할 수 있는가."

이 한마디로 전후 일본경제 역사에 남을 일본은행 특별 구제융자는 단숨에 결정되었던 것이다. 이와 관련하여, 회담 후 며칠 뒤에 나카야마가 "당신도 그렇게 화를 낼 때가 있군요"라고 다나카에게 말하자, "나는 타미가 아니라 일본은행에 화를 낸 것이다"라고 말했다고 한다. 그런 중요한 자리에 총재가 출석하지 않았기 때문이었다.

히카와 기숙사를 무대로 한 관료와 민간의 수뇌협의는 11시 반에 겨우 끝나고, 대장성으로 되돌아온 다나카는 임시 기자회견을 열었다. 홍조된 얼굴로 "정부와 일본은행은 현 단계에 있어 증권계가 필요로 하는 자금에 대해, 관계 주요 은행을 통해 일본은행이 특별융자를 실시할 것을 결정했다. 당분간 야마이치 증권에 대해서는 일본흥업은행·후지은행·미쓰비시은행을 통해서 융자가 이루어진다"라고 발표했다. 이것이 증권불황으로 도산 직전에 직면했던 야마이치 증권에 대해 정부와 일본은행이 일본은행법 25조에 근거한 무담보·무제한 융자를 도입함으로써 구제 문제를 해결한 순간이었다. 같은 시각 히카와 기숙사회담에 출석했던 부총재로부터 연락을 받은 일은 총재 우사미도 시내에 있는 자택에서 기자회견을 열었다. 그리고 6월 7일, 야마이치 증권에 대하여 우선적으로 45억 엔의 융자가 실시되고, 이어 7월 8일에는 다른 증권회사에도 10억 엔의 특별 구제융자가 실시되었다. 이리하여 증권시장은 평정을 되찾고, 신안은 더 이상 확대되지 않았다.

그런데 일본은행의 특별 구제융자가 발표된 다음날, 대장대신 기자회견 기사를 본 은행 관계자들은 깜짝 놀랐다. '야마이치 증권에는 흥업은행, 후지은행, 미쓰비시은행 등 세 은행이 일본은행 특별 구제 융자를 받아들여 무담보·무제한으로 융자한다'라고 쓰어 있었기 때문이다. 히카와 기숙사회담에서는 '무담보,' 요컨대 세 은행이 일본은행 특별 구제융자를 받아들여 담보 없이 융자하는 것은 결정했지만 '무제한'이란 전혀 제안되지 않았던 것이었다. 이것은 다나카의 표현이었다.

나카야마는 신문을 보고 '이 사람은 경제를 전혀 모른다. 도무지 비상식적이지 않은가, 금융세계에서 '무제한'이라니. 그러나 위기관리 하에서는 이 같은 비상식적인 발상이 필요하다. 일단 유사시에는 우리 같은 상식으로 처리하면 안 되는 것이다'라고 생각했다. 나카야마의 요청에 의하여 야마이치 증권 사장으로 취임한 일본흥업은행 출신의 히타카 테루(日高輝) 역시 그 당시를 다음과 같이 술회하였다.

"일본은행의 특별 구제융자가 실현된 것은 대장대신과 일은총재가 다나카, 우사미라는 인물이었기 때문에 실현된 것이었다. 가령 다나카를 이은 후쿠다 대신, 우사미 전인 야마기와 총재의 시대였다면 결과는 달랐을 것이다."

역사에 남는 히카와 기숙사회담에 있어 다나카는 훗날, "나의 정치생활은 길었는데, 일은법 25조의 발동은 나의 정치생활에서 가장 인상에 남는 사건이었다"라고 밝혔다. 나카야마도 역시 "다나카 씨는 사태가 여기까지 이르렀는데도 특별 구제융자를 단행하지 않는 일본은행에 대해서 초조해하고 있었다. 추측컨대 일본은행은 특별 구제융자를 결정(발동)할 당시 정부로부터의 보증을 얻은 것이나 다름없다고 확신한 것 같다. 다나카 대신의 기백과 정치적 결단이 바로 그것이었다. 금융상식에 무담보라는 것은 있어도, 도무지 무제한이란 있을 수 없다. 그것이 가쿠에이식으로, 심리적인 불안을 진정시키는 효과를 가져온 것이다. 다나카는 그때까지 재계에서 위험시되던 인물이었지만, 일본은행 특별 구제융자의 정치결단을 계기로 재계가 그를 보는 눈이 달라졌다. 나카야마는 다나카의 후견인적인 존재가 되었으며, 후에 다나카가 정권자리를 노렸을 때 그로부터 많은 지지를 받게 되었다.

▮정계를 뒤흔든 검은 안개

이케다 정권 말기부터 사토 정권 초기에 걸쳐, 다시금 국민 사이에 보수정치에 대한 불신이 깊어갔다. 자민당 총재선거의 정치자금에 얽힌 후키하라(吹原) 사기사건 외에 자민당 대의사, 다나카 쇼지(田中彰治)의 공갈사건, 공화제당사건 등 공직비리가 잇따라 표면화되었다. 사토 수상은 1966년 12월 말 마침내 중의원을 해산하고 다음해 1월 29일에는 총선거를 실시했다. 전자의 조치가 이른바 '검은 안개 해산'이었다. 그에 앞서 1966년 7월에 실시된 참의원 의원선거에서는 자민당이 부진한 가운데 혁신세력이 강대해졌다. 재계 또한 정계에 대해 단순한 정치 불신을 넘어 국정의 위기감을 갖고 있었다. 경제동우회는 총선거 직전인 1967년 1월 14일, '전국 동우회의' 연명의 형태로 총선거에 대한 제언을 자민당의 후쿠다 다케오(福田赳夫) 간사장에게 건넸다. 그 자리에는 기가와다 가즈타카(木川田一隆) 대표간사, 사사키 나오조에(佐佐木直) 대표간사 외에 재계 멤버가 모였다. 제언은 "국제 경쟁을 책임진 우리 경영자는 근로자들을 위한 것을 기본으로, 험난한 미래에 대비할 것을 결의하고 있지만 그것은 정국의 안정과 강력한 정치를 대전제로 한다. 그런데 지난해 이후 이른바 검은 안개 문제가 정책 이전의 모든 현상으로 나타남으로 인해 정국은 혼란하고, 국민은 정치에 불신을 갖게 되었으며, 의회정치는 위기를 드러냈다"라고 지적하고는 다음과 같이 호소했다. ① 우리는 이번 총선거에서 민주주의적 의회제도를 결정적으로 옹호할 의무가 있다. ② 정치 불신에 대해서는 각 당이 책임져야 할 것이다. 각 당이 새로운 입장에서 국민의 의혹을 해소시켜주기 위해 노력해야 한다. ③ 금후 우리나라는 국제협의를 도모하고 국가 이익을 강력하게 추진해야 할 것이다. 이 시기에 있어 여야당 간의 대립과 정치불안은 큰 장애가 된다. 따라서 여야당 간의 화합으로 국회 기능을 회복시켜야 한다. 이를 위해서 야당은 스스로의 행동에 책임지고, 강력한 리더십을 발휘하길 바란다.

세력확장의 기조에 있던 여당 측의 자중과 책임을 바라는 내용이었다. 총선거 결과, 자민당은 다수를 보유했지만 득표율에서는 자민당이 처음으로 50%를 밑도는 지지를 얻었다. 그리고 혁신 측에서는 공산당이 약진했다.

▍왜곡시정을 목표로 한 신(新)전국종합개발계획

1960년대 책정된 종합개발계획에는 1967년 3월에 각의 결정된 〈경제사회발전계획〉과 1969년 5월에 내각 결정된 〈신전국종합개발계획〉의 두 가지가 있다. 모두 사토 정권에 의해 결정된 것이었다. 경제심의회의 기가와다 가즈타카는 1966년 5월에 사토 수상으로부터 자문을 받은 이후 심의를 거듭하여 다음해인 1967년 2월에 경제사회발전계획에 답신했다.

이 계획은 1967년도를 초년으로 하는 5개년 계획이었다. 그 목표는 다음과 같다. ① 일본은 경제사회를 위하여 더욱더 발전을 도모하고 국민생활의 향상에 힘쓰는 것과 함께 국제사회에 있어 선진국의 일원으로서 책무를 다한다. ② 경제성장의 과정에서 생겨난 각종 불균형의 시정뿐만 아니라 경제의 전면적인 국제화(무역·자본의 전면적 자유화), 노동력 부족의 본격화와 도시화의 진전 등에 힘써야 한다. 앞으로 예상되는 내외의 경제환경 변화에 즉각 대응하고 경제성장과 물가안정의 양립 효율이 높은 경제를 위한 재편 및 새로운 지역사회의 건설 등 3대 정책 과제를 달성한다.

한편 고도경제성장과 함께 국토개발에 있어서 과밀(過密), 과소(過疎) 등의 여러 가지 불균형과 문제점이 발생했다. 이리하여 사토 수상은 1962년 책정되었던 전국종합개발계획의 근본적인 개정을 1968년 4월에 총리부 국토종합개발 심의회[회장 히라타 케이이치로(平田敬一郎)]에게 자문했다. 그 후 심의회는 특별부회[회장 아라이 젠타로(新居善太郎)]를 설치해서 1년에 걸쳐 각계 의견을 계속 청취하고 검토했다. 그 결과 1969년 4월에는 제1부 '국토종합개발의 기본계획,' 제2부 '지방별 종합개발의 구상,' 제3부 '계획달성을 위한 수단'의 3부로 된 신전국종합개발계획을 답신했으며 5월에 각의에서 정식으로 결정되었다. 1985년도를 목표연도로 하는 장기개발계획으로 ① 인간과 자연의 조화, ② 전 국토의 이용을 위한 개발기초의 정비, ③ 지역의 특성에 맞는 국토이용의 재편성과 효율화, ④ 도시와 농촌을 통해서 안전하고 쾌적한 문화환경을 정비·보존하는 것이었다.

이와 같은 네 가지 조건을 조화시킴으로써 인간을 위한 복지환경 만들기를 목표로 했다. 또한 전국종합개발계획의 개발 방식은 과밀, 과소, 공해 등을 발생시킨 것에 대한 반성으로써 전국에 신칸센(新幹線), 고속도로, 데이터 통신 등 교통통신 체계의 네트워크를 연결하여 이를 통해 기존의 중추관리 기능과 각 지역의 특성을 살린 국토이용을 실시하는 이른바 '네트워크 방식'을 채택하였다. 게다가 각 지역을 연결하기 위해 소위 제3부문에 의한 대규모 프로젝트 실시, 광역 개발행정의 추진, 공익 우선의 원칙에 의한 공공용지의 취득 등을 내세운 점에서 획기적인 의의를 가지고 있었다.

국가 프로젝트 시동

경단련은 국토종합개발심의회로부터 자문받은 직후 국토개발위원회를 신설하여 빠른 검토를 실시하였다. 계획이 각의 결정되면 국토개발소위원회[좌장 우에무라 고고로(植村甲午郎)]를 개최하고, 국토개발위원회 안에 대규모 프로젝트부회[부회장 안도 도요로쿠(安藤豊禄)]를 신설하기로 결정했다. 이 대규모 프로젝트부에서는 프로젝트의 선택 및 추진을 위한 조직 및 방법 등에 관해 검토되었다.

우선 아오모리현(青森縣), 무츠만(陸奥灣), 오가와하라호(小川原湖), 미에현 츄난세(三重縣中南勢) 등 대규모 공업기지 후보지를 결정하기 위해 현지시찰 및 간담회를 개최하였다. 또한 대규모 공업기지의 개발방식과 개발주체 등의 문제를 검토하기 위해 통산성은 산업구조심의회와 산업입지 부의회에 대규모 공업기지위원회를 설치하여 이를 경제계의 입장에서 검토하게 했다. 그 사이 무츠만·오가와하라호 지역의 장래 대형공업기지로서 관민의 기대가 급속하게 높아지자, 동 지역의 농지 선행 취득의 필요성이 강화되었다. 결국 경단련이 중심이 되어 1970년 9월에 무츠만·오가와하라호 지역개발 문제 간담회를 개최하고 당면의 대책을 검토한 결과, 용지취득을 주목적으로 하는 회사들로 하여금 관민 공동 출자하는 것으로 결정했다. 그리고 동 간담회에 나카무라 소헤이(中村素平)를 위원장으로 한 '무츠오카와하라코 개발소위원회'를 발족시켜 회사 설립을 구체적으로 완료했다. 한편 관계자 부청 아오모리와의 절충도 완료한데다, 2월에는 중앙 지방의 재계인 및 학식 경험자 등 합계 55명으로 구성된 간담회가 개최되었다.

그 후 국가의 예산안이 정식으로 결정된 단계에서 정식 설립 발기인 총회를 실시하였다. 다음해 3월에 창립총회를 개최한 무츠오카와하라코 개발주식회사의 안도 도요로쿠는 무츠오카와하라코 개발공사 아오모리현의 공사와의 사이에서 용지매매 위탁계획을 맺어 본격적인

탄광에서 석탄을 골라내고 남은 돌을 쌓아올린 이 산은 일본의 에너지를 지탱해준 기념비라고도 할 수 있다(1969년)

활동을 개시했다. 또한 도마코마이 동부지역에는 이미 북해도 개발청을 중심으로 계획 입안이 역시 북해도청에 의하여 용지 매수가 진행되었다. 1972년도 예산에는 신(新)도마코마이 항의 건설비가 인정되었다.

이와 같은 정세 속에서 개발의 모체가 된 관민 공동 출자에 의한 제3부문 설립구상이 제안되는 등 개발의 기운이 무르익었다. 경단련은 1972년 1월 도마코마이 동부개발에 관한 간담회[좌장 우에무라 고고로(植村甲午郎)]를 개최하고 여러 가지 각도에서 이를 검토하였다. 게다가 계속하여 북해도청 등과 밀접한 연락을 취하고 설립 알선회를 조직하여 회사설립을 구체적으로 단행하는 한편 관계처와의 절충을 진행시켰다. 그 결과 설립 발기인회 창립총회를 거쳐 같은 해 7월 도마코마이에 동부개발주식회사[사장 신토 코지(進藤孝二)]가 정식으로 발족하기에 이르렀다.

▌이자나기 경기와 GNP 세계 2위

　이자나기 경기의 특징은 첫째, 중공업 산업을 중심으로 한 규모의 경제성(Scale Merit)을 추구하는 설비투자 확대였다. 이에 따라 규모의 경제성 증대를 의식한 기업의 합병이 계획되었다. 둘째, 노동력 수급이 빈틈없이 이루어지고 국민적 요구가 한층 더 다양화되어가는 중에 중소기업과 서비스업의 경영혁신과 근대화 투자가 그 시야를 넓혀 갔다.

　우선 중소기업에서는 노동절약화와 자동화를 위한 투자를 활성화했다. 그것은 하청부품 제조업 수출을 확보하기 위해서 매우 긴요한 것이었다. 자동제어의 공작기계가 폭넓게 사용되고 마케팅과 품질 개선을 위한 기술이 보급되었다. 다음은 전자기기에 있어, 흑백텔레비전에서 컬러텔레비전으로 대폭적인 수요변화가 일어났다. 대형 전산기는 아직 미국에도 보급되지 않은 단계였고, 전자식 탁상계산기는 현저히 발달했다. 생활용품에 있어서 석탄이 급격히 소멸되면서 프로판가스와 등유의 판매점이 확산되었다. 의료품도 양식화·패션화되었다. 미니스커트와 팬티스타킹은 이때 폭발적인 인기상품이었다. 이에 자스코 등 양판(量販) 체인점이 유통부문에서 높은 시장점유율을 확보하고 있었다. 광고·선전, 포장, 청소, 용역 등의 서비스산업이 발전했다. 게다가 빌딩의 고층화와 맨션 붐이 일어나 건축업도 성행했다.

　그러한 기술혁신의 다양화 현상을 '진무', '이와토'와 비교해보면 '이자나기 경기'가 한층 더 대형화된 것이었다. 또한 일본의 중공업 수출경쟁력 강화로 인한 국제수지의 흑자를 통해서 이자나기 경기는 전후 역사상 최고로 긴 호황을 누렸다. 그래서 일본의 GNP는 1968년에는 프랑스 서독을 따라잡아 미국에 이어 세계 제2위가 되고 소득배증 계획의 목표 최종 연차인 1970년에는 세계에서 6%의 비중을 차지하기에 이르렀다.

▌고도경제성장이 낳은 공해

오사카 만국박람회를 개최했던 1970년에 공해 문제가 사회 문제로 떠올랐다. 5월 22일, 동경 신주쿠구에 있는 주민의 혈액에서 납이 허용치 이상으로 검출됐다는 충격적인 뉴스가 전해졌다. 계속해서 7월 18일, 동경 스기나미구 릿쇼(立正)고교의 교정에서 소프트볼을 하고 있던 40명의 학생이 갑자기 두통과 구토를 하며 잇따라 쓰러져 병원에 옮긴 사건이 발생했다. 자동차 배기가스 중에 탄화수소와 질소 산화물이 여름의 강한 자외선에 닿아 화학반응을 일으켜 발생한 광화학 스모그 때문이었다. 그날 시즈오카현(靜岡縣) 타고(田子) 항구에서도 작업 중인 인부 11명이 유화수소가스 중독으로 쓰러졌다. 제지회사에서 배출하는 섬유 쓰레기 등이 폐액으로 굳어져 퇴적된 결과였다. 결국 7월 28일에는 대형 선박의 입항을 제한하는 사태가 벌어졌다.

전후 공해사건으로는 1953년 말부터 1966년에 걸쳐 집중적으로 발생한 구마모토현(熊本縣) 미나마타시의 미나마타병(1970년 말 현재 환자는 121명), 1965년 니가타현(新潟縣) 아가노(阿賀野)강 하류에서 표면화된 아가노강 유기수은 중독(제2 미나마타병, 환자 47명), 도야마현(富山縣) 진쓰강(神通川) 유역에서 오랫동안 풍토병이 된 이타이이타이병(96명), 또 미에현(三重縣) 요쓰가이치시의 오일 콤비나트 일대의 요쓰가이치 천식(615명) 등이 대표적이었다. 이들 4대 공해사건에 대한 재판은 이후 오랫동안 진행되어야 했다. 전전·전후를 통해 세계 선진국을 '따라잡고, 추월함'을 표방해온 경제성장이 낳은 무서운 결과였던 것이다.

이에 대하여 사토 내각은 1967년 공해 헌법인 공해대책 기본법을 제정했다. 그러나 수질보전법은 '산업 상호협회와 공중위생에 기여한다'라고 강조하고 있었다. 공업대책기본법의 목적도 '생활환경의 보전에 있어서는 경제발전과의 조화를 꾀한다'라는 1항이 우선시됐다. 메이지시대 이래 산업제일주의 사상으로 인해 구체

구마모토 수은중독 환자 ▮ 유기수은에 오염된 어패류 등을 먹은 모친이 낳은 신생아가 정신신경장애를 입었다

적인 실시법인 대기오염방지법과 소음규제법의 내용을 크게 제한하지 못했다. 고도성장이 야기시킨 '왜곡' 논의가 확대되어 가는 와중에 공해에 대해 재인식하는 여론이 강해졌지만, 납 오염과 광화학스모그, 페놀 등은 여전히 '특수한 지역에서 발생하는 것'으로 여겨지고 있었다. 그런데 이제 주위에서 발생하는 일이 되고 만 것이다.

미국은 같은 해, 1월 22일 닉슨 대통령이 밝힌 공해를 중심과제로 한 일반교서와 함께 2월 10일 환경특별교서를 발표했다. 그 무렵 랠루 네더 변호사는 거대기업 GM을 상대로 공해 캠페인을 전개하여 선풍을 일으켰다. 닉슨 대통령은 6월 5일, 환경보호국을 신설하고 8월 10일에는 최초로 환경연차보고를 국회에 제출했다.

사토 수상은 9월 3일, 닉슨 대통령과 공해 문제에 관한 미·일 협력체 강화에 대한 메시지를 교환했다. 물론 전국 각지에서 진위가 얽혀 여러 가지 공해사건이 분출하기도 했지만, 미국의 움직임이 사토 내각에 유효한 자극이 된 것도 묵인할 수 없었다.

2월의 공해교서에서 닉슨 대통령은 다음과 같이 밝히고 있었다.

① 지방자치의 폐기물 처리 플랜 건설에 필요한 100억 달러 중에 연방정부는 40억 달러를 부담하고 재정확보를 위해 환경융자공사를 설립한다. ② 지방자치가 공장폐기물 처리비용을 기업에 징수하는 것을 인정한다. ③ 수질기준에 위반한 기업에 하루에 1만 달러의 벌금을 가한다. ④ 1973년 및 1975년에는 자동차 배기가스 규제기준을 엄격화하고, 기준 위반자에게는 하루에 1만 달러의 벌금을 가한다. 이는 일본이 이제 더 이상 대책을 강구하지 않으면 세계 대세로부터 뒤처지게 된다는 것을 알게 해주는 내용이었다.

▌산업보호보다 국민생활 우선

일본 정부는 1970년 7월 31일, 중앙공해대책본부를 개설했다. 본부장은 사토 수상, 부본부장은 나카야마 사다요리(中山貞則) 총무장관으로 후생, 통산, 대장, 농림, 건설, 운수, 경제기획, 자치, 경찰, 노동, 법무, 문부, 과학기술, 행관의 각 부청의 참사관 등 과장급의 멤버로 조직되었다. 회합에서 수상은 "정부는 공해 문제에서 산업우선이라는 잘못된 사고방식을 갖고 있지 않다. 오늘날 산업기술에 의하면, 산업발전 중에서도 공해대책을 빠뜨리지 않고 해결할 수 있는 확신을 가지고 있다"라고 인사했다. 10월 14일에는 수상관저에서 공해방지를 위한 미일협력회의가 열려 11월 1일, 공해분쟁처리법에 입각하여 중앙공해심사위원회가 발족되었다. 분쟁이 재판으로 장기화되고, 피해자에 대한 보상이 많이 늦어졌기 때문에 공적 기관으로서 중재하고 빠른 해결을 촉구한다는 방침이었다.

11월 24일에 소집된 임시국회는 공해국회로 불려질 정도였다. 정부는 국회에 14개의 관계법안을 제출했다. 그중 중요한 것은 공해대책기준법 개정과 공해방지사업비 사업자부담법, 공해범죄법 등 세 가지였다. 기본법 개정으로는 제1조 2항의 경제조화 조항을 삭제하고 법의 목적에 "국민이 건강하고 문화적인 생활을 확보하는 것을 먼저 염두에 두기 위해서는 공해방지가 극히 중요하다"라는 문장을 덧붙였다. 또한 공해 대상으로 '토양오염'을 추가하고, 폐기물 처리로는 사업자의 책무를 명확하게 하고 공공처리시설의 정비추진을 강조했다. 더욱이 자연보호 규정도 강조하였다.

야당은 국회심의에서 환경보전성의 설치와 무과실손해배상제도의 확립을 요구했지만, 수상이 받아들이지 않자 공산당을 제외한 여야당이 '환경보전선언'을 결의하고 정부안으로 가결했다. 공해방지사업비 사업자부담법은 국가와 지방공공단체가 공공사업으로 공해방지사업을 실시할 때, 기업부담 범위와 역할을 정한 것이었다. 정부는 공해범죄처벌법은 공해를 범죄로 인정한 '세계의 최초 법률'이라고 홍보했다. 그러나 법무성원안(法務省原案)에 "생명 혹은 신체에 위험을 초래할 우려가 있는 상태를 발생시킨 자"라고 쓰여져 있는데, 여기서 '초래할 우려가 있는 상태'라는 부분이 '위험'으로 수정되어 대폭 후퇴하게 되었다. 경단련, 동우회, 일상 등의 재계단체가 "공해범죄법은 기업의 존립을 위험하게 한다"라며 강하게 반발하자 자민당이 한발 물러나 삭제를 결정한 결과이다.

14법안은 임시국회 최종일인 12월 18일에 성립되었다. 이와 관련하여 이 14법은 △ 공해대책기본법 개정 △ 공해방지사업비 사업자부담법 △ 인간의 건강에 관한 공해범죄처벌법 △ 대기오염방지법 개정 △ 소음규제법 개정 △ 도로교통법 개정 △ 농용지의 토지오염방지법 △ 폐기물처리 및 청소법 △ 농약거래법 개정법 △ 수질오염방지법 △ 해양오염방지법 △ 하수도법 개정 △ 독극물거래법 개정 △ 자연공원법 개정 등이다. 그리고 동월 28일 정부는 예산편성 작업의 마지막 단계에서, 야당이 강력하게 요구한 '환경보호청'의 설치를 결정했다. 이것이 '환경청'이라는 이름으로 발족한 것은 1971년 7월 1일이었다.

▎'실로 포승줄을 샀다'라고 한 '미·일 섬유교섭'

1969년 가을, 사토 방미를 시초로 1972년 초까지 미·일 섬유교섭으로 인해 상황이 얽혀 있었다. 닉슨 대통령은 지금까지 역대 대통령과 같이 1968년 대통령 선거에서 섬유업자가 많은 남부의 지지를 얻기 위하여 섬유제품의 수입제한을 약속했다. 대통령 취임 후 서둘러 공약의 하나인 대일 섬유수입을 제한하기 시작했다. 1970년은 때마침 중간선거의 해였다. 더욱이 1972년 대통령 재선을 위해 공약을 실현시킬 필요가 있었다. 섬유 문제에 불이 붙은 1968년에는 미국 화학섬유 수입의 85.7%가 일본 제품으로, 게다가 1971년에는 미국이 78년 만에 수입초과, 말하자면 무역수지가 적자(26억 달러)로 돌아선 것에 반해, 일본의 무역수지는 79억 달러의 흑자로 세계 제1위가 되었다.

사토 수상이 1969년 11월 닉슨 대통령과의 회담에서 오키나와의 반환 약속을 확보할 수 있었던 것은 섬유에서 양보한다는 밀약 때문이었다. 수뇌회담에 수행한 당시 관방부장관에 의하면 오키나와 반환의 회담은 첫째 날인 11월 19일에 실질적인 합의를 하게 되었다. 그러나 미국 측은 섬유 등 일본경제관계를 포함하여 일괄합의를 주장하고, 그를 위하여 첫날 사실상 합의를 본 '오키나와 합의'를 발표하지 않도록 요구했다.

제1차 회담 후, 기자회견에서 "오키나와 반환 문제는 어떻게 되었는가"라는 질문을 받은 부장관은 직접적으로 대답하는 대신에 "12일째는 경제 문제를 서로 합의한다"라고만 대답했다. 특파원들은 이 간접화법으로 '첫째 날 오키나와 교섭은 성공'으로 판단하고 뉴스를 내보내게 되었지만, 미·일 간에는 '오키나와 경제는 일괄'의 원칙이 주어졌다. 20일 회담에서 닉슨 대통령이 섬유교섭으로 일본의 양보를 구했을 때 사토 수상은 천장을 바라보며 "선처하겠습니다"라고 대답했다고 한다. 이것을 통역관이 "I do my best"라고 통역했다. 사토 수상은 '열심히 노력은 하겠지만, 결과는 알 수 없다'라고 말했던 것이다. 하지만 닉슨 대통령은 이 발언을 '노력하여 그 뜻에 따르도록 하겠다'라고 해석하고 전면적으로 자기네 요구를 받아들였다고 판단했다. 하지만 그 후 미·일 섬유교섭에 조금도 진척이 없자, 닉슨 대통령은 사토 수상을 '거짓말쟁이'라고 매도하고 험악한 관계가 되었다. 그러나 이 미·일 수뇌회담에 앞서, 7월 말에 열린 미일무역경제합동위원회에서 미국 측으로부터 섬유제품 수출의 규제를 강력하게 요구받은 일본 측은 9월에 통산성의 섬유관계 전문가 조사단을 미국에 파견했다. 미국 섬유업자가 일본의 수출로 인해 정말로 피해를 받았는지 안 받았는지에 대하여 조사하기 위한 것이었지만, '피해 사실은 없다'라는 조사결과가 나왔다.

▎피해 없는 곳에 규제도 없다

11월의 사토·닉슨 회담 후의 공동성명에서 섬유 문제는 취급되지 않았다. 사토 수상은 정치생명을 내건 오키나와 반환은 어디까지나 미·일 간의 평화우호적 대화에서 실현시켜야 하는 것이고 다른 문제로 얽히게 하고 싶지 않았다. 오키나와 반환이라는 역사적 대사업과 민간업자의 문제인 섬유를 거래하는 것은 '언어도단'의 심경이었는지도 모른다. 그러나 그 심경이 오히려 그 후의 교섭을 얽히게 하는 결과를 초래했다.

귀국 후에도 사토 수상이 닉슨 대통령과의 약속에 대해 분명한 태도를 보이지 않았기 때문에 오히려 섬유업계 등으로부터 '밀약설'이 퍼지고 국내에는 뿌리 깊은 불신감을 심어주었다. 사토 수상은 "정부 간의 문제가 아니라 민간과의 규제이기 때문에 민간끼리 대화하는 것이 타당하다"라고 기자회견 등에서 말했다. 오히라 마사요시(大平正

오키나와 데이(day) ▎ 1969년 4월 28일 사회당과 공산당이 오키나와 반환 문제로
처음 통일집회를 열었다

芳) 통상산업대신의 뒤를 이은 미야자와 기이치(宮澤喜一)와 아이치
치이치(愛知揆一) 외무대신들은 9월 조사 결과를 대의명분으로 '피해
없는 곳에 규제 없다'라며 국내업계와 함께 미국을 향하여 강력한 자
세를 취했다. 그러나 일본과 경제마찰 관계에 있는 미국이 사리보다
는 눈앞의 이익을 쫓는 것은 섬유 이후의 모든 경우에 해당됐다.

1970년 1월 2일 미국 측은 양모 9품목, 화학섬유 19품목을 5년간
규제하고 그 외는 수입이 일정 수준까지 증대되었을 경우에 자동적으
로 규제의 방아쇠를 당긴다는 '트리커 방식'을 제안해왔다. 일본 측은
"그 같은 포괄규제에는 응할 수 없다"라고 즉시 거부하고 더욱이 "미
국 측이 피해를 실증하면 경청한다"라며 고자세의 태도를 취했다. 닉
슨 대통령이 사토 수상에게 배신당했다고 격노한 것은 당연할지도 모
른다. 3월이 되어, 미국 무역긴급위원회의 켄덜 회장과 5월에 OECD
(경제협력개발기구)의 론 사무국장이 중재안을 제안했지만, 성립되지
않았다. 5월 말에서 6월 중순에 걸쳐 일본 측은 미야자와 통상산업대

신을 중심으로 ① 규제기간은 1년, ② 대상은 화합섬유 15, 모제품 23 품목, ③ 개별품목이 아닌 모든 물품의 규제 등 일본정부안을 완성했다. 이것을 휴대한 미야자와 통상산업대신은 6월 22일부터 이 안을 바탕으로 3일간 미국과 워싱턴에서 교섭에 임하였다. 그러나 상대인 상무장관 스탠드는 일본안을 아예 무시했다. 24일 오후 아이치, 미야자와, 로자드 국무장관과 스탠드의 회담에서는 계속 협의를 합의하는 것이 고작이었고, 아이치 외무대신의 역할은 교섭의 부조(不調)를 오키나와 반환 쪽으로 비화시키지 않는 것이었다. 이 결렬을 지켜본 미국의회에서는 보호무역파의 득세로 이어졌다.

하원세입위원장인 밀드가 섬유와 신발의 수입제한법안(밀드 법안)을 제출했지만, 6월 25일 중단해온 심의를 재개했다. 그리고 스탠드가 "수입제한법안의 심의가 진행되는 것은 어쩔 수 없다"라고 미국의 입장을 표명했다. 의회 측은 더욱더 기세 좋게 밀드 법안과 1969년 통상법안을 합체시켜 1970년 무역법안으로 하여 8월 11일 세입위원의 가결을 거쳐 11월 18일에는 하원 본회에서 가결되었다. 한편 상원에서 닉슨 대통령의 거부권을 봉쇄하기 위하여 사회보장법개정안을 이용하여 12월 9일 가결했다. 하지만 재비트 의원 등의 자유무역파의 지연공작으로 성립하지는 못했다. 미국 국내의 소비·생산·임금·고용 등을 기준으로 일정한 조건을 채우면 자동적으로 수입제한의 방아쇠를 당기는 대형 '트리거 방식'은 일본만이 아니라 각국에서 '공전의 악법'으로 비난받았다.

아베가의 설득으로 업계도 승낙

미국 국회가 한창 법안을 심의하고 있던 10월 24일, UN총회 출석 후 워싱턴을 둘러본 사토 수상은 닉슨 대통령과 회담했다. 신문에서는 "섬유 문제의 해결을 위하여 양국 정부가 교섭을 재개하는 것으로 의견일치를 봤다"라고 처음으로 밝혔다. 자민당 총재에 4선된 직후인 10월 30일, 사토는 수상관저에 일본섬유산업연맹 회장 타니구치 도사부로(谷口豊三郎), 일본화학섬유협의장 미야자키 테루, 데이진(帝人) 회장 오야 신조우(大屋晋三), 양화섬유협의 부회장 이가라시 쓰도우(五十嵐集), 야스이 요시조우(安井喜造) 5명을 초대하여 미야자키 통상산업대신, 호리 시게루(保利茂) 관방장관에게 조기해결을 지시했다. 그러나 업계 측은 조기 해결에는 동의했지만 정부에게 백지위임은 하지 않았다.

11월 9일, 워싱턴에서 우시바(牛場) 주미대사와 플라니건 대통령 보좌관 사이에서 교섭이 재개되었다. 12월 4일, 제11회 회담이 이루어졌지만, 미국 측은 끝까지 타협의 자세를 보이지 않았다. 동경에서는 12월 30일의 사토·미야자키 회담과 31일 우시바 플라니건 회담이 있었지만 결론은 나지 않았다. 결국 1971년 7월 5일, 미·일 교섭은 사토 내각 개조에 다나카 가쿠에이가 통상산업대신으로 취임하게 되는 결과를 낳았다. 닉슨 쇼크를 사이에 두고 9월부터 교섭은 재개되었다. '피해 없는 곳에 규제 없다'라는 일본 측의 사리론으로는 타개할 수 없다고 판단한 다나카는 10월 15일, 닉슨 미국 대통령의 특사를 상대로 양보를 단행하여 협정에 가(假)조인했다. 반대하는 섬유업계에 대해서는 그달 27일 다나카 통상산업대신을 본부장으로 하는 임시 섬유산업 대책추진본부를 설치하고 많은 보상을 해주었다. 당시 섬유는 일본 최대 수출상품이었고, 게다가 미국이 주요 시장이었다. 따라서 일본의 섬유업계가 간단하게 수출규제를 받아들이지 않았던 것은 당연하다.

그 후 '컴퓨터 부착 불도저'라고 불리는 다나카의 정치력으로 인해 섬유업계가 진압되고 3년 넘게 난항이었던 섬유 문제가 해결되었다. 그 수법은 두드러진 차이를 보였다. 미야자와는 "섬유업계에 있어서는 이치에 맞지 않겠지만 미국 측의 요구, 요컨대 수출제한을 받아들이길 바란다"라고 정말로 눈물을 흘리며 부탁했지만 업계에서는 "그런 바보 같은 짓을 누가 하겠는가"라고 딱 잘라 거절하였다. 대신이 눈물을 흘렸다고 해서 문제가 해결되는 건 아니라는 것이었다. 오히라·미야자와의 2대에 걸친 통상산업대신들은 이 난항을 조정하지 못한 채로 퇴진했다. 하지만 다나카는 닉슨의 요청을 그대로 받아들였다. 그리고 '업계에 1천억 엔 이상의 돈을 내겠다'라는 것으로 처리해 버렸다. 엘리트 관료 출신의 정치가에게는 없는 마력과 뛰어난 육감, 특히 위기상황에서 막힘없는 확실함을 보여준 것이었다.

섬유 문제가 결말이 나지 않아 퇴장한 오히라, 미야자와는 둘 다 대장 관료 출신이었다. 일본을 배제한 미·중 교류와 달러 쇼크 등의 '닉슨 쇼크'에 놀라 제대로 일을 처리하지 못했던 사토 수상, 후쿠다 다케오 외무대신 콤비도 또한 동경대 졸업의 엘리트 관료 출신(사토는 철도청, 후쿠다는 대장성)
의 정치가였다.

미국 의회 중에 일본의 '안보 무임승차'의 소리가 이때부터 나오기 시작했다. 이후 미국 대통령선거와 중간선거의 시기가 다가올 때마다, 미·일 경제요구를 상호 교차하는 것이 항례로 되었다. 쌍방에는 그 나름대로의 국내 사정이 있지만 일본경제가 미국보다 좋은 성적을 올리고 또한 미일안보체제에 의지하는 한, 동맹의 대가를 치르고

엔화 절상 | 12월 18일 워싱턴에서 열린 회의에서 1달러=308엔으로 결정되었다

지속시킨다는 노선은, 이 섬유교섭 때에 강화되었다고도 할 수 있다. 또한 일본의 재계가 미국을 보는 눈이 달라졌다. 그때까지는 보호자라고만 생각하고 그림자 밑에 안주했는데 미국으로부터 닉슨 쇼크와 섬유교섭이라는 제한에 의해, 재계는 미국이 보호자가 아닌 두려운 경쟁국이라는 것을 알게 되었다. 내각 개조로 다나카가 취임한 통산대신의 포스트는 사토 수상이 다나카를 정치의 중심에서 멀어지게 하려고 준비한 것이다. 하지만 우습게도 그 포스트가 가장 각광을 받는 결과가 되고, 다나카의 존재를 더욱더 두드러지게 만들었다.

█ 두 가지 닉슨 쇼크의 기습

승용차 수출 █ 8월의 달러 쇼크로 일본의 수출이 일시적으로 정체됐으나 회복도 빨랐다. 특히 독점 판매망을 가지는 등 국제경쟁력이 있었던 승용차는 수출이 급증했다

1971년 8월 일본경제는 닉슨 쇼크에 의한 국제통화 조정(달러 절하와 엔의 대폭적인 절상)이라는 극적인 상황에 부딪히게 되었다. 국제수지가 흑자기조를 강화하고 있던 중, 오사카 만국박람회를 개최하기 1년 전에 소비자 물가를 억제할 목적으로 긴축금융을 한 것이 문제가 되었다. 내수가 억제되고 수입이 감소하여 대외 흑자가 한층 더 증가되었기 때문이다. 이미 절하된 엔의 대외시세를 절상하여 인

플레이션 압력을 완화해야 했지만 1달러당 360엔의 비율이 긴 세월에 걸쳐 정착한 것이 오히려 쓸모가 없어져버렸다 그래서 엔 절상을 정부 내부에서 입에 담는 것조차 금기시되었다. 일본이 자주적인 판단으로 엔의 절상을 주저하고 국내 불황 때문에 대외 흑자 불균형을 증폭시킨 가운데, 1971년 8월 15일 닉슨 미국 대통령은 일률적으로 10%의 수입과징금 실시를 구실로 하여 각국에 응분의 대 달러 통화 절상을 강요했다. 이로 인해 국제통화 대혼란 중에 전후의 브레턴우즈체제는 붕괴되었다. 이 닉슨 쇼크를 계기로 같은 해 연말 스미스소니언(Smithsonian) 합의에 의한 다국간 통화 조정이 이루어졌다. 엔은 부득이하게 대 달러 6.9% 절상되었다. 더욱이 이때 고정평가제 복귀는 약 1년 만에 끝이 났다. 절도가 결여된 미국 경제운영 때문에 달러 불안이 재현되고, 이번에는 무기한의 변동시세로 옮겨지는 운명에 놓였다.

1971년 7월 16일, 닉슨 대통령은 갑자기 전 미국을 향하여 TV와 라디오를 통해서 성명을 발표하고 중국으로의 접근 움직임을 밝혔다. 그 내용은 대통령 보좌관 키신저가 7월 9일부터 11일 사이에 북경을 방문하고 주은래(周恩來) 수상과 회담했으며, 이 회담에서 주 수상은 닉슨 대통령을 1972년 5월, 중국에 공식적으로 초청하고 닉슨 대통령은 이 요청을 받아들였다는 것이었다. 이것은 미국과 중국의 역사적 관계 전환을 의미하는 것이었다. 한국전쟁 이래, 대만 옹호의 입장을 취해온 미국이 중국과 국교를 개시한 첫걸음이었다. UN에 있어 중국 대표권 문제를 비롯해 서방 모든 국가의 대중정책에 심각한 영향을 주는 것이기도 했다. 특히 중국의 인접국가로 항상 미국의 중국정책에 동조해온 일본에 있어서는, 이처럼 갑작스런 미국의 정책변경은 쇼크였다. 닉슨 대통령의 성명 발표는 키신저 보좌관이 귀국하여 이를 보고한 후 대통령과 동 보좌관, 로자드 국무장관이 신중하게 검토한 끝에 이루어졌다. 불과 4시간 전에 급히 실행한 것이었고, 미국 정부가 일본 정부에 통고한 것은 겨우 3분 전이었다. 일본에서는 마침 그때 각의가 열려, 사토 수상은 17일 임시국회에서 연설할 소신 표명을 검토 중이었다.

사토 수상은 각의 후, 기자단에게 "예상하지 못했다"라고 대답했을 뿐이다. 정부는 후쿠다 다케오 외무대신의 입원으로 임시대리를 하고 있던 기무라 도시오(木村俊夫) 경제기획청 장관과 다케시타 노보루(竹下登) 관방장관을 통해 "아시아를 포함한 전 세계의 긴장완화에 대해 기쁜 마음으로 환영한다"라는 담화를 발표했다. 이것은 가능한 가장 호의적인 입장 표명이었다. 일본으로서는 '청천 하늘에 벽력'이라고 다케시타 관방장관은 거듭 말했는데, 그런 만큼 동요가 격렬했다고 할 수 있다.

사토 수상은 1970년 10월 닉슨 대통령과의 회담에서 중국 문제로 계속 밀접한 협의를 가진다는 것을 재확인했다. 그 후 UN총회 중국 대표권 토의에서 '중국초청·대만추방'이라는 알바니아 결의안이 단순 과반수를 넘은 것과 나고야(名古屋)에서 세계탁구대회를 계기로 미·중 사이에 이른바 '핑퐁외교'가 전개되고 있었으며, 미국이 중국정책에 뭔가 움직임이 있다는 것은 알 수 있었다. 그러나 바로 그 직전인 1971년 6월, 파리에서 아이치·로자드 회담에서 "중국대표권 문제에 있어서는 금후 양국 정부 사이에서 밀접한 협의를 지속한다"에 합의함과 함께 아이치 외상은 "오키나와 반환으로 금후, 미·일관계는 더욱더 밀접해졌으니, 외교 문제는 양국 간에 될 수 있으면 사전에 긴밀한 연락을 취한 후에 공동으로 실시하자"라고 요구했다. 미국은 일본을 무시한 채 중국거래를 했던 만큼 온화하게 대처할 수만은 없었다.

재계가 이루어낸 중국방문단

사토 수상은 대(對)중국관계에서 미국의 입장을 동조해 따랐기 때문에 중국의 신뢰를 완전히 잃어버리고 마는 움직일 수 없는 상황에 놓여 있었다. 이때 움직인 것이 재계였다.

1971년 11월 12일, 재계가 전후 처음으로 수명의 간부를 중국에 보냈다. 당시 국제정치의 무대로는 이미 UN총회가 '중국초청, 대만추방' 결의를 가결(1971년 10월 25일)한 것에도 불구하고, 그때까지 반(反)중국정책을 취해온 일본 정부는 국교정상화의 실마리를 찾지 못하는 곤경에 처해 있었다. 이때 재계는 중국방문단을 통해 정부가 처리해야 할 중국과의 국교 문제를 제시했다. 단장을 역임한 경제동우회의 히가시우미 린타케오(東海林武雄) 간사(아사히 전화 사장)는 귀국 후 회담에서 밝혔다. "우리는 비즈니스와는 관계없이 오로지 다가올 일·중관계에 대비하여 방중했다. UN외교를 기본으로 하는 우리나라는 즉시 일·중 국교회복의 실현에 노력해야 할 필요가 있다. 이를 위한 준비를 서둘러야 할 것이다."

당시 '동경 경제인 중국방문단'의 일행은 경제동우회에 적을 둔 재계인으로 구성되어 있었다. 이유는 일본의 재계 내부에서 동우회가 이미 일중 문제 타결의 필요성을 제창한 단체였기 때문이다.

동우회는 1970년 1월 16일 연두회견에서 "일·중관계를 세계평화와 자유세계의 발전의 입장에서 적극적으로 검토한다"라고 말했다. 다음해 1971년 1월의 연두회견에서도 "중국에 대해서도 평화공존의 입장으로, 그리고 국제사회의 일원으로서 가능하면 참가를 검토할 방책이며, 이에 노력해야 할 것이다"라고 말했다. 동우회 내부에서 이와 같은 견해와 추진력을 보여준 사람은 기가와다 가즈타카 대표간사였다. 정부는 중국방문단은 '동경 경제인'이라는 것으로, "물론 재계를 대표하는 것은 아니다"라는 입장을 취했다. 주요 멤버는 다음과 같은 실력자였다. 경제동우회의 기가와다 대표간사(동경전력 회장, 총리부·경제심의회 회장, 외무성 고문, 일미경제협의회 간사), 일본상공회의소의 나가노 시게오 회장(신일본제철 회장, 총리부 대외경제협력심의회 회장, 외무성 고문, 일본경제협의회 간사)가 고문으로 가입한 외에, 경단련의 이와사 요시자네 부회장(후지은행 회장, 총리부, 경제심의회 위원, 일본경제협의회 대표간사), 일경련의 이마자토 히로키 총이사 (일본정공 사장, 총리부, 경제심의회 위원, 일미경제협의회 위원) 등이 단원이었다. 이런 이름의 칭호는 이 방중단이 단순히 정부 자민당에 대한 강한 영향력을 가지고 있을 뿐만 아니라, 일·미관계의 방면에서도 중요한 지위에 있는 사람들로 조직된 것을 중국 측에 확실히 말해주고 있었다.

전후 처음으로 방중을 단행한 이 일행들이 염두에 두고 있는 것은 일·중 간의 국교회복 문제만이 아니었다. 당시 국내외에서 재계를 긴장시키는 문제가 잇따라 일어났기 때문이다. 그중에서도 닉슨 방중 결정 발표의 방법이 너무나도 충격적이었으며 계속해서 UN총회 '중국초청, 대만추방' 결의가 가결된 것이었다.

▌미국 일변도의 사토 정권

당시 미국 대통령의 중국 방문이 미·중관계의 장래를 정확하게 예견하지는 못한다 해도 방중 발표 자체가 일본 정부의 외교적 입장을 난처하게 한 것만은 확실했다. 그때까지 사토의 자민당 정부는 아직 국내 정책 면에서도 '반(反)중국'의 태도를 강력하게 고집해왔다. 일본 내에서 여러 해에 걸쳐 논의된 '일·중 우호', '중국 승인'을 바라는 운동을 억압했을 뿐 아니라, 미국 정책방침에 충실하게 따라왔기 때문이다. 하지만 미국은 일본 정부와는 한마디 상의도 없이 닉슨 중국 방문 결정을 발표해버린 것이다. 그것은 사토 수상에게 있어 매우 굴욕적인 것이었지만, 실은 미국 대통령이 이미 '1971년 교서' 중에도 이런 외교적 전개가 있을 수 있다는 것을 시사하고 있었다.

그러나 미국의 선의를 믿고 그 외교정책에 100% 의지해왔던 사토 내각이 자극적 정책을 취한다는 것은 말도 안 되는 것이었다. 사토 수상은 닉슨의 방중 발표가 있던 날짜로부터 5일 후인 7월 21일, 중국 측이 받아들인다면 "중국 승인을 전제로 중국을 방문한다"(중의원 예산위원회)라고 밝혔지만 중국으로부터 대답이 없었다. 사토 수상은 그러나 방중을 포기하지 않았다. 수상은 그 후 최후의 수단으로 닉슨 대통령에게 방중의 중개를 부탁했다. "중국으로부터 초대받는 길은 열려 있는 것인가?"라는 질문에 대하여 사토 수상은 미소를 지으며 "아마 닉슨 대통령이 북경 주재 중에 (나의 북경방문을) 선처해주도록 부탁할 것이다"라고 했다. 사토 수상은 닉슨 대통령에게 의뢰해도 괜찮을 거라는 생각을 되풀이했다고 한다.

재계에 충격적인 뉴스는 계속 날아들었다. 방중 결정 발표에서 1 개월 후인 8월 15일에 발표된 〈달러방위 긴급대책〉이 그중에서도 치명적이었다. 이 발표문은 중국 방문과 마찬가지로 일본 정부에 있어 '아닌 밤중에 홍두깨' 같은 뉴스였다. 재계와 대기업 간부들의 얼굴색이 변한 것도 무리가 아니었다. 달러방위 긴급대책 그 자체가 전후의 국제통화와 금융체제의 근간을 뒤흔드는 것일 뿐만 아니라 '달러 지배'로 급성장을 해온 일본의 대기업 지배체제에 직격탄을 던진 것이나 다름없었기 때문이었다.

국내에서는 사토 수상이 국민들로부터 외면당하는 사태가 일어났다. 신문에 의하면 일련의 세론조사 결과는 하나의 본보기였다. 내각 지지율은 어느 조사에서도 20% 혹은 그것보다 못한 수준으로 떨어졌다. 내정과 외교 면에서 통치능력이 모두 떨어진 사토 수상을 바꾸지 않는 이상, 일본 보수지배체제, 나아가서는 재계에 있어서도 중대한 위기가 닥칠지 모른다는 우려가 나오기 시작했다.

▌새로운 내각을 요구한 재계

'난국에 대한 우리의 소견'이란 과제의 발표문에는 "자유세계를 기축으로 한 미·일관계의 중요성에 비추어 보아도 극히 우려되는 사태이다. 바야흐로 미국경제력의 상대적 저하와 달러에 대한 신뢰가 약해짐에 따라 자유세계는 중대한 위기에 직면하고 있다. 따라서 일본으로서는 강력한 리더십이 발휘되지 않으면 안 된다. 총리를 보좌하는 특별기관의 설치가 급무이다"라고 강조했다. 이 소견의 진의가 사토 수상을 대신하여 '강력' 보수정권의 등장을 기대하는 점이라는 것은 누가 보아도 알 수 있었다.

그로부터 2개월 후, 그리고 '닉슨 방중 결정'의 발표로부터 4개월 후에 있은 '동경 경제인 방중단'의 출발은 재계에 의한 정치공작의 중요한 일환이었던 것이다. 1972년 2월 21일, 드디어 닉슨 방중 실현에 이르러 재계는 노골적으로 사토 퇴진을 요구하고 나섰다. 동우회의 기가와다 대표간사가 "신(新)내각이 발족되면 정치이념, 대외정책, 새로운 국내 조정정책이 나올 것이다"라고 말한 것은 그 한 예다. 신문이 보도하리라는 것을 알면서도 재계 간부가 '신내각'을 입에 올렸다는 것은 아직 현직에 있는 사토 수상으로서는 불쾌한 일이 아닐 수 없었다. 당시 엄연히 현직 지위에 있던 사토 수상에게 진정으로 무례한 말임에 틀림없었다. 당시는 아직 후계 수상이 결정된 것도 아니었고, 사토 퇴진이 실현된 것은 그로부터 4개월 후인 7월 6일의 일이었다.

재계가 스스로 지배체제를 유지하기 위하여 몹시 주위를 살핀 일이 또 하나 있다. 앞서 기가와다의 발언이 있은 지 4일 후, 닉슨 방중의 감상을 요구받은 경단련의 이와사 부회장의 말이다. 이와사 씨는 가능한 한 빨리 일·중 국교정상화를 실현했으면 좋겠다고 말하면서, 이때 일본의 보수당 정권이 견지해야 할 정치원칙을 "일본에 있어 지금 가장 중요한 것은 미·일 관계를 확실히 강화시키는 것이다. 미·일 관계는 하나의 '기반'이고 이것이 흔들리면 일본은 끊임없는 불안정으로 쇠약한 나라가 되고 말 것이다"라고 명시한 것을 잊지 않았다. 이와사는 그중의 '일본'이란 말을 '재계 내지 일본의 보수지배체제'라는 의미로 그 뜻을 명확하게 표명했다. 당시 재계에 있어 일·중 국교정상화는 선택의 여지없이 정치과제가 된 한편, 대처방법에 따라서는 전후 일본의 보수지배체제가 흔들릴 수밖에 없는 위험이 내포되어 있었다.

재계는 전후 전면적으로 대미 존재와 국가적 종속을 받아들이는 자세로서 일본의 지배체제를 재건할 수 있었다. 이런 국제적 체제는 또한 샌프란시스코에서 강화안보 2조약에 조인한 이래 명실공히 대국을 지배하고 있는 중국 정부를 무시하고 대만의 장개석 정권을 중국의 정통정부로 보는 태도와 같은 것이다. 이것이 당시 미국의 극동전략으로 이어지는 대일 요구였다.

그동안 재계주류는 물론 자민당 정부는 일·중 국교정상화에 반대하는 태도를 취해왔다. 그런데 닉슨의 방중은 이런 정치구조에 커다란 돌을 던진 것이었다. 더욱이 미국은 대통령 방중을 실현시켰는데도 일본 보수정권에는 그 길이 닫혀 있었다. 그리고 중국의 UN복귀는 기정사실로 되었다. 도대체 재계는 어떻게 해야 할 것인가. "일·미 관계를 확실히 강화시켜라. 사태에 대처할 힘을 잃어버린 사토 수상은 하루빨리 퇴진하라." 기가와다와 이와사의 말은 그것이 재계의 기본방침임을 나타낸 것이다. 재계는 사토 정권에 대해서는 실망이 격화되는 한편 일은특융, 섬유교섭으로 신선한 정치수완을 보인 다나카 가쿠에이에게 많은 기대를 걸고 있었다.

▌재계 내부에서 일어난 변화

사토 정권시대, 재계 내부의 움직임은 어떠했는가. 포스트 이케다를 두고 사토와 고노 이치로가 경쟁했을 때, 고노를 옹호한 재계 비주류 그룹의 야망을 무너뜨리고 사토를 정권 자리에 앉힌 고바야시 나카 등 주류파 재계인의 활동은 사토 정권이 발족하자 곧 쇠퇴했다. 그들의 존재 자체가 희미해져가고 있었다. 가령 이케다시대에는 고바야시 나카 등 재계 사천왕을 비롯해 재계인이 이케다를 둘러쌀 기회가 빈번하게 있었고, 이는 '재계의 뒷거래', '밤의 참모본부' 등으로 불려지곤 했다. 그런데 사토는 재계와의 거리를 두고 있었다. 고바야시 사천왕들은 점점 더 발언권을 잃어버리게 된 것이다. "정확히 말해서 사토는 재계를 경시, 아니 바보 취급하였다"라고까지 말하는 재계인이 있을 정도였다. 그 이유는 조선 의혹으로 거슬러 올라간다. 사토는 조선 의혹에 연루되어 정치생명을 잃어버릴 뻔했었다. 이른바 지휘권 발동으로 겨우 자리는 보존했지만, 이후 재계와의 교류에 있어서는 극히 신중하게 된 것이다. 하지만 그런 사토의 개인적인 입장만큼이나 사실은 더욱더 구조적인 재계 내부의 변화가 있었다.

전후 들어 재벌과 대기업이 해체된 후, 연합군 총사령부가 일본을 반공 방파제로 육성하는 정책으로 전환한 덕분에 폐허 중에 재기한 젊은 재계인은 파죽의 기세였던 혁신·노조세력을 누르고 정계에 유착했다. 이들은 이 같은 뒷받침에 힘입어 경제부흥정책을 강력하게 추진하여 전 세계가 주목할 만큼 고도성장을 이루었다. 하지만 경제 기반이 정비되자 구 재벌계열 등의 대기업이 다시 살아나 이동을 시작하여, 산업계는 기간산업인 대기업을 중심으로 움직이기 시작하였다. 기간산업의 경영자들이 발언권을 되찾고, 원래 기업적 기반이 약한 신흥 재계인들은 퇴진하게 된 것이었다. 이는 대기업 중심의 경단련이 재계의 주류가 되었기 때문이다. 여기에 조선 의혹이 계기가 되어 이른바 '조건부 헌금'을 중지하도록 경제재건간담회가 만들어지고, 1961년 7월 정치헌금의 창구로서 '국민협회'로 일원화해 헌금을 각 업계에 배당하는 역할도 실질적으로 경단련이 맡게 되었다. 때문에 경단련의 주도가 항상 결정적이었다. "국민협회가 만들어질 때까지 요시다, 이시바시, 기시 노부스케 등은 선거 때 반드시 유지가 5, 6명이 모여 은행에서 돈을 빌리는 형식을 취하고, 그 이서는 전부 우리가 했다. 고바야시 나카를 비롯해 나가노 시게오라든지 미즈노 나리오, 또는 나의 역할이었던 것이다. 그 후에는 모두가 그것을 할당했다. 그러니까 우리에게 부탁하면 어떻게든지 된다고 생각하는 사람들이 상당히 많았던 셈이다"라고 사쿠라다 다케시는 그때를 회상하였다.

이런 헌금 모집이 경단련의 역할이 되고, 그 위에 지금까지의 재계 핵심은 "돈도 내지만, 할 말도 다 한다"라는 식으로 변한 것이다. 사토 퇴진을 요구한 기타가와 소견과 같은 파수꾼적인 방법은 그 후에도 지속되었는데 재계인이 밤에 연회석에서 수상을 둘러싸고 직접 의견을 얘기하는 것은 브레인을 제외하고는 힘들었다. '국민협회' 설립을 노린 점도 있었고 그것과 동시에 새로운 재계 주류를 차지하게 된 대기업 경영자들의 대다수가 논폴리(Nonpolitical: 정치에 무관심한 사람)였다는 것도 큰 요인으로 작용했다.

더욱이 노조공세와 국제 경제마찰이 조금 진정된 데다, 오일쇼크가 발생할 징조도 보이지 않았다. 오직 매출액 증대, 기업 확대를 지향하여 매출만 증가시키면 아무 문제가 되지 않던 시대였다. 원래 사토 정권 측도 말하자면 요시다, 이케다가 부설한 궤도를 신중하게 따라갔던 동안은 재계와 알력도 없었다. 7년 8개월간의 시기를 전전·전후에 유례가 없는 장기 안정정권기라고 말할 수 있다.

일본열도 개조 광상곡, 1972~75

* * *

▌다나카 내각을 탄생시킨 나카야마 소헤이

　　제2차 세계대전 후 최장기집권했던 사토 수상은 엔 절상 소동 후, 오키나와 반환 문제로 인하여 마침내 1972년 7월 사직했다. 뒤를 이어 다나카 내각이 탄생되었다. 경단련 등 경제 4단체는 국민에게 신뢰받는 정치, 거당체제 확립, 신 노선과 정치적 리더십 확립, 국제적 책무의 자각과 분담, 국민적 연대감의 환기 등 다섯 항목의 요망서를 새로운 수상에게 전달했다. 다나카 내각은 국민들 사이에서 정치적 불신이 표면화되고 있는 가운데 내정 및 외교상의 난관을 타개해야 할 임무에 직면하고 있었다.

　　지금까지 재계 입장에서 본다면, 사토 다음은 당연히 후쿠다 다케오가 정권을 잡았어야 했다. 오노 반쿠보, 고노 이치로 등이 이전부터

167

거부반응을 나타낸 다나카 가쿠에이는 아무에게도 안중에 없었다. 어떤 재계인은 "총재선거 직전에 재계의 정치통 몇십 명의 회합에서 투표했더니 다나카 총재는 불과 3표였고, 후쿠다가 절대 다수였다"라고 말했다. 하지만 현실에서 정권을 획득한 것은 후쿠다가 아닌 다나카였다. 이 같은 반전에는 물론 이유가 있었다. 다나카의 배후에는 일본 흥업은행의 은행장인 나카야마 소헤이라는 '보증인'이 재계의 핵심에 자리 잡고 있었다. 나카야마는 일본은행 특별 구제융자와 미·일 섬유 교섭을 처리해내는 다나카의 정치수완을 높이 평가하고 있었다. 더욱이 사토 정권 때, 이미 다나카는 결정적인 신뢰를 얻은 바 있었다.

1971년 봄, 사토 내각은 마지막 단계에서 오키나와 반환 문제를 위해 정신없이 분투하고 있었다. 이윽고 전 세계가 말려들게 되는 폭풍 전야의 조짐이라고 해야 할 사건이 잇따라 일어났다. 그때까지 전 세계의 석유를 완전히 지배하고 있던 오일 메이저(Oil Major)가 차례로 OPEC(석유수출국기구)의 요구를 전면적으로 받아들이고, 메이저의 지배구조가 급속하게 붕괴되었던 것이다. 게다가 그 해 4월, 캐나다의 몬테페로에서 열린 로마클럽의 제2회 총회에서 MIT(매사추세츠 공과대학)그룹이 1970년 현재의 성장률이 지속된다고 가정할 때 '석유 내용(耐用) 연수는 20년뿐'이라는 충격적인 리포트를 발표했다. 세계는 어수선해지고 수요자 위주의 석유시장이 일제히 공급자 위주의 석유시장으로 변했다.

이것은 석유의 99.9%를 해외로부터 수입하는, 더욱이 대부분이 메이저에 의존해오던 일본에게는 중대한 사태였다. 그것을 가장 민감하게 견지한 사람이 나카야마 소헤이 등 이른바 '자원파 재계인'이었다. 그들은 약기하여 메이저에 의존하지 않고 급히 원유 수입망을 확보하기 위한 계획을 수립했다. 그리하여 국제통인 다나카 세이겐(田中淸玄)을 통해 간신히 인도네시아로부터 직접 원유를 수입하기로 약속을 받아냈다. 그러나 사토 수상과 후계자인 후쿠다는 이 같은 제안을 채택하지 않았다. 사토와 후쿠다 콤비는 세계 에너지 상황이 급변하고 있다는 인식이 결여되어 있었다. 또한 원유 수입을 위해서는 3억 달러를 인도네시아에 차관으로 지급하는 교환조건이었기 때문에 그 조정이 번거로웠다.

▮ 재계가 일시에 다나카를 지지

곤란해진 자원파 재계인들은 다나카 통산대신에게 이를 의논했다. 다나카는 조금의 망설임도 없이 외무성과 대장성에 맞서 융자를 결정하여 원유 파이프를 구체화해버렸다. 이 같은 다나카의 결단에 대해 자원파 재계인들은 물론이고, 세계 석유사정의 급변을 숙지하고 있던 관료들까지도 압도적으로 그를 지지하였다. "다나카 씨도 물론 결점은 있다. 그러나 당시는 격동의 시대였고, 난문산적(難問山積)이었다. 이런 시대에 관료 정치가에겐 한계가 있었다. 왜냐하면 관료 정치가라고 하는 것은 정해진 틀 안에서만 일할 뿐이다. 그러나 그 시대는 테두리를 잇따라 부숴나가야만 했다. 결국 다나카 씨밖에 없었다"라고 나카야마는 당시를 회고했다. 즉, 시대가 다나카 가쿠에이를 원했던 것이다. 물론 재력도 있었지만 정계 내에서도 다나카의 추진력에 대해 기대하는 소리가 높아졌다.

사토 내각의 중의원 및 참의원을 합쳐 130여 명 중에 81명의 의원조차 인정하지도 않았던 이단자인 다나카에게로 지지가 몰리면서 다나카가 후계자가 될 확률 역시 높아졌다. 한편 다나카를 싫어한 재계 주류파도 자신들의 발상과 행동과는 상반된 다나카의 혁신적인 사고와 태도를 일단 믿음직스럽게 받아들였다. 그러자 사람들이 일시에 다나카 측으로 모여들었다. 그때까지 나카야마 등 다나카를 지지하는 재계인들이 만든 그룹, '월요회'만으로는 이들을 모두 수용하기 어렵게 되자 새로 '유신회'가 발족되었다.

그 핵심 멤버는 우에무라 고고로(경단련 회장), 나가노 시게오(일상 회장), 기가와타 가즈타카(경제동우회 대표간사), 사쿠라다 다케시(일경련 대표상임이사), 타미 쇼조(미쓰비시은행 회장), 이와사 요시자네(후지은행 회장), 홋타 쇼조(스미토모은행 회장), 도코 토시오(도시바 회장), 이나야마 요시히로(신일철 사장), 미나카미 타쓰조(미쓰이물산 상담역) 등 재계 올스타들로 구성돼 있었다. "재계는 누구에게 정권을 맡기는 것이 아니라, 정권을 맡은 사람에게 향한다. 요컨대 만년 여당적인 체질을 가지고 있는 것이다"라는 비판이 평론가들로부터 나올 정도였다. 이전에 다나카는 측근 비서들에게 "내가 정권을 잡게 되면, 그자들이 우르르 달려와서 머리를 숙이며 잘 봐달라고 다투어 헌금할 것이다"라고 장담한 바 있었다. 바야흐로 그 예측이 눈앞으로 다가온 것이다.

사토 수상은 최후까지 다나카의 정권 획득을 저지하려고 도모하였다. 나카소네 야스히로(中曾根康弘)에게 자금을 보장하여 입후보시키고 다나카를 내동댕이치려는 책략을 꾀했지만 결국 실패하였다. 재계 주류의 총의를 얻지 못했을 뿐 아니라, 나카소네 자신도 그 제안을 받아들이지 않았다. 그런 사토 수상을 위해 총대를 맨 사람이 고바야시 나카카였다. 그러나 고바야시가 움직였음에도 불구하고 무위로 끝난 사실은 재계 사천왕의 시대가 쇠퇴하고 있음을 의미했다.

1972년 7월 5일 동경의 히비야 공회당에서 열린 자민당 임시 당대회에서 다나카는 후쿠다 다케오를 물리치고, 제6대 총재가 되었다. 제1차 투표에서는 다나카 156표, 후쿠다 150표, 오히라 마사요시 101표, 미키 다케오가 69표를 얻었다. 결선 제2차 투표에서는 다나카가 오히라를 끌어들여 230표를 획득하며 후쿠다의 190표를 크게 앞질렀다. 이때 다나카는 54세였다. 초등학교를 졸업하고 16세 때 동경으로 돈 벌러 온 한 남자가 재상이 된 입지전적인 인간승리의 순간이었다.

▌실업가 다나카의 프로필

　　다나카와 나카야마 소헤이와의 만남은 상당히 오래전으로 거슬러 올라간다. 전후가 얼마 안 된 1951년, 일본개발은행의 이사였던 나카야마에게 다나카가 나가오카(長岡)철도 건설을 위한 융자 의뢰를 하러 온 것이다. 다나카는 30세쯤 되던 1947년, 고향인 니가타(新潟)에서 중의원으로 출마하여 당선한 기예의 젊은 정치가였다.

　　당시 일본개발은행은 일본경제의 부흥과 성장을 책임지는 정책금융기관으로 절대적인 권력을 가지고 있었다. 초대 총재에는 재계의 실력자 고바야시가 취임했다. 흥업은행 상무로 있던 나카야마는 고바야시의 요청으로 재빨리 일본개발은행에 창립 멤버로 입사한 것이었다. 일본개발은행에는 정치가에 얽힌 융자가 많았는데, 고바야시는 근거 없는 융자에는 응하지 않았다. 특히 중요한 심사안건에 있어서만은 꼭 나카야마의 의견을 구했다. 나가오카철도에 관한 융자권에 대해 나카야마는 철도사업은 일본개발은행 융자의 대상이 되지 않는다고 분명히 밝혔다. 이에 다나카는 융자 대상이었던 자갈수취사업으로 사업명을 변경하여 재차 나카야마에게 융자를 부탁했다. 결국 나카야마는 일본개발은행뿐만이 아닌 일본 흥업은행 권한의 융자착수를 조건으로 다나카의 신청을 승낙했다.

　　일본흥업은행에서는 나카야마의 의뢰에 따라 당시 상무로 있던 우에무라가 다나카의 사업경력과 신용 등을 조사했다. 또한 다나카와 친분이 있는 리겐전선(理研電線)의 사장으로부터 여러 가지 이야기를 들었다. 전쟁 중, 조선에서 리겐전선(理研電線)

다나카 가쿠에이(1918~1993)

이 발주한 공장 건설을 청부받은 다나카는 전쟁이 끝나자 부하직원들을 끝까지 보살피고 자신은 가장 마지막에 귀국했으며, 또 다나카는 한 번도 누구에게 폐를 끼친 적이 없었다는 이야기 등이었다. 우에무라는 나가오카철도를 위한 융자를 승낙했다.

한편, 간교은행(勸業銀行)은 다나카의 의뢰에 난색을 표하고 좀처럼 응하지 않았다. 다나카는 발빠르게 간교은행의 실력자 요코타 다카시(橫田郁)에게 가서, 그의 부친 요코타 센노스케(橫田千乃助)와 얽힌 사연을 거리낌없이 이야기하고 마침내 요코타의 승낙을 얻어냈다. 나카야마에 의하면, 다나카가 최초로 사귄 재계인은 미쓰이물산의 미나카미 타쓰조(水上達三)였다. 이 미나카미의 장인은 다카사키(高崎)에서 건설회사를 경영하고 있었다. 니가타(新潟)에서 온 다나카가 동경에서 처음으로 몸담은 곳이 이 건설회사였다. 이때 그는 미나카미의 장인에게 귀여움을 받았다. 타고난 재간과 대인관계로 충성을 다하고 사업을 확장시킨 것이다. 미나카미의 장인이 죽었을 때, 다나카는 시신에 달려들어 큰 소리를 내며 울었다 한다. 이윽고 정계에서 실력을 발휘한 다나카는 30대에 우정상(郵政相)에 취임한 후 이어 대신을 3회 역임했고, 통산상·자민당 간사장 등을 역임했다.

시골에서 태어나 중앙공학교(中央工學校) 졸업의 학력으로 정치가와 사업가로서 갖은 고초를 겪은 끝에 성공한 다나카는 원래 재계 엘리트들과는 인연이 없었다. 하지만 경제각료의 포스트를 경험함에 따라 재계와의 끈이 점점 많아졌다. 우정상 때는 전파행정을 장악하고 방송계에서도 권위가 있어, 국민에게 절대 영향력을 행사했다. 그러나 방송경영자들은 결코 재계 주류에 위치하는 것이 아니었기 때문에, 다나카와 재계 주류와의 관계는 그다지 깊지 않았다. 하지만 대장대신과 통산대신을 역임함에 따라, 다나카는 급속하게 재계주류에 접근했다. 대장대신(藏相) 당시, 야마이치 증권의 일본은행 특별 구제융자로 실력을 발휘한 다나카의 결단력과 추진력은 나카야마를 비롯하여 우사미 일본은행 총재 등 금융계의 실력자들에게 높이 평가됨으로써 재계에 인지도를 구축해갔다.

▌다나카에 대한 재계의 상반된 평가

다나카를 탐탁해하지 않은 점도 있지만, 인간성이 풍부한 점 때문에 나카야마 등은 다나카를 마음에 들어 했다. 나카야마도 다나카라는 인간으로부터 일종의 경계심을 느끼지 않았던 것은 아니다. 그럼에도 불구하고 나카야마는 다나카를 폭넓게 이해하고 협력하며 지지해왔던 것이다. 또한 다나카 정권 동안에 경단련 회장인 도코 토시오도 다나카의 추진력을 높이 평가했다. 그러나 같은 경단련의 회장인 이시자카 타이잔과 우에무라 고고로는 다나카에게 경계심을 가지고 있었다.

이시자카는 근본부터가 자유주의 경제인으로 재계의 인간이 정치에 관여한다든지, 또한 정치가에게 번번이 드나드는 것은 원래부터 그다지 좋아하지 않았다. 우에무라도 관료 출신의 우등생으로 사무적인 남자였기 때문에 다나카에게 본능적으로 경계심을 품고 있었다. 경제동우회의 대표간사를 오랫동안 역임해온 동경전력 회장인 기가와타 가즈타카도 다나카에 대해서는 일종의 거리감을 두고 있었다. 재계의 양심이라고 알려진 기가와타는 다나카에게 위화감마저 느끼는 것 같았다. 다나카도 기가와타보다 후계자인 히라이와 가이시(平岩外四)를 높이 평가했다. 나카야마(中山)와 기가와타(木川田)는 서로 손을 잡고 일본 재계를 주도해온 양심파였다.

그러나 인간적인 면에서 두 사람은 상당히 차이가 있었다. 나카야마는 원래 신중하고 보수적인 사람이나, 여러 계통의 사람들과 사귀며 은행가답지 않은 은행가로서 행동해왔다. 다나카 세이겐과의 교우

관계 등이 그 한 예이다. 중근동(中近東)의 에너지원 확보를 위해 나카야마는 다나카 세이겐의 능력을 활용하는 데 거리낄 것이 없었다. 나카야마의 이와 같은 파천황(破天荒)적인 인물 교류는 그가 깊이 사숙한 전흥은(前興銀)의 은행장인 가와카미 코이치(河上弘一)로부터 배운 것이었다. 가와카미는 포용력이 넓고 부하를 아끼는 사람으로 신뢰하는 부하는 "이 사람은 나의 양팔이다"라고 남들에게 소개하곤 했다. 기가와타도 위대한 실력과 경영자로서, 1분 정도 복도에서 선 채로 상담하여 수억 엔의 기부금을 단숨에 결정했다. 그러나 보통의 실세 경영자들과 달리 사생활에 있어서는 청탁에 휩쓸리는 일이 없었다. 나카야마와 친한 다나카 세이겐과도 가까워지려 하지 않았다.

그럼에도 불구하고 국민들은 다나카 내각에 높은 지지를 표했다. 다나카의 인기는 절정에 달했다. 오랫동안 지속해 온 사토류의 '기다리는 정치'에 지친 민심은 서민적이고 민첩한 결단력과 추진력을 겸비한 젊은 재상에게 큰 기대를 한 것이다.

▌국교회복에 성공한 다나카

다나카는 수상이 된 후 얼마 지나지 않아 외무대신인 오히라 마사요시와 동행하여 하와이에서 열린 미·일 수뇌회담에 참가했다. 미국 측에서는 닉슨 대통령과 로저스 국무장관, 키신저 보좌관 등이 참가했다. 회담은 오아후 섬의 북쪽 끝에 위치한 조용한 호텔에서 진행됐다. 다나카는 무엇보다 미·일 안보체제를 견지하도록 미국과 약속하는 것과 함께, 성패는 알 수 없지만 일·중 국교정상화에 대해 미국 측의 의견을 물었다. 미국은 안보체제에 대해서는 많은 이야기를 했지만, 후자인 일·중 국교회복 문제에 관해서는 "성공을 빈다"라는 말뿐이었다. 다나카와 오히라의 걱정은 일본이 미·일 안보조약을 견지

일·중 국교회복 | 중국과의 국교회복을 중요과제로 삼은 다나카 수상이 중국을 방문
하여 환영만찬에 참석하고 있다

하는 이상, 중국이 과연 국교정상화에 응해줄 것인가 하는 점이었다.
중국은 그때까지 미·일 안보체제에 시종일관 비판적인 의사를 여러
차례 표시해왔다.

　하지만 중국은 미일회담 후에 발표된 공동성명에 대해 각별한 반
응을 나타내지 않았다. 다나카는 그 미·일 안보조약을 골자로 한 샌
프란시스코체제를 중국 측이 문제삼지 않는 이때야말로 다년간의 현
안이던 일·중 국교정상화 문제를 해결할 시점이라고 생각했다. 1972
년 9월 25일 다나카는 북경으로 갔다. 중국 측도 현실적 이해를 표시
하면서 정상화 교섭은 생각보다 순조롭게 진행되었다. 그리고 마침내
9월 29일, 역사적인 일·중 공동성명이 합의되었다. 일·중 국교회복
이야말로 다나카 내각의 가장 큰 성과였다. 이후 다나카가 록히드사
건에 연루되어 실각한 후에도 중국 측은 "우물물을 마실 때에는 우물
을 판 사람을 잊어서는 안 된다"라는 말로 다나카에 대한 찬사를 아

끼지 않았다.

▌일본열도개조계획이 인플레이션에 박차를 가하다

내정에 있어서는 경제와 정치면에서 왜곡을 시정하고 국민의 신뢰를 회복하는 것이 최대의 과제였다. 이를 위한 핵심정책이 일본열도개조론이다. 열도개조론은 사토 내각시대에 책정되었다. 신전국종합개발계획은 토털 시스템으로 인구의 과밀화·과소화, 그로 인한 환경공해 등을 해소하고자 했다. 태평양 벨트지대에 집중해 있는 공장을 지방으로 분산하고, 교통 통신의 네트워크를 연결하여 지방 신도시를 정비하려는 것이었다. 아울러 심각한 공해 문제의 해결을 도모하려고 했다. 이런 구상에 따라 각 부청은 먼저 개조정책을 제안하였다.

1972년도에는 공장의 지방 이전을 촉진하기 위한 공장재배치법이 개시되고, 그 전제로 지역지정도 결정되었다. 그리고 마침내 1973년도 예산안은 열도개조정책에 초점이 맞춰졌다. 그 결과 골격이 되는 도로, 국철 신칸센(新幹線)을 중심으로 일반회계가 전년도 당초 예산에 비해 24.6%로 증가하고 재정역융자도 28.3%나 증가했다. 공공투자를 바탕으로 일본의 고도성장을 재생시키고 엔의 재절상과 경제마찰을 회피하려는 정책의도가 여기에 내포되어 있었다.

하지만 열도개조론이 발표된 이래 치열한 찬반양론이 벌어지고 있었다. 사회당과 공명당은 "열도개조 정책은 지금까지의 경제성장노선을 기반에 둔 산업 우선의 사고방식으로, 지가상승 등 인플레이션을 촉진시키고 지방자치의 원칙 또한 무시하고 있다"라며 비판하였다. 경단련도 공업 재배치에 있어서는 "재정대책만이 선행되고 기업에 일방적으로 세 부담이 증가하며, 강제성을 띠고 있다"라고 비판했다. 사실 열도개조론이 발표됨에 따라 지가의 상승, 일반물가의 상승, 또한 환경 문제가 심각한 양상을 띠게 된 것은 부정할 수 없었다. 현실과 큰 차이가 생겨난 것이다.

엔 절상 이후에 국내 경기가 급격하게 회복되고 있는 중에 재정예산편성이 특별한 기준 없이 책정되어 심각해졌다. 이 때문에 엔 절상 당시로부터 무역흑자와 금융 완화체계에 있는 과잉 유동성이 상승 유인이 되어 인플레이션이 굉장한 기세로 진행되었다. 그리고 급격히 부상된 열도개조 열기에 의한 토지 폭등을 비롯하여 상품의 투기 경향이 짙어지고 저량(stock)과 유량(flow)의 양면 인플레이션 때문에 열도개조 정책의 계획은 당초부터 실패를 거듭하고 있었다. 게다가 결정적으로 제동을 건 것은 제1차 오일쇼크였다. 이러한 가운데 많은 열도개조 관계 법안이 야당의 저항에 의하여 부딪히고 그중에서도 국토종합개발 법안과 그 담당 관청을 설치하기 위한 국토종합개발청 설치법안은 국회에서 부결되었다.

▌제1차 오일쇼크

국민은 경제, 특히 물가와 경기에 대해 가장 민감한 반응을 보였다. 물가의 급상승과 함께 다나카의 인기는 급락하여, 1972년 8월에는 62%(부지지율 10%)였던 지지율(『아사히신문』)이 1973년 5월에는 단숨에 27%로 떨어져 역으로 부지지율이 44%가 되었다. 원래 다나카는 '컴퓨터부착 불도저' 답게 특유의 직감과 뛰어난 에너지로 역경을 돌파하려고 하였다. 1973년 9월 말부터 유럽과 소련연방을 순회한 것도 외교 면에서의 실패를 만회하기 위한 것이었다.

소련 방문의 주된 목적은 프랑스가 가진 니젤의 우란광, 영국의 북해 유전, 그리고 소련의 추메니유전의 공동개발 등 자원루트의 확립이었다. 물론 나카야마 소헤이 등 자원파 재계인들이 이를 배후조

종하고 있었다. 하지만 10월 6일 다나카 일행이 서독에서 모스크바로 향하는 도중에 제4차 중동전쟁이 발발했다. 귀국 후 다나카는 자원외교의 성과와 그 장대한 에너지의 자립구상을 통해 또 한 번 붐을 불러 일으키고자 했으나, 마치 다나카의 귀국을 기다린 듯이 OAPEC(아랍 석유수출국기구)가 석유전략의 발동을 발표했다. 이스라엘이 아랍영토에서 철퇴할 때까지 산유량을 계속해서 삭감한다고 선언하고 이를 즉시 실시한 것이다. 이것이 이른바 제1차 오일쇼크였다. 여기에는 국제적인 배경이 있었다.

닉슨 달러 쇼크와 국제통화의 대파란은 마침내 자유세계의 인플레이션을 초래했다. 다년에 걸친 미국 달러의 과도한 대외 유출은 결국 국제적 인플레이션의 원인이 되었다. 더욱이 세계의 곡물생산은 극도의 흉작으로 식료품 가격은 큰 폭의 상승을 기록했다. 또한 서방 측의 석유대금결제는 모든 것이 달러로 대체되는 관행이 자리 잡았다. 가치평가가 눈에 띄게 줄어든 달러를 앞에 두고, 결속력을 강화시킨 OAPEC 산하 모든 나라가 얌전하게 바라만 보고 있을 수는 없는 일이었다. 이리하여 제4차 중동전쟁의 발발(1973년 10월)을 이용한 산유국의 석유전략에 의해서 석유가격은 이상 폭등했고 전 세계는 격동의 시대를 맞이했다.

중동에서 전년도 처음으로 배럴당 2.6달러였던 원유 가격은 제1차 석유위기에서 5.2달러로 뛰어오르고 게다가 연초에는 11.7달러로 급등했다. 당시 일본으로서는 필요한 원유의 99.7%를 수입에 의존하고, 또한 위기관리능력이 완전히 결여되어 있었다. 때문에 일본으로서는 치명적인 타격이었다. 다나카가 계획했던 장대한 에너지 자립구상은 어이없게 오일 패닉으로 무참하게 끝났다. 물론 OAPEC의 석유전략은 전 세계를 대상으로 발동된 것이지만, 앞서도 말한 바와 같이 일본은 석유의 99.9%(그중 80%를 중동에 의존)를 수입하고 있었다. 일본에 있어 '유상누각(油上樓閣)'의 사태는 심각해져 중동전쟁 발발은 동경중시의 주가(다우 평균)가 4,600억 엔대에서 11월 하순에는 4,200억 엔대로 하락하는 원인이 되었다. 게다가 석유수입 전망이 어두워지고 가격이 1973년 10월부터 불과 3개월 만에 약 4배로 뛰어올랐다. 이는 일본열도의 인플레이션을 더욱더 부채질하여 물가는 미친 듯이 올라갔다.

1974년도 도매물가 상승률은 23.4%였다. 사토 내각 7년 8개월 동안에 약 10%밖에 오르지 않았던 물가가 다나카 내각에서는 불과 2년 반 만에 약 47%로 폭등하였다. 게다가 이케다·사토 내각시대에는 평균 10%의 고도성장을 해온 데 비해 1974년에는 마이너스 0.2%를 기록했다. 이러한 와중에 기업의 매석, 편승치(便乘値) 인상 등이 매스컴에서 크게 보도되었다. 그때마다 국민협의가 자민당에 주는 정치헌금이 전년도의 2배 이상(약 180억 엔)으로 증가된 것이 분명해졌다. 결국 야당, 시민운동, 그리고 매스컴의 공격 표적은 정치헌금으로 인한 재계와 자민당의 유착에 고정되었다.

▌전후 최초의 마이너스 성장

다나카 내각은 경제개발에 의해 국민의 지지를 회복하려는 정책전환을 할 수밖에 없었다. 하지만 성장노선이 폐기되어 1973년 11월 내각 개조는 사실상 안정성장론자인 행정관리청 장관 후쿠다 다케오가 대장대신이 되었다. 게다가 경제정책 면에서는 일단 열도개조정책이 슬로다운되자 총수요억제책이 채택되었다. 이 수요억제책은 광란물가를 진정시키기 위하여 2년에 걸쳐 금융재정 양면에서 엄중한 수요억제가 실시되었다. 광공업 생산지수는 1973년 말부터 1975년 초에 걸쳐 18%나 하락했다. 그리고 1974년 실질 GNP도 -1.4%로 떨어졌고, 전후 한 시대를 장식했던 고도경제성장은 종결되었다.

구조불황 ┃ 석유위기 후의 불황으로 생산과 잉이 심각해진 화학비료·방적·조선 등은 구조불황업종으로 지정되어 대책을 강구 해야 했다. 특히 방적은 기계를 부숴가면 서까지 수급 균형의 회복을 찾기 위해 많 은 노력을 기울였다

1975년도 법인기업의 총 자본 이익률은 1%대로 떨 어지고 상장 제조회사 중 두 회사 가운데 한 회사는 적자라고 말할 정도로 경영 타산이 악화되어 전후 가장 심각한 대불황이었다. 그 원 인은 ① 광란물가의 배후에 있던 가수요가 심한 긴축정 책에 의하여 급격하게 삭감 된 것, ② 고도성장에서 연 율 10% 이상 증가해온 설비 공급력이 성장과 총수요의 일대굴절에 의해 많은 과잉 설비가 생겨나고, 저량과 유 량 조정에 의한 설비투자 수 요의 중기적 침체를 유발 한 것, ③ 석유가격 상승에 따른 소득과 구매력이 해외로 이전되었기 때문에 국내의 구매력과 성 장력이 감퇴된 것 등 복합적 디플레이 작용이 있었다. 그러한 중에 기업은 비용경감을 위한 감량경영에 힘쓰고 춘계 투쟁 임금율도 1974 년의 33% 이후 1980년 전후에는 몇 퍼센트밖에 되지 않았다. 또한 기업은 국가의 석유에너지 정책에 대항하며 기술과 품질관리와 합리 화에 지혜를 짜냈다.

금권선거와 재계와의 알력

이 시기의 경제와 정치의 움직임에 대한 국민의 비판은 어느 정도 선거 결과에서 읽을 수 있었다. 1972년 2월 중의원 총선거는 일·중 국교회복을 성취한 다나카 내각의 신임을 묻는 의미와 함께 열도개조가 하나의 쟁점이 되었다. 선거 결과는 자민·공명·민사당이 후퇴한 반면 사회·공산당이 약진한 것으로 나타났다. 자민당의 후퇴에 의한 보혁 접근의 징후가 느껴지는 결과였다. 그 경향은 1974년 7월의 참의원 선거에서 밝혀지게 되었다. 이 선거는 인플레이션 물가가 중심적인 쟁점이었다. 결과는 보·혁의 의석차 7이라는 보·혁 백중으로 되었지만 이 선거를 계기로 정국의 혼란이 심각해지고 그것이 정권교체로 전개되었다. 이 과정에서 '금권선거'와 기업의 선거개입이 문제가 되어 선거제도와 정치자금의 상황이 점점 더 심각하게 추궁받게 되었다.

재계 총리로 알려진, 경단련 회장 취임이 내정된 도코의 제일격이 바로 정치헌금의 반환이었다. 참의원 선거를 앞둔 1974년 4월 19일, 도코는 기자회견에서 정치자금 문제에 대한 의문을 제기했다. "당원과 지지자를 기반으로 해야 할 자민당이 기업을 기반으로 하는 것은 이상한 일이다. 경영자도 자민당을 지지하고 싶다면 개인 자격으로 국민협회에 입당해야 할 것이다. 대체로 경영단이 정치자금의 모금 역할을 대행하는 점에 있어 오해를 받을 소지가 있다. 하루빨리 어떤 형태로든지 시정되길 바란다" 또한 "경단련은 국민헌금의 사업적 작업(업계의 할당)에서 일체 손을 뗀다"라는 폭탄선언까지 덧붙였다.

도코 발언이 말 그대로 실현된다면 사실상 정계로의 자금은 막히고 사회도 기업도 격변할 것이기 때문이다. 실제로 국민협회 자체에는 자금조달 기능은 없고, 실제 작업은 모두 경단련의 사무국이 실행해왔다.

재계와 정계의 유착관계가 확대되던 중, 이치가와 후사에(市川房枝) 참의원을 중심으로 하는 소비자운동 그룹이 참의원 선거 전에 '깨끗한 선거'를 호소했다. 광란물가를 야기시킨 다나카 내각과 편승치 인상 등으로 치달은 산업계, 기업 간의 정경유착이야말로 모든 악의 근원이 된다는 풍조가 국민 사이에 점점 더 깊어졌다.

도코의 발언은 이런 기업비판을 솔직하게 받아들이고 종래의 자세와 하나의 선을 긋는 방향으로 명확하게 내세워졌다. 더욱이 이 발언에 호응하는 기가와타 가즈타카도 "국민협회 그 자체를 근본적으로 개혁하여 정·경 간의 유착체질을 바로 해야 할 것이다"라고 주장하며 참의원 선거에 돌입했다. 한편 다나카는 이에 지지 않기 위해 헬리콥터를 타고 전국을 도는 등 필사적이었다. 6월 28일 도코는 "모든 기업이 선거 전에 깊이 관여하는 것은 좋지 않다. 기업은 정치와 밀착해서는 안 된다"라고 재차 강조했다.

▌정계와 재계를 연결한 하나무라(花村) 리스트

정계와 재계를 잇는 가장 굵은 파이프인 정치헌금의 역사를 돌이켜 보자. 전후 재계 헌금의 역사는 대략 3시기로 구분할 수 있다. 제1기는 이른바 헌금 전국시대이다. 이것은 재계인, 기업, 또는 업계가 개인적으로 맺어지기 위하여 혹은 특정의 목적 실현을 위하여 헌금을 행하는 것이 많았던 시기이다. 이 시기의 정치헌금은 매번 수뢰(受賂) 사건으로 발전하는 사례가 많았다.

그 전형적인 예가 1954년 1월에 표면화된 조선의혹사건이었다. 이것은 전후 일본 해운업을 재건하기 위하여 '계획조선'에 의한 선박 회사에의 선박 배당과 그 선박 건조자금에 필요한 이자를 지원하기 위하여 '이자 지원법'을 둘러싸고 발생한 전후 최대의 수뢰사건이다.

정·재·관(政·財·官)의 관계자가 차례로 체포되었다. 이시가와지마(石川島)중공업 사장이었던 도코도 거액의 헌금과 관련되어 체포되었다. 도코는 경단련 회장이 되어 "정치가와 밀실에서 만나서는 안 된다. 정치가에게 할 말이 있으면 대낮에 그리고 당당하게 정면에서 대면하라"고 입버릇처럼 말했다. 이것은 조선 의혹의 경험에서 얻은 교훈인 것이다.

도코가 경단련 회장 취임 때에 경단련의 정치헌금 사무 취급의 반환을 선언하였을 때도 아마 조선 의혹의 쓴 추억이 스친 것은 아니었을까. 자유당 간사장이었던 사토 에이사쿠에게까지 체포의 손이 뻗치기 직전, 이누카이 법무대신에 의한 지휘권 발동으로 체포는 취소되었지만 이 일을 계기로 재계에 정치헌금의 정화와 창구의 일원화를 요구하는 소리가 높아졌다. 정치헌금인지 증회(贈賄)인지 구별되지 않는 '재계의 끈'을 중지하려고 한 것이었다.

그 결과 1955년 1월, 재계의 손에 의하여 '경제재건간담회'가 설립되었다. 보수합동 때에도 서술한 바와 같이 창구의 일원화는 자금 면에서는 보수합동을 재촉하는 의미도 내포되어 있었다. 그 설립 취지는 다음과 같았다. "종래는 각 회사와 개인이 직접 정당에 자금을 헌금했기 때문에 의혹을 초래할 우려도 있었다. 따라서 '경제재건간담회'를 창설하고 각 회사 및 개인이 정당에 기부하고 싶은 자금을 이 기구에 기부하여 이 기구의 책임하에 사업 및 단체에 기부하는 구조를 만들고 싶다."

동회(同會)를 태어나게 한 경단련 부회장의 우에무라 고고로가 대표 간사 중 하나로 취임하여 운영 책임을 맡은 경단련의 총무부장인 하나무라 니하치로와 함께 경단련 헌금의 콤비로 활약하기 시작했다. 하나무라가 헌금 모금에 직접 뛰어다닌 반면, 우에무라는 세세한 것을 지시하기보다 어느 기업에서 얼마의 금액을 받을 것인가, 연구해볼 것을 하나무라에게 지시했다. 그 결과 완성된 것이 소위 '하나무라 리스트'라는 정치헌금 배당표였다.

▌자유경제체제의 보험료

'하나무라 리스트'는 기본적으로는 회사 자본금, 자기자본, 이익, 당면 예상이익 등을 기준으로 30에서 40으로 세밀하게 분류되어 작성되었다. 1993년 경단련이 알선을 중단할 때까지, 이 리스트를 기초로 한 정치헌금 모금은 계속되었다. 그러나 기업에의 할당은 간단하지 않았다.

기업에는 기업의 역사라는 것이 있어 가령 전전부터 정치헌금을 행해왔던 미쓰이와 미쓰비시 같은 기업의 경우에는, 자본금과 이익의 차이가 있다 해도 기부하는 헌금은 동일했다. 또한 각 사별 헌금과는 달리 업종단체가 합하여 모으는 구조도 있었다. 철강, 은행, 자동차, 가전 등은 이런 방법을 취해왔다. 기업의 클레임이 걸리지 않고도 정치헌금을 내게 하기 위해서는 정치헌금 배분밖에 없었다. 마침내 정치자금을 위한 헌금의 활동을 시작했을 무렵, 하나무라는 자기 자신에게 이렇게 말했다고 한다. "그러니 헌금할당을 정함에 있어서 회사 사정, 업계 사정을 연구해야 했고 또한 경기 흐름, 이에 따르는 이익 전망 등 세무계산보다 더 큰 작업이었던 것 같다."

실제로 정치헌금을 요청하면 자유경제체제를 견지하기 위한 보험료로서 요청하는 것이 유일한 근거였다. 그러나 때로는 경기악화를 이유로 헌금은 정말 무리라고 거절하는 기업가도 있었다. 그럴 때에는 "호황 불황은 실업계의 숙명입니다. 이익이 증가해도 헌금을 더 많이 내라고는 하지 않을 테니 경기가 나빠도 자유경제를 지키기 위한다고 생각하길 바랍니다"라고 말하는 것이 마무리 대사였다. 이러한 시행착오 끝에 리스트에 의한 정치헌금이 안정된 것은 '경제재건간담회'를 설립한 뒤 6, 7년이 지난 무렵이었지만, 간담회가 생긴 초년에 모은 금액은 1억 엔을 넘었다고 한다. 그 자금은 보수연합 전의 자유당·개진당의 보수 2당에 주요 배분되었고, 통일 전의 좌우 양 파의 사회당에도 약간 기부되었다. 결국 경제재건간담회는 경단련의 헌금기관이라는 비판을 면치 못했다.

이케다 정권의 발족 이듬해인 1961년 6월 새로운 재단법인 '국민협회'가 창립되었다. 대기업뿐만 아니라 중소기업 등도 포함된 폭넓은 국민헌금 운동조직이었다. 이 국민협회의 규약에는 자민당 고치카이(宏池會)의 마에오 시게사부로, 오히라 마사요시, 미야자와 기이치, 구로카네 야스미 등과 재계에서는 사쿠라다가 합세했다. 그리고 일경련의 전국 조직이 손발이 되어 움직였다. 초대회장에는 패전 직후의 히가시쿠니오, 시데하라 양 내각의 법상을 지낸 이와다 추소가 되었다. 국민협회의 발족과 함께 정치헌금사는 제2기를 맞이하였다.

그러나 국민협회는 1966년에 이와다가 죽고 후임 회장에 상무이사의 무라다 고로[前 군마현(群馬縣) 지사, 내각정보국 차장을 역임]가 되고부터 협회 운영이 잘못되기 시작했다. 사쿠라다는 이를 정치를 모르는 풋내기에게 기업의 헌금할당을 맡겼기 때문이라고 보았다. 그래서 다시 한번 우에무라·하나무라 콤비가 뒷무대에서 분주해지기 시작했다. "좀 지나면 국민협회도 좀처럼 헌금이 모이지 않을 것이다. 결국 우에무라가 맡을 수밖에 없다. 그러니까 숨어서 교섭해두면 나중에 국민협회의 사무원이 한 것으로 처리하면 된다"라고 하나무라가 증언했다. 그러나 국민협회도 그 전신인 경제재건간담회와 같이 정재계의 유착이라는 비판을 받게 되었다. 그 정점이 된 때가 다나카 가쿠에이 수상이 맡게 된 1974년 7월의 참의원 선거 때였다.

▌'파벌을 해소하지 않으면 헌금하지 않겠다'

선거 결과와 그 후 재계의 움직임으로 돌아가 보자. 결국 다나카가 기사회생하려는 비장의 결심은 참의원 선거에서 전보다 9석이 줄어들어 패배로 끝났다. 보·혁 백중(保革伯中)(7석 차이)이 되었던 것이다. 그리고 패배가 판명된 3일 후인 7월 12일에 다나카 세이지(田中政治)에 동조할 수 없다며 부총리인 미키 다케오가 사임하고 그 뒤를 이어 16일, 후쿠다 장관과 후쿠다와 다나카의 연결역이었던 호리 시게루 행관청 장관도 퇴임했다. 다나카 내각은 이른바 양 날개와 중요한 제어장치를 한 번에 잃어버린 것이었다. 게다가 장관직을 내던진 미키와 후쿠다는 노골적으로 다나카를 비판하기 시작하였다. 이와 관련하여 재계는 이 선거에 260억 엔의 자금을 썼다. 이 무렵은 아직 정치자금이 무제한이었기 때문에 재계는 우선 100억 엔을 자민당에 헌금했는데 다나카가 "매우 부족하다. 더 증액하길 바란다"라고 하나무라에게 전화를 걸어 직접 추가자금을 요청하였다. 그 후 다나카파의 투표일 직전까지 자민당 재무위원장이던 니시무라 에이이치가 다나카의 대리로서 면회 와서 무슨 수를 써서라도 200억 엔을 만들어주길 바란다며 머리를 숙였다고 한다. 경단련 회장이 아직 우에무라일 때였다.

하나무라는 우에무라에게 부탁하여 대기업과 업종단체의 톱 7, 8명을 소집하고 "보혁역전의 위기입니다. 자유경제를 사수하기 위해서는 선거자금을 기부할 수밖에 없습니다. 선거에 지고 나서 정치자금을 기부해도 아무 소용이 없습니다"라고 우에무라 회장이 직접 설득했다. 그 결과 부족하나마 160억 엔이 모아졌다. 다나카는 합계 260억 엔을 선거에 뿌렸던 것이다.

8월 8일 경단련의 도코 회장이 수상 관저를 방문하여 다나카에게 직접 예고된 대로 경단련은 정치헌금을 업계에 할당하는 사무를 중지한다고 통고했다. 4일 후의 기자회견에서도 "경단련은 국민협회의 헌금을 일체 중단한다"라고 거듭 밝혔다. 게다가 자민당의 파벌해소를 강조하고 "앞으로도 은밀히 파벌에 헌금하는 기업이 있으면 우리는 동료로 간주하지 않겠다"라고 차갑게 선언했다. 도코는 결국 기업 또는 경영자가 정치헌금하는 것은 자유지만, 사실상 자민당의 정치자금 조달기관으로 있는 국민협회가 직접 모금해야 하되 경단련이 이를 대행하는 것은 위반이라고 규정한 것이다.

도코 개인의 청렴결백한 생활모습도 국민의 호감을 불러일으켰다. 요코하마시(横浜市) 쓰루미구(鶴見區)의 주택은 검소하고 가정부도 없다. 음식은 건어물을 좋아하며 생활비는 월 10만 엔 정도에 재계인들이 자주 갖는 저녁 술자리도 싫어했다. 이런 도코의 일상생활에 경단련의 헌금금지 발언도 겹쳐져 세상이 도코를 보는 눈이 달라지기 시작했다. 도코 회견 다음날인 13일 기가와타가 "동경전력은 금후 일체 정치헌금을 중단하고 국민협회도 탈퇴한다"라고 선언했다. 이치가와 후사와 등이 공익사업인 전력회사가 정치헌금하는 것을 반대하며 재판을 서둘러 준비했다. 동경전력의 비장한 결단은 도코 발언이 그 뒷받침을 했다. 기가와타 선언의 충격은 강렬했다. 전력 9사, 가스거래소 등이 잇따라 정치헌금 중지를 결정하고 사유전철회사 등 공공성을 띤 기업은 마치 눈사태가 일어난 것처럼 자민당의 정치자금 파이프를 막아버렸다. 눈사태 현상을 격화시키려는 듯, 23일 도코 회장은 자민당이 파벌을 해소하지 않으면 정치헌금은 하지 않겠다고 선언했다. 게다가 후쿠다, 미키가 확실히 반(反)다나카가 되었다. 한창 적극적인 활동을 전개하고 있는 중에 파벌해소를 하는 것은 다나카 정권에게 있어서는 무리였다. 결국 "자민당이 파벌을 해소하지 않으면 정치헌금은 하지 않는다"라는 선언은 요컨대 다나카에게 그만둘 것을 강력히 시사하는 것이었다. 그리하여 다나카는 정치적으로 고립되고 재계에서는 정치자금을 중단하기에 이르렀다. 다나카의 후견이었던 나카야마 소헤이도 마침내 "다나카는 사임해야 한다"고 경제지에서 발언하기 시작했다. 그리고 고립무원(孤立無援)과 실각(失脚) 등이 불가피하게 된 다나카에게 월간지 문예춘추의 금맥 리포트가 재차 타격을 가함으로써 다나카는 마침내 정권에서 손을 떼게 되었다.

▌록히드사건과 정상(政商)

'금태각(今太閤: 도요토미 히데요시에 비유해 입지전적으로 출세했음을 비유)'이라고 찬양받으며 등장한 다나카 가쿠에이 수상은 퇴진 때에는 매스컴으로부터 십자포화를 받고 탈진상태였다. 얼마 후 다나카는 차기의 미키 다케오 내각 때, '총리대신의 범죄'라고 일컬어진 록히드사건으로 체포되었다. 결국 뇌물혐의로 2심유죄 판결을 받고 최고재판에서 법적 투쟁 중에 형사 피고인인 채로 타계했다. 그리고 록히드사건에도 이름이 올랐다.

정상(政商) 오사노 켄지(小佐野 賢治)는 국제흥업그룹의 회장으로서 사업을 확대시키고 제국호텔까지 수중에 넣게 되었지만 실은 다나카가 정권을 잡을 때에 큰 공헌을 하였다.

오사노는 1917년 2월 야마나시현 히가시야마나시군 호슈무라(山梨縣 東山梨郡 鷲村: 現 勝沼)에서 태어났다. 다나카 가쿠에이보다 한 살 위였다. 역시 초등학교를 졸업하자마자 곧 상경하여 혼자 힘으로 성공한 것은 다나카와 같다. 오사노가 다나카와 처음으로 만난 것은 전후 얼마 지나지 않은 1947년 봄이었다. 마사키 료[히로시마(廣島) 공소원검사장]에 의해 이들의 만남이 이루어졌다. 당시 다나카는 중의원 1년생, 오사노는 벌써 국제흥업의 전신인 국제상사 사장이었다. 국제상사는 동경의 야에스(八重洲) 거리에 본사가 있었다. 오사노의 회상에 의하면 "그때 선생님(마사키)은 우리들에게 '오사노 씨는 사업

가로서, 다나카 씨는 정치가
로서 함께 한 길을 걸어가
게. 서로 같은 경우니까 마
침 잘됐어. 손을 잡고 잘 의
논해서 나아가게'라고 격려
해주었다"고 말했다.

이때부터 두 사람은 문
경지우의 사이가 되었다. 두
사람의 관계가 노출된 최초
의 일은 1964년에 경영부진
으로 다나카가 힘들어 하던
일본전건(日本電建)을 오사노
가 인수하면서부터였다. 즉
액면 50엔의 주식을 160엔
으로 사들이고 다나카에게

다나카 전 수상은 1977년 1월 27일 동경에
서 뇌물수수 혐의로 재판을 받았으며 1·2
심에서 징역 4년, 추징금 5억 엔을 선고받
았으나 상고 중 사망했다

18억 엔을 지불했다는 것이다. 극도의 경영부진에 있던 회사의 주식
을 3배 이상으로 올려 사들인 것이다.

그리고 18억 엔은 이케다 하야토가 사토 에이사쿠에게 정권을 물
려줄 때 이용되었다는 견해도 있다. 사토 내각의 발족과 동시에 다나
카는 간사장에 취임했는데, 이 18억 엔을 사토 내각의 자금으로 진정
하는 것으로 간사장의 자리를 차지한 것이다. 하지만 1966년 12월 이
른바 '검은 안개사건'에 연좌되어 다나카는 애써 손에 넣은 간사장 자
리를 라이벌인 후쿠다 다케오에게 물려주었다. 어느 정도의 진위인지
는 알 수 없지만, 오사노의 토지전매로 문제가 된 도라노몬(虎ノ門)
공원부지 문제에 대장대신 때의 다나카가 한 역할을 했던 것으로 간
주되기 때문이었다. 이 일이 있고부터 오사노는 이전보다 더 열심히
다나카를 지원하게 되었다.

오사노의 힘은 뭐니뭐니해도 혼자서 거액의 돈을 움직일 수 있다는 것이었다. 다른 기업 경영자들이 자유자재로 아무런 구속 없이 사용할 수 있는 돈은 그리 크지 않다. 결국은 회사 돈이기 때문이다. 그러나 오사노는 대체로 주주총회를 열어야만 하는 회사는 가지고 있지 않았다. 그래서 자유자재로 쓸 수 있었다. 이것이 결정적으로 다른 점이었다. 나카야마 소헤이도 다나카라는 사람은 자신들에게 한 번도 돈을 내라고 하지 않았다고 증언했지만, 이것은 오사노라는 자금원이 있었기 때문이었다. 그래서 재계인에게 부탁할 필요가 없었다. 나카야마는 "다나카 씨는 자신의 재간으로 위력을 발휘하고 자신의 사업을 통해서 정치에 필요한 돈을 조달해왔다. 이 점이 다른 관료 정치가들과 다른 점이었을 것이다"라고도 했다. 대체로 대장과 통상 출신의 관료 정치가들은 젊었을 때부터 재계 주류의 엘리트들과 교제해옴으로써 정계에 출마하면 이들 재계 실력자 출신의 모체인 대기업으로부터 정치자금을 공급받는 것이 비교적 용이했다.

그러나 다나카와 같은 비관료 출신 정치가에게는 그러한 기회가 주어지지 않았다. 그렇다면 자신이 사업을 하여 돈을 번 것인지 또는 정치권력에 가장 위력을 발휘하는 공공투자의 지출에 얽매여 리베이트를 취하는 것인지 알 수가 없었지만, 법률망을 피해 돈에 손을 대는 방법도 있었다. 다나카군단으로 칭해지는 다나카파의 집표머신, 집금머신은 전국 방방곡곡에 퍼져 있는 다나카파 중의원·도의원·시의원과 그들을 지탱하는 토건업자에 의한 공공투자 리베이트로부터 성립되어 있다. 그래서 다나카는 재계에 돈을 부탁하는 관료 출신의 보수파들과는 다르고, 재계에 대해서도 상대적으로 독립을 지키는 것이 가능했다. 다나카 정권의 종언을 볼 때, 그것은 또한 '양날의 칼'이기도 하다는 것을 알 수 있었다.

▌재계가 놀란 독금법 강화

1974년 12월 미키 다케오 내각은 '대화와 협조'를 정책의 전환목표로 내걸었다. 세계적인 자원 유한시대에서 상당히 장기간 저성장시대로 들어서려는 상황에서 경제성장 우선주의를 내건 이유가 전환의 근거가 되었다. 이러한 경제전환에는 정치불신과 정국의 혼란 타개를 도모하려는 정치적 목적도 잠재되어 있었다.

구체적인 정책으로는 독점금지법의 개정, 정치자금 규정법과 공직선거법 개정, 자민당 개혁이었다. 그중 독금법 개정은 처음에는 강화의 방향으로 개정이 제기되었지만, 미키 내각에서는 실현되지 않았다. 물론 경단련을 필두로 한 재계의 반대 때문이었다. 독금법의 강화를 주장하는 소리는 사토 정권의 말기부터 고양되었고, 경단련은 여기에 대응했다. 도코는 회장에 취임한 1974년 5월의 총회에서 경단련의 견해를 기자회견에서 발표하였다. 당시 독금법 강화론의 주도자는 1972년 8월, 공정거래위원장에 취임한 대장관료 OB의 다카하시 슌에이(高橋俊英)였다.

다카하시는 이듬해 1973년 6월 국회에서 관리가격에 의한 가격인상이 실행될 경우, 그것을 억제하는 것은 현행법으로는 곤란하다고 말하고, '구(舊)독금법 제8조'의 부활 필요성을 언급했다. 이것은 기업분할에서 언급된 조문으로 간단히 말하면 기업이 압도적인 시장 점유(Share)를 자만하는, 이른바 독점가격을 형성하게 된 경우 공정거래위원회가 기업분할을 명령할 수 있는 것이다. 이 구상이 실현되면 대표 기업은 언제 분할될지 모르고, 이것은 재계에 있어 쇼크였다.

독금법 강화의 움직임은 시간이 지남에 따라 고양되어갔다. 공정거래위원회는 같은 해 10월 '독점금지법 연구회'를 설치하고 구체적인 독금법 개정작업에 착수했다. 그 즈음 제1차 오일쇼크가 갑자기 닥쳤다. 카르텔 사건이 잇따르고 한창 불타고 있는 반(反)기업 무드에 불을 붙인 것이다. 그 해 12월 정부는 〈국민생활안정 긴급조치 법안〉을 각의에서 결정하여 국회에 제안했지만, 동 법안 성립에 즈음하여 참의원 물가대책특별위원회는 '부대결의(付帶決意)'를 실행하였다. 그 하나가 독금법 개정에 관한 것으로 정부는 현재의 물가고에 대처하고 독금법의 엄정한 운용에 한층 더 힘쓰는 것과 함께, 공정거래위원회의 독과점 기업에 대한 분할명령 및 가격 카르텔 배제에 있어 가격인하 명령 등의 권한을 가지게 하는 방향으로 독금법의 개정 문제를 서둘러 착수했다.

▌'미키는 경제를 모른다'

경제 독금법 개정 기운은 단숨에 고조되었다. 1974년 2월에는 공정거래위원회가 정유사에 의한 판매가격 인상과 석유연맹에 의한 원유처리량의 제한 카르텔사건을 검사총장에게 고발했다. 소비자단체가 독금법 강화를 소리높여 주장하고 야당 각 당도 이것에 동조하였다. 1975년 이 문제는 정치적인 초점으로 부상했다. 독과점 기업은 분할하고 또 가격 카르텔은 제품의 가격을 올린 기업에 대해서 가격의 인하를 명령하면 물가인상은 상당히 막을 수 있다는 소박한 생각이 저류에 있었다. 경단련에 있어서는 중대한 국면이었다. 공정거래위원회가 구체적인 독금법 개정의 준비에 착수할 때 이론무장을 개시했다.

그 견해는 도코의 회장 취임과 동시에 결정된 것이었다. 그 견해는 가격인하 명령권에 있어서 "위법적인 카르텔을 엄중하게 단속하는 것은 당연하지만 독금법의 이념은 사기업의 협정 등에 의해서 인위적인 가격 결정을 배제하고 자유 또는 공정한 경쟁에 의하여 가격결정을 맡기는 것이고, 그 결과에 의하여 생기는 가격변동은 이미 독금법의 문제는 아니다. 이것은 독금법의 한계에 있어 공정거래위원회가 원래 가격으로 되돌리도록 명령하기도 하고 혹은 특정 가격을 지정하는 등 가격 그 자체에 개입하는 것은 가격 메커니즘(Price Mechanism)의 부정이고 공정거래위원회의 자살행위인 것이다"라고 엄격한 어조로 반론하였다.

또 하나의 포인트인 기업분할에 있어서도 기본적으로 기술과 경영상의 노력에 의한 정당한 기업성장까지 부정하는 것은 자유경제의 이념에 위반된다는 이유로 이 또한 완전히 부정했다. 요컨대 독금법은 '자유 또는 공정한 경쟁'을 지키기 위한 것이었고, 가격인하 명령과 기업분할은 범위 밖이라는 이론이었다.

이 견해는 당시 경단련의 산업정책위원장으로 있던 스즈키(鈴木) 쇼와전공(昭和電工) 사장이 중심이 되어 독금법 학자 등으로부터 폭넓은 의견을 모아 완성한 것으로 도코 회장은 전면적으로 찬성했다. 그 결과 9월 2일 기자회견에서 "공정거래위원회가 생각하는 독금법 개정은 지나치다"라고 단정지었다. 미키 내각은 독금법 개정을 정책의 특안으로 문제삼아 당시의 총리부를 중심으로 정책안을 완성하게 했다. 시안은 몇 가지 만들어졌지만 각 부처의 의견은, 기업분할 및 가격인하 명령권은 사기업의 행동에 대한 규제가 아니고 이른바 구조규제에 관한 것이라며 점차 그 강도를 낮추었다. 개별 조문을 둘러싸고 도코는 계속 반대하였고, 그리고 몇 번이나 실시된 미키와 도코 회담은 험악해졌다.

후쿠다 내각하의 1977년 5월에 성립된 독금법 개정안은 구조규제, 특히 영업의 일부양도(기업분할의 전 단계에 상당한다)에 관해서는 "공정거래위원회가 조사에 들어가기 전의 단계에서 주무대신과 의견교환을 행하여야 한다"라고 되어 있었다.

당초 구상에 비하면 대폭적으로 완화된 규정이었다. 이것은 도코 경단련이 미키 내각을 상대로 바로 정면에서 반대운동을 전개한 결과였다. 이 독금법 강화 문제를 통해 "미키는 경제를 모른다"라는 평가가 경단련 내부에서 내려졌다.

▍ 정치헌금을 둘러싼 재계 내부의 불협화음

정치자금 규정법과 공선법의 개정은 금권정치에 대한 미키 내각의
이미지 상승을 위한 것이었다. 특히 정치헌금에 있어서는 당초 기업
헌금의 전폐가 의도된 것이었지만, 결국 기업노조의 규모별 제한을
설치했다. 그리고 정당 정치단체에는 수지(收支) 공개의 의무를 가하
고 개인헌금에는 세법상의 감면을 주는 형태로 일단락되었다. 이 개
정에 의해서 지금까지 무제한적이었던 기업헌금에 일정의 형식이 정
해졌다. 이후, 선거용으로 임시회비를 위한 거액의 기업헌금을 모금할
수 없게 되었다.

아무리 큰 기업이라도 정당에 대해서는 1억 엔, 파벌과 정치가 개
인에게는 5,000만 엔, 합계 1억 5,000만 엔이 상한으로 되었다. 당연
히 자민당의 헌금도 이 경단련의 결정에 의해, 미키 내각 이후 크게 줄
어들었다. 규정법의 개정을 둘러싸고 의론에서는 당초 '기업헌금을 전
폐하라'라는 의견도 있었다. 미키는 전전부터 정치가였는데, 오랫동안
비주류파로 재계와의 교류가 많지 않았기 때문에 미국같이 개인헌금
으로 당을 운영한다면 금권비판도 잠재울 수 있다고 생각한 것 같다.

그러나 자민당의 정치활동에 돈이 완전히 필요 없을 수는 없었다.
도코 회장이 경단련에 의한 헌금알선을 비판했을 때에도 부회장 외
몇 명은 "도코 씨는 무슨 일에나 참견하지만, 다른 사람의 말은 경청
하지 않기 때문에 곤란하다. 어느 정도의 정치자금은 필요한 것이기
때문에 돈을 모금해놓지요"라고 하나무라에게 충고했다고 한다. 또한
재계인 중에서도 "도코 씨는 정치자금을 모으는 데 고생한 적이 없기
때문에 좋은 말만 할 수 있는 것이다. 자민당이 쓰러져도 괜찮다는

것인가. 둔감한 정치가는 곤란하다" 등의 소리가 쏟아져 나왔다.

당시 일상 회장이었던 나가노 시게오는 '저 빠가야로 같은'이라며 화를 냈다고 한다. 어쨌든 정치헌금에 관해서는 금권선거로 비판된 중의원선거의 반성에 입각하여 재계 측에서도 국민협회의 개조에 나서고 있었다. 재계인에 의한 의회정치 근대화위원회는 1974년 10월 완성된 〈자민당 개혁과 정치자금 본연의 자세에 관한 제언〉을 통해 다음과 같은 반성을 하였다. ① 개인회원 획득의 노력이 불충분했기 때문에, 개인자금의 비율이 저수준에 그친 것, ② 중소기업층에서의 회원 획득의 노력이 충분하지 않았던 점, ③ 자금지출에 있어서의 감사기능이 약해진 점 등에 의해서, 사실상 국민협회는 재계에서 자민당으로의 정치헌금 터널기관이 되었던 것이다.

▌미키 내각의 금고가 텅 비다

신 조직의 목표로서 ① 새로운 조직의 폭넓은 국민조직화를 위해서 설립할 무렵의 발기인, 임원에게는 국민 각계각층의 참신한 인재에게 협력을 요청할 것, ② 개인회원의 확대에 전력을 다하여 폭넓게 국민 각계각층으로부터 깨끗한 자금을 모으도록 노력할 것, ③ 중소기업을 비롯하여 각종 법인, 단체 등의 가맹에 노력할 것, ④ 자유사회를 지키고 의회민주주의 발전을 지향하여 정당에 대한 제언과 자금적 협력을 진행할 것, ⑤ 자유사회의 옹호와 고도산업사회의 창조적 전환을 추진하기 위한 모든 활동을 적극적으로 지원하는 것 등을 들었다. 그중에 ①에서 ③까지는 국민협회 설립 취지와 거의 같고, ④와 ⑤는 자유사회와 의회민주주의의 옹호에 찬성하는 정당이라면 자민당에 한하지 않고 헌금을 실시한다는 의미다.

구체적으로는 사회당, 공산당 이외의 야당이 재계의 시야에 들어와 있었다고 말할 수 있을 것이다. 이리하여 1975년 2월에 발족한 것이 '국민정치협회'로 초대회장에 전 NHK의 회장 마에다 요시노리(前田義德)가 취임했다. 여기서부터 헌금사의 제3기에 들어선다. 마에다는 '제언'의 취지에 따라 "의회정치를 지킨다면 야당에도 헌금하고 싶다"라고 말하여 화제를 불러일으켰지만, 미키 정치하에 있는 정치자금 규정 개정법의 시행(1976년 1월)과 함께 사실상 경제계가 자민당의 헌금기관이 되었기 때문에 그중 경단련이 하고 있던 역할은 여전히 컸다.

1975년 3월에는 철강회사와 상사가 헌금을 재개하고 5월 경단련 정기총회에서 미키 수상은 헌금의 재개를 요청했다. 자민당 삼역과 도코 회장 사이에서 회담이 개최되고 경단련은 국민정치협회의 정비를 조건으로 자민당의 요청에 응하게 되었다. 그리고 7월부터 전력을 제외한 기업헌금이 재개되었다. 여하튼 참의원 선거에서 돈을 완전히 다 써버렸고, 게다가 은행에 빚도 있었기 때문에 미키가 수상이 되었을 즈음에는 자민당의 금고가 텅 비어 있었다. 게다가 경단련의 헌금 기능을 중지했기 때문에 기업으로부터의 헌금은 격감했다. 새롭게 발족한 국민정치협회의 개인회원은 더 이상 증가하지 않았다. 자민당은 경상회비조차 들어오지 않는 상태가 되었다.

'CLEAN 미키'를 캐치프레이즈로 등장한 미키도 이듬해 1975년에 이르러선 경단련에 정치자금을 호소하게 된 것이다. 당시 자민당의 간사장이었던 나카소네 야스히로는 "당본부의 회담에서는 음식과 다과도 폐지했다. 종전 직후와 같은 내핍생활을 강제했다"라고 투덜거렸던 때도 이 무렵이었다. 이 폭탄발언으로부터 꼭 1년이 지난 1975년 여름, 정치헌금에 대한 도코의 자세도 많이 변했다. "경단련 회장으로서가 아니라 국민정치협회 이사로서 행한다"라고 거절했던 그가 헌금모금에 나선 것이다. 일단 일을 시작하면 확실한 것이 도코다운 것으로, 경제계의 실력자와 만나기도 하고, 전화를 걸어 협력을 요청했다. 정력적인 활동을 한 결과 그 해의 연말에는 중단되었던 경상회비를 납입하고 자민당의 누적적자의 반을 해소하였다. 이때 모아진 헌금이 거의 100억 엔에 가까웠다고 한다.

또한 자민당 개혁의 중심 문제는 총재경선 규정과 당재정의 상태였다. 미키 수상은 당초 전 당원에 의한 예비선거와 국회의원에 의한 본선거의 이단구성으로 할 예정이었지만 본선거에서 줄여야 하는 후보자 수로는 합의를 얻지 못하고 규정 개정은 보류되었다. 대화와 협조에 의하여 완화를 불러일으킨 미키 정권은 오히려 자민당 내의 혼미상태를 야기시켰기 때문에 1975년 중반부터는 정책전환을 꾀하였다. 경제정책에 있어서는 뒤늦게나마 총수요 억제유지노선에서 불황대책으로 이행되었다. 그러나 자민당 내에 있어서는 수상의 지도력저하가 야기되고 야당과의 대립관계도 눈에 띄게 되었다. 보·혁 백중에서 본 바와 같이 정치안정성을 잃어버리게 되었던 것이다.

제**6**장

저성장시대, 1976~79

* * *

▌후쿠다 내각 탄생

1976년 12월, 중의원 총선거에 있어 자민당의 대패로, 미키 다케오 내각은 총사직했다. 그 후 성립된 후쿠다 다케오 내각은 각종 세론조사에서 역대 내각에서 볼 수 없었던 낮은 지지율에 허덕이며 1977년 7월, 참의원 선거에서 간신히 여당의 승리를 이끌어낼 수 있었다. "록히드사건은 이미 끝났다. 지금부터는 경제의 호전에 모든 것을 걸자"라는 후쿠다 수상의 정국 운영은 록히드사건의 규명을 요구하는 국민의 정치 불신과 같은 해 가을부터의 엔고 불황에 의해 당초 의도와는 다른 정책을 펼칠 수밖에 없었다. 이러한 후쿠다 내각에 대해 경제계는 경단련의 이나야마 요시히로 부회장이 1976년 12월 총선거 후에 "재계는 앞으로 자민당과만 일방적으로 협의하면 좋지 않은 결

후쿠다 다케오(1905~1995)

과가 초래될 것이라는 이유를 내세워 각 당과 의논할 필요가 있다"라고 밝혀 야당과의 협의를 시사했다.

그는 자민당 퇴조에 의해서 정권기반이 약해지고, 정국운영이 어렵게 될 것을 예상하고 있었다. 후쿠다 수상은 1977년 5월에 런던에서 개최된 선진국 수뇌회의에서 동년도 실질 경제성장률 6.7% 달성, 무역 흑자의 감소 등을 공약하고 적극적인 경기부양 정책을 취할 것을 각국에 요청했다. 그러나 이 성장률 실현의 전망을 7월에 크게 수정하게 되는 바, 그것은 원유 등 해외의존의 경제운영이 지속된 때문이었다. 결국 일본상품에 대한 수입규제, 농산물 등에 대한 시장개방 요구가 강해지고 엔 대 달러 비율은 연간 22% 절상되었다.

▮ 기업에 닥친 오일쇼크의 여파

후쿠다 내각은 경기의 착실한 회복과 재정건전화의 추진이라는 두 가지의 과제를 목표로 삼았다. 그래서 1977년도 예산은 경기회복을 목적으로 한 공공사업에 세출(歲出)을 중점적으로 두고 공공사업 등의 시행촉진을 도모했다. 이것은 전년도 경단련 평의원회에서 도코 도시오 회장이 '새 내외 질서의 확립을 지향하며'라는 과제로 연설하는 내용 중에서 "경기의 본격적 회복을 뒷받침하는 공공투자를 중심으로 적극예산을 편성해 안정성장을 이루길 바란다"라는 재계의 요망에 응답한 것이다. 그러나 경기회복은 지역과 업종에 따라 차이가 크고 정부가 내외에 약속해 온 6.7%의 성장은 전술한 것과 같이 어려운 정세였다.

"우리나라 경제의 현상으로 보아 일반적 경기대책만으로는 경제를 정상적인 회복 궤도에 올려놓는 것은 곤란하다. 우리나라는 오일쇼크에 잘 대처한 나라로 평가되고 정부도 그와 같이 자부하고 있지만, 실제로는 기업이 모든 어려움을 부담했던 형태로 대응된 것이기 때문에 경제계에 미치는 여파를 소화해야 하는 큰 문제를 안고 있다. 즉 많은 기업은 체력을 소모하고 활력을 잃어가고 있는데, 그 경향은 기초산업 분야에서 두드러지고 일부는 구조불황(構造不況)의 양상을 띠고 있다."

도코 회장은 5월 경단련 정기총회에서 불황이 기업의 노력에 의하여 해결 불가능할 정도로 심각한 것임을 강조했다. 이러한 재계의 위기감은 엔고의 진행과 함께 고조되었다. 7월 경단련 상임이사회에서는 코마쓰 제작소의 가와이 료이치 사장이 "최근의 엔고 경향에 의해서 이익이 현저하게 감소하게 되었다. 1월에는 1달러=292엔으로 현

오일쇼크로 석유가격이 오르자 매점·매석 행위 등이 횡행하여 물자부족 현상이 확대됐다

재의 265엔과 비교해볼 때 가격을 인상하지 않으면 매출 이익률은 약 9% 이하로 감소된다"라고 말했다. 또한 아사히 화성공업의 미야자키 테루 사장은 "화·합섬 업계의 문제점은 엔고로 가격이 낮아졌기 때문에 25% 내지 30%의 조업단축을 하고 있다. 1달러=265엔이 장기화되면 원료 대금도 지불할 수 없기 때문에 수출이 반감한다"라며 제각기 엔고에 의해 기업의 타산이 악화되고 있는 업계의 사정을 호소했다.

경단련 등 재계는 4월에 모리나가 테이이치로(일본은행 총재)에게 일단의 금리 인하를 요구하는 한편, 경기실태 분석결과와 함께 7월에는 후쿠다 수상을 비롯해 관계 관료를 초청하여 간담회를 개최하고 경기정책을 요망했다. 이 자리에서 정부 측은 불황업종의 개별 대책의 필요성은 인정했지만 현 단계는 4월부터 경기부양 정책의 효과를 지속시키는 것으로 결정했다. "앞으로 더욱더 경기 대책이 필요한지 어떤지는 모르겠지만 필요하다면 8월의 상황을 보고 어느 정도의 대책이 요구되는지를 생각할 예정이다"라고 말했다.

여기에 대해 도코 도시오 회장은 "경기의 현상을 보면 상황은 극히 좋지 않고 작년보다도 불황이 심각해지고 있다고 해도 과언은 아니다"라고 판단했다. 또한 "보정예산(補正豫算)의 성립을 기다리는 것만으로는 타이밍을 놓칠 우려가 있다"라고 하며 "전원개발과 석유비축의 촉진 등 예산 조치를 필요로 하지 않는 것도 급격히 손을 써야 한다"라고 말했다.

또한 간사이(關西) 경제연합회의 회장도 "정부는 사태의 심각성을 충분히 인식하여 내수 확대에 적극적으로 대처해주기 바란다"라고 요망했다.

도코 회장은 8월의 기자회견에서 전원개발과 석유비축 등 제안된 긴급대책에 의하여 불황 중의 수요부족으로 발생한 수요갭 2.5조 엔 중에 1조 엔 정도의 수요가 발생하는 효과가 있다고 설명했다. 여기에 국채발행이 인플레이션 억제라고 생각한 국채 의존도 30% 테두리에 있어 "현 상황을 타개하기 위해서는 단위년도 조치로서는 구애될 필요가 없다"라는 적극적인 재정 확장을 요구했다. 이러한 요망에 대해 후쿠다 내각은 1977년 9월부터는 종합경제대책, 10월에는 제1차 보정예산 등 잇따라 경기대책을 강구했다. 그러나 민간 수요의 증가가 둔해지고 가을 이후로 무역수지의 대폭적인 흑자로 엔 환율이 급등했다. 기업의 불안감은 여전하고 경기회복은 아직 먼 이야기였다.

▌국채의존도 30%의 벽을 깨다

11월 경단련 외에 경제 4단체와 자민당 수뇌와의 간담회가 개최되었다. 도코 경단련 회장은 "작년 이후 정책의 공백과 최근의 급격한 엔고 상승으로 인해 재계에서도 정부의 대책에 실망감을 표출했다"라고 엄격하게 비판했다. 이에 대하여 오히라 마사요시 간사장이 국채의존도를 30%에만 국한하지 않고 경기부양을 위해 과감한 예산을 편성한다고 설명했다. 뿐만 아니라 고토 노보루(五鳥昇) 일본상공회의소 회장 등도 "정석에 따른 대책만 실시하는 수재관료(秀才官僚)적인 발상으로는 이 곤란한 사태를 뛰어넘을 수 없다"라며 후쿠다 내각의 경제정책을 비판했다.

이런 엄중한 비판에 대응하여 후쿠다 수상은 겨우 내각의 개편에 의하여 정국의 타개를 계획하고 "엔고는 일본경제의 충격적인 디플레이션 효과를 초래했다"라는 인식하에 내수 확대를 목적으로 한 15개월 예산을 편성하는 구상에 입각하여 경기대책을 밝히기에 이르렀다. 그래서 경단련은 〈신 내각에 대한 요망〉을 정리하고 후쿠다 수상, 고모토 토시오 통산대신, 무라카미 타쓰오 대장대신, 미야자와 기이치 경제기획청 장관들과 만나 경기대책을 논의했다. 경단련으로서는 이대로는 1978년도에 고용불안을 일으킬 수밖에 없으므로 어떻게 하든지 안정성장을 향한 일념으로 예산을 짜서 경기부양을 꾀할 필요가 있고 단기간에서도 투자감세(投資減稅)를 도입해야 한다고 생각했다. 재계는 그 후에도 정부의 경기대책이 늦어진 것이 사태의 심각성을 초래했다는 인식과 함께 후쿠다 내각에 대해 적극적인 경기대책의 실현을 바라게 되었다.

1978년 1월에는 도코 회장이 사쿠라우치 요시오 건설장관을 만나 1977년도 공공사업 예산의 완전 소화와 1978년도 예산의 집행촉진, 지방 공공사업의 촉진, 민간 주택 건설의 촉진, 공공사업 추진체제의 확립 등을 요청했다. 또한 3월에는 각 지역 경제단체의 수뇌와 함께 재차 사쿠라우치 건설대신과의 간담회를 통해 공공사업을 각 지역의 실정에 맞게 시행할 것을 촉구하였다. 이러한 재계의 재촉에 따라 정부는 경기의 빠른 회복을 위해 1978년도에는 전년도 대비 20.3% 오른 대형 예산을 편성했다. 특히 재해복구 등의 사업비를 제외한 공공사업 관계비는 34.5%나 대폭 증액되었다. 그 결과 세수 증가에 따른 고민과 함께 실질적으로 국채의존도의 비율이 30%의 벽을 깨고 37%로 증가했지만 1978년도 예산은 1977년도 제2차 보정예산과 연계된 15개월 예산으로 편성되어 민간설비투자와 개인소비를 고조시키는 데 기여하였다.

이러한 노력이 열매를 맺어 1978년 4월부터 경기는 조금씩 회복의 징조를 보이기 시작했다. 재계는 경기가 앞서감에 있어서 아직 신중한 견해를 취했다. 4월에는 정례로 되어 있는 일본은행과 경단련 수뇌와의 간담회를 행하였다. 일본은행 측이 경기의 현상에 있어 '맑다'를 강조한 것에 비하여 경단련 측에서는 의문시하는 발언이 많았다. 그 후 5월에 고모토 도시오 통산대신과 회담한 경단련의 도코 회장은 "6, 7월의 상황을 보아 경기회복이 좋아지면 곧 추가조치를 취해야 할 것이다"라고 제안하여 고모토 통산대신도 그 가능성을 인정했다. 이것에 대하여 정부는 6월의 경제대책 각료회의에서 당면의 경제대책을 협의한 결과, 경기대책의 추가에 있어서는 8월 말부터 9월 초에 결론을 내리는 것으로 결정했다. 그러나 1977년 가을부터 엔고 디플레이션 효과가 침투하기 시작하면서 정부는 7% 성장목표를 달성하기에는 적어도 3조 엔 이상의 추가소요가 필요하다고 판단하였다. 이때 경제동우회가 실시한 달러 대 엔 비율에 대한 앙케트 조사에 의하면, 적정비율에 있어 220엔대부터 200엔대로 되는 것은 어쩔 수 없는 일이라고 판단하는 경영자가 6할을 차지했다. 채산(採算) 비율에 있어서도 같은 비율의 경영자가 220엔대 이상이라고 대답하였다. 기업 경영자들은 일단 진행되는 엔고 경향을 어쩔 수 없다고 받아들였지만 그만큼 경기가 앞서감에 대한 불안도 컸던 것이다. 경단련의 도코 회장은 7월에 고모토 통산대신과 간담하고 후일 후쿠다 수상, 무라야마 대장대신, 고모토 통산대신에게 예산의 추가와 구조불황 업종 대책 등을 요망했다. 이 결과 정부는 9월에 내수 확대를 중심으로 한 7% 성장의 달성과 국제수지의 흑자 감축을 목표로 보정예산을 주축으로 하는 종합경제대책을 결정했다.

▌오히라 내각 탄생

1978년 후쿠다 내각은 5월에는 나리타 국제공항 개항, 6월에는 한일대륙붕 협정 성립, 8월에는 일중평화우호조약의 체결 등 내정·외교 면에서는 실적을 올렸다. 한편 오스트리아 빈에서 7월에 개최된 선진국 수뇌회의에서 다시 한번 7%의 성장을 약속했음에도 불구하고, 엔고의 영향으로 목표를 달성하지 못했다. 이런 중에 11월에 실시된 자민당 첫 전 당원 참가의 총재선거에서 후쿠다 다케오에 이어 오히라 마사요시가 선출되었다.

12월, '신뢰와 합의'를 캐치프레이즈로 내건 오히라 내각이 성립되

오히라 마사요시(1910~1981)

었다. 신내각은 미·일 경제마찰의 해소 문제가 임박한 가운데 1979년 동경에서 열린 선진국 수뇌회의에 대응하고 유사입법(有事立法) 문제를 비롯한 방위 문제 등의 난문을 해결할 필요가 있었다. 그래서 오히라 수상은 부분연합을 주장하고 가치관이 다양한 시대에 대응하는 탄력있는 정치체제를 지향했다. 전원도시와 가정기반 충실 등을 중심으로 '문화시대'를 이념으로 하는 사회건설을 시험해 보고자 한 것이다.

그러나 총재선거 후의 자민당 내의 균열은 깊어지고 파벌대립의 장벽을 메우지 못한 오히라 내각은 1979년 미·일 수뇌회담과 6월의 서미트(Summit: 주요 선진국 수뇌회의)를 통해 대외관계는 원활히 유지한 반면 통상국회에서 정부법안의 성립률은 과거 10년 동안 최저였다. 그 때문에 10월에는 안정다수 회복을 목표로 중의원 총선거를 단행했다. 하지만 세 증가를 포함한 재정재건에 따른 불만이 가중되어 자민당은 결국 패배하였다.

이로 인해 다음 총선거 수상지명회의에서는 자민당에서 오히라 마사요시와 후쿠다 다케오 두 사람이 후보에 오른 전대미문의 상황까지 벌어졌다. 결국 당내의 소수파 신자유클럽이 오히라를 지원하게 되어 오히라 내각이 다시 한번 기회를 거머쥐었지만 정국은 불안정한 상태를 면하지 못했다. 그래서 총선거 후, 40일 항쟁이 고조되었을 때 경단련의 도코 도시오 회장은 총선거 결과에 대하여 '대의명분이 없는 당리당략, 파리파략에 대한 책망'을 자민당의 책임으로 언급하며, '자민당은 파벌이 아닌 정책에 힘써야 할 것이다'라고 비판했다.

이것은 혼란을 초래한 정치에 불만을 품고 있는 경제계의 의견을 대표한 것이었다. 그러나 오히라는 대장관료시대에 이케다 하야토 대장대신의 비서관을 역임했기 때문에 재계와의 파이프는 이전부터 가지고 있었다. 이케다 수상의 측근에 비서관 삼총사라고 불리는 정치가들 중 한 사람이 오히라였다. 다른 두 사람으로는 대장성시대에 이케다 수상의 비서관을 역임한 구로카네 야스미(黑金泰美)와 미야자와 기이치(宮澤喜一)가 있다.

'두뇌의 구로카네', '괴력의 오히라', '배짱의 미야자와'라고 일컬어진 세 사람은 그 나름대로의 특색이 있는 정치가였다. 자유스런 고풍의 무사시고와 동경대 법대를 졸업한 엘리트인 구로카네와 미야자와는 부친들 역시 전전(戰前)의 내무관료 출신의 중의원이었다. 이케다는 이 같은 출신과 두뇌를 인정하여, 이 두 사람으로 하여금 비서관을 시키고 정치가로 키운 것이었다.

하지만 오히라는 시골출신으로, 고생을 많이 한 사람이었다. 가가와현(香川縣)에 있는 중농의 집에서 3남 3녀 중 2남으로 태어난 오히라는 중학교 때 부친이 돌아가셨다. 그 때문에 집에 경제적 부담을 주지 않기 위하여, 중학교 4년 때 에다마시마(江田島)의 해군학교에 시험봤지만 중이염으로 떨어졌다. 결국 다카마쓰(高松)상업고교에 입학, 이 무렵 그리스도를 알게 되어 세례를 받았다. 졸업 후 일 년간 화장품 회사에 근무한 뒤 카가와현 관계의 육영자금을 받아 동경상대(현재 히도쓰바시대학)을 졸업했다. 전전(戰前)에도 그랬지만, 전후(戰後)도 중앙관청은 일고－동대(一高－東大) 코스가 주류였다. 이케다는 5고－경도(京都大) 코스였는데 오히라는 다카마쓰고(高松高)－히토쓰바시대(一橋大) 코스였다. 하지만 오히라는 괴력적인 힘을 유감없이 발휘하여 재계에 인맥을 만들었다. 한마디로 말하면, 선배들의 총애를 받았던 것이다.

오히라를 성립시킨 사쿠라다 다케시

오히라를 지원한 재계그룹은 4개로 분류되었다. 제1그룹은 이케다의 총애를 받던 비서관 시절부터 친교를 맺어온 재계인으로 요시다 시게루—이케다 하야토로부터 이어온 얼굴들이다. 이케다가 즐겨 찾던 쓰키지(築地)에 영가(榮家)라는 여관을 무대로 한 회합을 통해 보수본류만의 화려한 멤버들이 모였다.

제2그룹은, 일교대학 출신 계열의 재계인이었다. 상대(商大) OB (Old Boy)의 죠스이카이(如水會)는 '상대에서 첫 총리를'이라는 표어로 각계각층에 오히라회를 만들었다.

제3그룹은, 일본청년회의소(JC)를 중심으로 오히라를 둘러싼 회와 청년실업가의 다이유카이(大雄會)였다. 오히라는 젊은 경제인으로부터 의견을 청취하는 것을 좋아했다.

그리고 제4그룹은 오히라 처갓집인 미키(三木)증권 일족, 오히라 타이쇼(大正)제약의 일족이었다. 이들 4개 그룹에는 사회적 영향력을 가진 인사들도 상당히 많았다. 그리고 오히라의 정치무대에 주역으로 등장한 재계인도 있었다.

우선 일경련 회장인 사쿠라다 다케시이다. 이케다가 요시다 정권 후에 만든 고치카이(宏池會)는 이케다 사(死)후, 마에오 시게사부로가 계승했다. 마에오의 기대는 당내 제2파벌을 형성하고 사토 정권 후의 총리·총재의 자리를 목표로 하였다. 하지만 마에오에게는 정권을 장악하려는 의욕이 결여되어 있었기 때문에 입후보를 놓쳤다. 이때 사토 4선 후의 내각에 마에오가 부총리 자격으로서 입각하고, 그 후 사토파의 협력을 얻어 마에오 정권을 실현하려는 구상이 있었다. 그러나 사토 4선 후, 사토는 내각 개조를 보류했다. 고치카이 안의 중견 및 젊은 의원들은 맹렬하게 마에오를 제지했다. 그 결과 그대로 마에오로부터 오히라에게 정권교체의 요구에 연결되었다. 그 막판에 등장한 것이 사쿠라다 다케시였다.

사쿠라다가 마에오를 만나, 오히라와 교체해줄 것을 요구했다. 마에오로부터 오히라에게 고치카이의 교체 이야기는 쓰키지의 영가에서 이루어졌다. 사쿠라다는 마에오에게 "우리 경제계에 적을 두는 자는 후계자를 사전에 결정해두는 것입니다. 경제계는 이케다 하야토 이래, 홀륭한 브레인집단으로 전승해왔습니다. 이 중요한 모임을 어떤 책임을 가지고 운영해가야 할 것인가는, 우리 관계자들도 관심을 가지고 있습니다"라고 하였다. 더욱이 사쿠라다는 핵심에 이르러 후계자로 "오히라 씨는 어떻습니까?"라고 말했다. 마에오는 태연한 모습이었지만, 그 한 마디로 모든 것이 결정난 것이었다.

또 하나의 결정적인 무대가 있었다. 1976년의 '미키 끌어내리기'를 위한 후계자 문제였다. 자민당 내에는 미키파, 나카소네파를 제외한 다나카, 오히라, 후쿠다 각 파가 록히드사건을 계기로 미키 수상의 퇴진을 요구했다. 거당협(擧黨協)을 결성하여 미키 수상을 밀어붙였다. 하지만 문제는 미키를 이을 후계자가 누가 될 것인가였다. "공선이라면 오히라, 대화라면 후쿠다"라는 당 내의 상식을 전제로 후쿠다 주변은 대화에 의욕을 표시하고 모든 인맥을 동원했다. 신닛테쓰(新日鐵)의 나가노 시게오 회장, 제왕학(帝王學)의 스승으로 알려진 야스오카 마사오츠(安岡正篤)들이 후쿠다 정권 실현을 위해 호리시게오들과 대화를 진행시켰고, 공작은 다양하게 전개되었다. 나가노 저택에서의 오히라와 후쿠다 회담, 우에하라 마사요시 저택의 오히라·후쿠다 회담, 다나카와 후쿠다 회담, 오히라와 고노 회담 등 어지러울 정도의 배후 움직임이 있었다. 그리고 거당협의 회장에 후쿠다 다케오가 취임한 것으로 일원화가 되었다. 오히라가 후쿠다에게 양보하게 된 것이었다.

결국 오히라·후쿠다 조정은, 정부는 후쿠다, 당은 오히라라는 사실상의 총리·총재의 분리로 매듭지어졌다. 이 과정에서 등장한 사쿠라다 일경련 회장과 나가노 일상(日商) 회장은 이케다시대의 고바야시

나카(일본개발은행 총재), 미즈노 나리오(국책펄프 사장)와 함께 재계의 사천왕이라고 일컬어졌다. 재계를 주름잡은 이들은 이케다의 참모이기도 하였다.

재계인은 일반적으로 보험의 의미로 정계 실력자의 여기저기에 인맥을 만든다. 2단, 3단이나 걸치는 것이다. 그중에 사쿠라다는 고치카이를 한 길로 하여 이케다, 오히라를 지원한 것이었다. 오히라가 총리·총재에 취임했을 때 사쿠라다와 오히라는 부둥켜안고 울었다 한다. 이케다, 마에오, 오히라, 스즈키 젠코, 미야자와 기이치로 지속되어온 보수본류의 중핵인 고치카이의 재계지원 그룹의 필두는 뭐라 해도 '스에히로카이(末廣會)'였다. 애초 이케다 통산대신의 '맥반방언(麥飯放言: '돈 있는 사람은 쌀밥을 먹고 돈 없는 사람은 보리밥을 먹으면 되지 않나'라고 한 발언이 국민의 분노를 샀다)' 파동, 중소기업 실언(中小企業失言)으로 실각한 것과 함께, 이케다를 위로하기 위하여 시작한 것으로 최초의 모임이 때마침 18일이었기 때문에 '스에히로카이'라고 불렀다. 매년 수회의 회합을 요정에서 여는 외에, 가족동반으로 카루이자와(輕井澤)에서 골프회를 개최하는 등 깊은 교제가 계속되어왔고 이것이 고치카이의 저력이 되었던 것이다.

▌경기호전으로 재정개혁

1978년 후반에는 엔고의 경향이 점점 더 현저해지고, 그로 인해 추가적인 정책조치가 필요할 것인지 아닌지 하는 정책운영의 미묘한 단계를 맞이했다. 경단련은 11월에 〈신 내각에 대한 요망〉을 매듭짓고 도코 회장과 이와사 요시자네, 야스이 키조, 하세가와 각 부회장이 오히라 수상을 만나 전달했다. 그 요망서에는 새로운 내각이 취해야 할 경제정책으로 ① 1979년도 재정운영은 올해보다 경기가 악화되지 않도록 적극적으로 실시할 것, ② 구조불황업종 대책은 개개업종의 실태에 대응하여 꼼꼼한 대책을 강구할 것, ③ 재정재건을 위한 칩 거버먼트(Cheap Government)를 지향하여 재정개혁을 적극적으로 진행할 것, ④ 과학기술 예산에 있어서 일반회계의 신장률 이상으로 특수단계를 배려할 것, ⑤ 제3차 전국종합개발개획에 입각하여 중기계획을 세우고 전원도시계획을 추진할 것 등의 의견을 자세히 알렸다.

그런데 오히라 수상은 "적극재정이 효과를 거둘 수 있을 것인가 하는 것은 일반소비세와 관계가 있다. 정부는 경기부양을 민간활력에 기대하고 있다"라고 대답했다. 공공사업의 확대 등 재정지출 확대에 기대를 거는 경제계에 대해서 정부는 재원 면에서 지출확대에 제약을 강화할 것을 강조하고, 계속 신중한 태도를 취하고 있었다. 그래도 1979년에 들어서자, 경기는 겨우 회복되는 기미를 보였고 기업의 수익상황이 호전되기 시작했다. 원래 1979년도 예산은 회복기조에 있는 경기지속과 재정건전화의 추진, 그 두 가지 과제를 목적으로 편성되었다. 국채의존도가 39.6%라는 재정상태를 개조하는 것이 우선과제가 되었다.

이미 1978년 12월의 경단련 정례이사회에서 도코 회장은 경단련 중기적인 과제로서 첫째, 무엇보다 재정재건의 중요함을 첫 번째로 손꼽으며 다음과 같이 밝혔다.

"내년도는 무엇보다도 경기회복을 본격적인 궤도에 올리고, 장래의 안정성장을 향하여 기반을 다지는 해로 만들어야 한다. 가장 문제가 되는 것은 재정재건, 기술개발, 에너지개발, 그리고 경제 전체의 구조개혁이다. 중장기적인 관점에서 본다면, 우리나라가 언제까지나 적자재정에 의존하여 경제운영을 지속시킬 수는 없다. 그런 의미에서 재정재건은 가장 중요한 문제다. 우선 행정개혁을 본격적으로 시행하여 행정효율을 한층 더 향상시키며 경제소비를 과감하게 삭감하는 것이 선결이다. 정부는 이때 대담하게 인원을 삭감하고 민간기업의 합리화에 많은 관심과 노력을 기울여야 할 것이다."

도코 회장은 동경 서미트를 앞둔 1979년 5월, 경단련 정기총회에서도 "민간경제가 5년에 달하는 불황 때문에 극도로 빈약해졌고, 또한 현재와 같이 좀 호전되는 상황으로 되기까지는 많은 노력이 필요했다. 또한 불황을 극복하기 위한 많은 희생이 뒤따랐다. 그에 반해 정부는 민간과 비교해서 충분한 방책이 없었다. 국가 재정재건을 위하여 어느 시기에는 증세를 인정한다 하더라도, 그 전제 조건으로서 행정개혁 등 여러 가지 문제에 용단을 내리길 바란다"고 요망했다. 또한 "행정개혁, 3K(국철·쌀·건강보험)의 적자 문제를 해결하고 증세(增稅)는 응할 수 없다"라며 정부가 재정재건에 진지하게 대처하기를 바랐다.

▎최초 행정개혁 실시

후쿠다 내각 이후, 오히라 내각의 행정개혁은 중요 과제가 되었다. 1979년 9월, 중의원이 해산되었다. 철도건설공단의 부정 상여금 등 부정경리, 중앙부처의 형식적인 출장, 국제통신전화(KDD)의 밀수와 무분별한 교제비 지출 등이 드러남으로써 증세 전에 강기숙정(綱紀肅正), 행·재정 개혁의 단행을 요구하는 국민의 소리가 순식간에 높아졌다. 경단련은 1979년 11월에 발족한 제2차 오히라 내각에게 "행정개혁의 단행을 바란다"라는 요망서를 제출했다. 이 요망에 대하여 오히라 수상은 "행정개혁에 협력하지 않는 사람은 입각시키지 않는다"라는 방침을 취하고, 현 각료는 담당부처에 구애받지 않고 전면적으로 행정관리청 장관에게 협력하는 것을 문서화했다.

그 후 자민당 수뇌와 경제계 수뇌의 간담회가 열렸다. 그 석상에서 경제계측이 "적자재정이면 오히려 예산총액을 긴축해야 함에도 불구하고 전년도 10% 이상 범위 내에서 예산 요구를 하는 그 자체가 정부의 행·재정개혁에 대한 열의가 부족하다는 것을 드러낸 것 아닌가"라고 엄중히 따졌다.

12월에는 오히라 수상이 경제 4단체 수뇌와의 간담회에서 5년 사이에 3만 7,000명의 인원을 삭감하는 등 행정개혁의 단계적 실시를 밝혔다. 그리하여 오히라 내각에서 행관(行管), 대장(大藏), 내각관방(內閣官房)의 3각료를 중심으로 우선 ① 공단·사업단 등 특수법인의 통폐합, ② 각 지방구획기관의 정리통합, ③ 인허가(認許可) 사항의 정리, ④ 보조금 정리 등 네 가지 문제를 놓고, 12월 말 1980년도의 행정개혁의 내용으로 다음과 같은 네 가지를 결정했다.

첫째, 특수법인을 111법인에서 93법인으로 줄인다. 또한 임원수 1할을 줄이고, 임원수 중 반수 이상을 민간에서 등용시켜 실시한다. 둘째, 보조금에 있어서는 80년도 이후 4년간 재정재건 기간 중에 건수(件數)로 4분의 1 이상(1,000건 정도) 줄인다. 셋째, 인허가 사무에 대해서는 총 건수 약 1만 중에 1,477건의 보고 등을 정리한다. 넷째, 공사·현업의 경영형태 및 경영의 합리화, 부청 간의 배치전환, 그리고 1985년도까지 국가공무원의 정년을 60세로 하는 법안을 제출·실시한다. 처음으로 일본 정부가 본격적으로 단행한 행정이고 이른바, 경제의 저성장에 맞추어 행정기구의 축소를 단행시킨 것이었다.

▌일반소비세 도입

1979년 10월, 중의원 총선거에서 자민당을 패배하게 만든 '일반소비세' 구상은 이를 재정재건의 발판으로 삼으려는 재정당국의 기세가 강하게 반영된 것이다. 정부세제조사회가 1978년 6월부터 도입·검토되었고, 9월에 그 기본적 방침에 관한 〈특별부회보고〉를 공표했다.

경단련의 도코 회장은 9월 기자회견에서 "경기회복에 대한 전망을 알수 없는 상황에서는 국민을 설득할 수 없다"라고 말하고 1979년도부터 일반소비세를 도입하는 것에 소극적인 의향을 표명했다.

그러나 경단련도 장래 방향으로는 일반소비세를 검토해야만 한다고 판단했다. 경단련을 시작으로 재계의 기본적인 사고방식은 확실했다. 우선 경기현상과 재정운영에 있어서 ① 오일쇼크 후의 심각한 불황에서 벗어나 경기가 자율적으로 궤도상승에 이르고, 균형잡힌 경제에 돌입하기까지 25년은 걸릴 것이고, ② 성급한 재정건전화를 실시하면 경제정상화를 한층 더 뒤떨어지게 하며, ③ 재정을 재건하기 위한 대안으로서는, 우선 정부가 행·재정의 간소화·합리화 및 세출의 철저한 개혁을 포함한 재정재건을 향한 적극적인 자세와 구체적인 방침을 보이는 것이 선결이라는 생각이었다.

게다가 세제개정에 있어서 세출을 줄이고 합리화를 실시해도 현재의 세제로 재정재건이 곤란하다면, 장래 세제체계의 재편성과 증세도 부득이하다고 생각했다. 하지만 어떤 세목을 재편성할지는 신중한 검토가 필요하다고 했다. 즉 재계는 일반소비세에 있어서 충분한 검토가 필요하다는 논평에 의하여 '도입은 시기상조'라는 비판을 내비쳤다. 이런 재계의 반대에 의해 일반소비세 도입 시기는 당초 예정인 1979년도에 성립되지 못했다.

경단련의 도코 회장은 1979년 5월에 교토(京都) 기자회견에서 "일반소비세 도입에 있어서 행정개혁도 되어 있지 않은 실정에서는 반대"라고 밝히고 도입 시기를 1980년으로 하자는 의견에 대해서도 반대를 표시했다. 다음날 도코 회장은 간사이(關西) 경제연합회와의 간담회에서도 이 방침을 확인했다. 이후에도 일반소비세에 대한 재계의 태도는 여러 가지 우여곡절을 겪었다. 도코 회장은 8월에 가진 기자회견에서 반대를 고수하던 기존 입장을 버리고 "행정개혁 등 해결할 방법은 있는데, 그때는 증세도 부득이하다"라고 말했다. 그에 앞선 7

월, 일본경영자단체연맹의 사쿠라다 다케시 회장이 "1980년도의 조기 도입에 있어 적절하고 과감한 조치가 있기를 기대한다"라고 소견을 공표한 바 있기 때문에 도코 회장으로서도 또한 이미 중의원 총선거에서 허점을 보인 정국 속에서 오히라 수상이 일반소비세 도입에 강한 의욕을 나타냈다. 게다가 원유 가격의 인상에 의해서 경기전망이 불안해지고 재차 재정에 의존해야 하는 우려가 깊어진 것, 계속 법인세 증세를 피하고 재정재건을 이루기 위해서는 다른 선택의 여지가 보이지 않는 것 등이 이러한 변화를 초래했다.

▌법인세 인상

1979년 10월, 중의원 총선거에서 자민당이 공인 후보만으로는 과반수에 달하지 못하는 기록적인 패배로 끝났다. 정부도 일반소비세 구상을 일단 접어둘 수밖에 없었다. 재원조치에 있어서 새로운 대응을 강요받은 결과, 일반소비세 대신에 1980년도 세제개정 논의의 초점은 법인관계의 모든 세를 인상하는 것이었다.

11월부터 본격화된 자민당의 세제조사회 심의에서는 조세특별조치 폐지와 일률삭감 방침이 강력히 내세워졌다. 그 위에 정부는 세출삭감에 한계가 있어 증세가 불가피한 것을 이유로 경단련에 대해 퇴직급여 담보금의 조입률(繰入率)의 압축(증세규모 약 2,800억 엔), 법인세율의 3%의 인상(증세규모 약 6,000억 엔)을 요청했다. 일반소비세를 보류한 후 정부는 재원대책으로 법인을 노리고, 증세의 의향을 분명하게 한 것이다.

이러한 정세하에서 도코 회장은 "정부의 증세 노선은 국민의 납득을 얻지 못했다. 갑자기 증세를 행하고, 그 전에 했어야 할 행정개혁을 하지 않은 것이 자민당 패배의 원인이었다"라고 말했다. 그리고 11

월 3일, 새로운 내각에 정책을 제언했다. 그 제언은 모두(冒頭)에서 "예산세출 항목 전반에 걸쳐 정리, 합리화를 단행해야 할 것이다"라며 행정개혁에 의한 세출삭감을 강하게 주장했다.

그 후 도코는 '행혁의 귀신', '분노의 도코'로 변신하였다. 신문, 잡지 등의 인터뷰에서 "지금 행·재정 개혁에 손을 대지 않으면 정치도 그 무엇도 이상하게 되고 만다. 이대로라면 일본은 쓰러지고 말 것이다. 내일의 일본은 없다. 민간은 오일쇼크 후, 열심히 노력해왔다. 그에 반해 정부는 무엇을 했는가. 월급은 민간보다 많고, 공공사업비의 사용도 자기 마음대로이다"라며 행혁에 의한 재정재건을 부르짖었다.

경단련은 12월에 '우리나라의 경제 당면 문제와 세제개혁에 관한 의견'을 결론지어 정부와 자민당에게 건의, 그중에 "재정재건의 이름으로 안이하게 모든 법인관계의 세를 인상하면, 궁극적으로 경제기반을 약하게 하고 장래에 큰 화근을 남기게 된다"라고 지적했다. 그러나 예산작업이 막판에 이르고, 정부와 자민당 내 세출삭감에는 한계가 있었다. 재원부족을 보충하기 위해, 법인과세를 강화하려는 움직임이 한층 더 높아졌다. 그리고 경단련의 도코 회장은 12월 기자회견에서 "증세보다 행정개혁의 실행이 앞서야 한다. 법인세 인상은 모처럼 향상된 경기와 민간 활동을 고갈시킬 것으로 인정할 수 없다"라고 하며 법인세 인상의 반대를 표명하고, 다른 경제단체와 연락해서 반대운동을 펼칠 것을 밝혔다. 경단련은 업종별 단체, 각 지역 경제단체 대표 등을 결집하여 '법인관계 모든 세 반대에 관한 긴급 간담회'를 개최하고, 도코 회장 등 수뇌가 자민당 3대표와 간담하여 법인세 관계제세의 증세 반대를 강력하게 시도하였다.

그 결과 다케시타 노보루(竹下登) 대장대신은 경단련의 하나무라 니하치로(花村仁八郎) 부회장에 대해, 1981년도 이후 법인세 증세는 "피한다고 해결되는 건 아니다"라고 했으나, 자연증수(自然增收)가 전망되는 1980년도에는 증세를 보류할 방침이라고 전했다. 그래서 1980

년도 세제개정에서는 ① 퇴직급여 담보금에 있어서 현행 조입률 50%에서 40%로 인하, ② 조세특별조치 중에, 당초 폐지 혹은 50%로 감축되는 증가시험 연구비 세액공제제도, 해외투자 등 손실준비금제도, 기술수출소득 공제제도, 감가공제제도는 현행유지의 선에서 진정되었다. 그 외의 토지세제에 관해서는 장기양도소득의 완화, 대체에너지 신세(新稅)의 보류 등이 경단련의 주장에 의해서 결정되고, 그 위에 이자배당 소득이 종합과세로 이행되었기 때문에 3년간 준비기간을 두었다.

그리고 그린카드(Green Card)제도를 도입하게 되었다. 이 조치를 받은 재계의 쇼크는 컸다. 비과세 한도가 50%에서 40%로 인하된 결과, 약 2,600억 엔이 증세된 것이다. 도코 회장 측은 으레 하는 것처럼 격노했지만, 모든 것이 끝난 뒤였다. "금후 법인세의 인상을 실시하면, 모처럼 증가하는 업적도 발목을 잡혀 기업도 활력을 잃어버리고 말 것이다. 철저하게 반대하여 어떻게 해서든지 기업증세를 회피해야 한다"라는 위기의식이 이 무렵부터 경단련에 팽배해 있었다. 도코는 1980년 5월, 6년간의 회장 임기가 끝날 때까지 오로지 행혁 하나만으로 일관해왔고, 일상·일경련·경제동우회 등 재계 단체도 경단련과 보조를 맞추어 기업증세를 반대하고 행혁추진에 힘썼다.

▌제2차 오일쇼크를 극복한 'JAPAN AS NO.1'

일본경제가 이제 겨우 극심한 불황을 벗어난 지 얼마 지나지 않은 1978년 겨울, 이란혁명이 발생하고 1980년 가을에는 이란·이라크 전쟁이 발발했다. OPEC는 다시 한 번 석유전략을 행사했다. 원유가격은 약 3배인 34달러(배럴당)까지 대폭 인상되었다. 이것이 이른바 제2차 오일쇼크인 것이다. 동경 서미트에서는 미국·EC·일본의 3대 석유소비권의 석유수입 삭감 목표가 공표되어 주목을 끌었다. 이때의 일본 경제는 제1차 오일쇼크 때의 낭패와 비교하면 상당히 침착하고 냉정하게 대응했다. 국내 석유 비축량이 상당히 증가한 것과 동시에 금융 긴축이 재빨리 발동된 탓도 있었다. 또한 석유 다소비형의 경제체질을 개선하기 위하여 기업 구조조정에 끈기있게 노력하고, 일반 가정 생활도 석유절약형으로 변용되어갔던 점도 있었다. 일본 원유 수입량은 1973년 2.9억kl 에서 1982년 2.1억kl 이상으로, 4분의 3까지 감소되어 있었다. 게다가 이 10년간의 실질 GNP를 1% 늘리기 위하여 투입된 석유의 원단위가 반 이하로 줄어든 여러 요인들이 이러한 극적 변화를 나타낸 것이다.

이런 사실이 일본경제에 초래한 것은 첫째, 석유 다소비형의 대규모 산업이었던 철광, 석유화학, 요업(시멘트, 판유리) 등에 있어서의 석유절약, 에너지절약을 위한 설비 합리화와 열효율 향상 등에 걸친 기업의 노력이 현저해졌다. 자동차 연비효율의 비약적 증가와 가정 전기제품 개개의 전력소비도 현격하게 줄어들었다. 둘째, 전자공학의 발전에 의한 새로운 기술혁신의 힘찬 전개가 생산구조와 산업구조 전체를 상당히 변화시켰다. 반도체 고밀도화와 전자응용 기술을 목표로 지향하게 되었고, 기계공업과 전자공학의 재래분야를 하나로 융합하면서 유리와 시계, 정밀기계, 공작기계와 로봇 등의 산업기계, VTR과 AV 등의 전기기계, 마이크로컴퓨터와 OA 등 전산기 부문 등에 잠재해 있던 사회적 요구(Needs)를 새로 발굴하고, 혁신적인 민간투자를 재건시켰다. 물론 제3차 산업, 금융과 물적 유통 부문이 정보 서비스화에 의해서 크게 변화했다. 오일쇼크 후의 일본경제가 구조조정 (restructuring)을 표어로 민간 기업을 재구성한 노력에 대해 에즈라 보겔은 'JAPAN AS NO.1'이라고 평가하기도 했다.

하지만 두 개의 큰 영역에는 아직 문제가 남아 있었다. 하나는 일본 국가 재정의 적자확대였다. 그래서 행·재정 개혁을 다시 시작하게 되었고 재정지출 억제가 오랫동안 실시될 수밖에 없었다. 또 하나는 제2차 오일쇼크가 경제 전체에 미친 타격이 매우 컸다는 데 있었다. 그리하여 심각한 '세계 동시불황'이 생겨나고 무역 불균형이 확대되는 중에 돌출한 흑자국가인 일본을 둘러싼 국제경제 간의 불협화음이 생겨났다. 그리고 보호무역주의의 움직임이 강화되었다.

▌저성장경제가 낳은 족(族)의원

족이라는 명칭은 국회의 의원운영위원회에 소속된 이사들에게 붙여진 것이다. 그들은 여야당을 불문하고 의운족(議運族)이라고 불려졌다. 그 후 1960년대 고도경제성장기부터 각 성청(省廳)에 대응하는 형태로 의운족이 생겨나, 자민당의 단독정권이 장기화함에 따라 당정무조사회를 무대로 관료의 지배력이 강화되어갔다. 그 족의원이 정책입안, 즉 정부제출 법안 작성에 있어 공식적으로나 비공식적으로 영향력을 강화하게 된 것은 1973년 제1차 오일쇼크 이후의 저성장시대 긴축재정하에서 종적 관계라는 각 성청 간의 예산권한 등을 조정하는 직무를 통해서였다.

관료 측이 영향력을 잃어갔던 원인으로는 ① 경제의 저성장에 의해서 관료가 사회적 이익에 대해 재정적 수단을 사용하기 어려웠고, ② 국가와 사회관계 그 자체에 기인하는 사회에 대한 관료의 일방적인 영향력 이완, ③ '따라가고 따라잡자'의 의욕 감퇴에 의한 관료의 영향력 후퇴, ④ 경제 자유화의 가속에 동반해 관료의 영향력 감퇴 등을 들 수 있다. 저성장경제가 '당고관저(黨高官低)'를 초래했다고도 말할 수 있다. 하지만 족의원이 관료에 대해 우위에 섰다고 해서 양자가 대립하는 관계가 된 것은 아니다.

전후의 행정은 경제성장, 요컨대 공급자(생산자) 측의 보호와 육성을 기본노선으로 하였다. 공급자의 분야마다 족의원그룹을 만들어 관료와 함께 후원했던 것이다. 그리고 그 보답으로 재계로부터 선거의 지원을 얻어 정권기반을 확고하게 해온 것이 자민당이었다. 족의원과 관료는 긴장관계를 내포하고 있으면서도 서로 의존했다. 그리고 족의원은 자신의 영역을 유지하기 위하여 때에 따라서는 각 성청의 응원을 요구했다.

제**7**장

경제대국을 향한 추이, 1980~86

＊ ＊ ＊

▌스즈키 내각과 도코 임시행정조사회

1980년 7월, 오히라 수상의 갑작스런 죽음으로 스즈키 젠코(鈴木
善幸)가 자민당의 총재로 선출되었다. 스즈키는 수상으로 취임한 이듬
해 1981년 3월, 일본상공회의소 총회에서 인사를 하며, "국민적인 성
원과 기대에 보답하기 위해 행정개혁을 내각의 가장 중요한 과제로
삼고 정치생명을 걸어 달성하고 싶다"고 결의를 표명했다.

제2차 임시행정조사회(회장: 도코 도시오 경단련 명예회장)가 발
족된 지 이틀 뒤의 일이었다. 제2차 임조 설치는 1980년 10월에 각료
회의에서 결정되었다. 하지만 언론은 매우 차가운 반응을 드러냈다.
이케다 내각의 제1차 임조 이후, 행정개혁은 예외 없이 총론 찬성과
각론 반대로 결국 결론을 못 낸 채 끝났다. 하지만 해가 바뀌자 분위

기가 일변했다. 원인은 경단련의 명예회장이 된 도코 도시오가 임조의 회장에 취임했기 때문이었다.

일즙일채(一汁一菜)를 그림으로 그린 듯 검소한 생활을 지향하는 도코였기 때문에 국민들과 친숙하고, 기골이 장골하며 재계인다운 영험스러움 때문에 그때까지 임조에 대해 냉정했던 매스컴이 일제히 도코 임조 편으로 쏠렸다. 당시 그 이상으로 실효가 있었던 것은 종래에 행혁의 방해자였던 재계가 도코의 응원단이 되어, 행혁추진에 진지하게 임하기 시작한 것이다.

경단련 회장인 이나야마 요시히로도 마지못해 임조의 응원단장이 되었다. 실제로 도코 임시행정조사회 발족과 동시에 이나야마를 비롯한 나가노 시게오(永野重雄: 일상 회장), 오쓰키 분페이(大槻文平: 일경련 회장), 사사키 다다시(佐佐木直: 동우회 대표간사), 휴가 호사이[日向方齊: 관경련(關逕蓮) 회장] 등 재계에 의한 '행혁추진 5인위원회'가

오히라 수상의 갑작스런 죽음 ▌5월 16일 내각불신임안이 가결되어 오히라 수상은 선거운동에 돌입했으나 과로로 입원, 6월 12일 급성 심부전증으로 사망했다

설치되었다. 재계가 하나로 뭉쳐 본격적으로 추진한다면 적어도 자민당의 정치가들은 동조해야 할 것이고 정·재계가 스크럼을 짜면 관료들도 관심이 없을 수가 없다. 애초 정계와 관계는 정세의 방향이 바뀐 것을 알자 적극적으로 새 기운에 합세하려는 경향을 가지고 있었다. 정계와 관계 공작의 행혁은 도코 임조가 시작되자마자 나카소

스즈키 젠코(1911~2004)

네 야스히로를 위한 '장난감'이라고 야유했던 것이 정말 강력한 행정 개혁 머신이 되었다. 그것이 그대로 나카소네가 천하를 쥘 수 있는 머신이 된 것이다.

나카소네의 머릿속에는 당초부터 '회장은 도코, 참모역은 세지마 류조(瀬島龍三)'라고 두 사람의 이름을 새겨두고 있었다. 세지마는 원래 일본군대 본영 육군 참모로, 소련에서의 억류 생활 후에 귀국하여 이토츄(伊藤忠) 상사 상담역을 하면서 나카소네의 유력한 참모 중의 한 사람이 되었다. 나카소네는 도코를 설득하기 위해, 오랫동안 경단련에서 정치헌금을 관리하여 '재계의 정치부장'이라는 별명까지 가지게 된 하나무라 니하치로(花村仁八郎)에게 "반드시 도코에게 임시행정조사회의 회장을 맡기고 싶다. 국가의 운명이 걸려 있다. 어떻게 해서라도 설득해주지 않겠는가"라고 부탁했다.

도코는 처음에 이를 받아들이지 않았다. 그러나 "오일쇼크 후에 일본의 기업은 현명하고 합리적인 감량경영을 하여 체질을 강화했다. 하지만 국가나 지방의 관청은 전혀 그러고 있지 않다. 그리고 자금이 부족해지면 곧 세금을 늘리는 것은 부당한 이야기이다. 그렇게 말하며 분개했던 것은 당신이 아니냐. 행혁을 하기 위해서도 꼭 당신 자신

이 임조의 회장이 되어야 한다. 절호의 기회가 아니냐"며 주위에서 하나가 되어 설득한 결과, 겨우 받아들여졌다고 한다.

▌재계의 복권이 목표

스즈키 내각은 행정개혁 추진을 거듭 강조하는 한편, 1980년 가을부터 "법인세의 증세는 부득이하다"는 말을 내비치기 시작했다. 재계는 정부의 무례한 계획을 깨뜨리기 위해서도 도쿄가 임조 회장에 취임하기를 바랐다. 게다가 여기에는 '정고재저(政高財低)'를 역전시킬 목적도 있었다. 당시의 정계와 재계의 관계를 보면, 미키 내각 때의 정치자금 규정법에 의해 자금줄이 줄어듦에 따라 재계의 영향력이 약해졌다. 그리고 권력의 자리에서 쫓겨났어야 할 다나카 가쿠에이가 그 후 최대 파벌이라는 숫자의 힘에 의해, 자파에서는 총리·총재를 내놓지 않는 대신에 'King Maker'로서 절대적인 힘을 가지는 기묘한 형태가 되어버렸다. 재계는 실질적으로 아무것도 참견할 수 없게 되어버린 것이다.

게다가 자동차·전기 통신·유통이라는 새로운 유망업종이 대두하여 사실상 산업구조가 크게 변해버렸기 때문에, 종래의 소위 대기업 중심의 재계 주류의 통솔력이 약해지면서 당연히 정계에 미치는 영향력도 줄어들었다. 즉 재계는 정계에 돈을 내놓는 것 말고는 아무 조건도 내세울 수 없었다. 정치인들과 관료들로부터 홀대당하는 시대가 계속될지도 모르는 것이다. 그러나 도쿄를 보내어 임조의 주도권을 쥐게 하면, 사실상 정계와 관계를 제어할 수 있게 된다. 요컨대 재계의 복권으로 연결된다고 내다보고 있었다. 예를 들면 임조의 기축인 위원회의 구성에서도 당초 정부는 재계 2, 노동계 2, 관계 1, 언론계 1, 학계 1, 지방계 1, 법조계 1명 등 9명으로 생각하고 있었던 것을 재계쪽은 억지로 도쿄를 별도로 해서 2명, 즉 3명을 요구하여 승인받았다. 도쿄 이외의 2명으로는 당시 아사히 화성(旭化成) 사장이었던 미야자키 테루와 세시마 류산이다. 그리고 또 재계 3명이 되었기 때문에 구성에서 빠져버린 법조계 대표 가미야 타카오(神谷尙男: 前 검사총장) 등과 함께 고문으로 오쓰키 분페이(木槻文平)가 가담했다. 전문위원 21명 중 1/3을 재계가 확보한 것이었다. 이리하여 재계 주도의 형태를 획득했다.

1981년 3월 11일, 도쿄는 도 내의 호텔에서 스즈키 수상과 만나 그 자리에서 임조 회장을 맡는 조건으로 다짐하는 각서를 제시하며, 스즈키 수상에게 확인을 받았다. 그 각서란 ① 증세 없는 재정재건일 것, ② 답신을 반드시 실시할 것, ③ 전국에 걸쳐 행혁을 추진할 것, ④ 3공사의 민영화를 포함하는 개혁을 실시할 것이었다. 특히 ②는 중요한 의미를 내포하고 있었다. 임조는 법률상으로 수상의 자문기관에 지나지 않아 수상이 답신을 채용하지 않는다고 결정하면 무용지물이 된다. 실제로 제1차 임조는 이케다를 이은 사토 내각에 의해 무용지물과 다름없게 되어버렸다. 그래서 ②는 그것에 대한 단호한 제어장치로 임조의 정·관계에 대한 우위성의 보장이었던 셈이다. 도쿄가 '재계의 뜻'이라고 하는 서두를 달고 보인 각서에 대해서 스즈키는 "정치생명을 걸고 실현에 힘쓰겠다"고 약속했다. 그리하여 스즈키 수상은 '증세 없는 재정재건'의 간판을 내걸고, 행·재정 개혁을 정부의 최대 중점정책으로 삼고 내각의 구심력을 강화해나갔다.

그리고 우선 1982년도 예산안 편성에 맞도록 임조에 세출삭감의 구체적인 내용과 방법의 검토를 요구했다. 이에 대해서 임조는 7월에 '행·재정 개혁에 대한 제1차 답신'을 확정했다. 그 내용으로는 6월 각료회의에서 결정한 1982년도 예산의 개산요구 범위를 전년도 대비 신장률 원칙을 제로로 하는 '제로 실링(Zero-base budgeting)'으로 연동시켜 세출을 삭감하려고 하는 의도가 들어 있었다.

1981년도 예산에서 스즈키 수상은 국채 2조 엔 감액을 달성하여 '재정재건 원년'을 선언하였다. 하지만 동년도 재정상태는 최종적인 세수부족이 3조 3,342억 엔에 달하여 어쩔 수 없이 결산조정자금을 깨고 국채정리기금에서 차입을 해야만 했다. 게다가 1982년도 예산 6조 엔을 상회하는 세수부족이 예상되어, 이를 보충하기 위해 국채 3조 9,050억 엔의 추가발행을 단행함으로써 동년도 국채발행은 사상 최고치를 기록하는 이상결과를 낳았다. 결국 재정재건의 공약은 실현 불가능하게 되었다.

그 때문에 스즈키 수상은 1981년 11월, 내각 개조 직후에 "증세 없는 재정재건의 취지에 어긋나지 않는 범위 내에서 세제상의 조치를 검토하지 않을 수 없다"고 발언하며, 이 같은 궤도 수정을 위해 1982년도 예산편성에 즈음해서 조세특별조치의 재검토와 교제비, 과세강화, 대손 예비금 재검토 등 '기업증세(增稅)'의 뜻을 밝혔다. 이 방침은 "세출삭감의 노력이 부족하다. 수상 방침은 증세 없는 재정재건에 어긋나 있다. 임조 발족 시의 약속을 깨는 것이다"라고 주장하는 임조의 도코 회장과 날카롭게 대립하였고, 더욱이 재계로부터 반대의 소리가 들끓었다. 결국 스즈키 수상은 '증세'를 '증수'로 바꾸어 말하고 대형 신세(新稅)의 창설과 분명히 구별을 지으면서, 기존 세제의 범위에 있어서 3,480억 엔의 기업증세를 실시했다. 이렇게 해서 '증세 없는 재정재건'이라는 기본방침은 사실상 무산된 것이다.

▌증세 없는 재정재건

1981년 5월에 방미한 스즈키 수상은 로널드 레이건 대통령과 정상회담을 가졌다. 이 과정에서 미일공동성명이 회담 종료 전에 공표되었다. 이것을 계기로 공동성명에 있어서 일·미관계에 새로운 군사적 의미가 덧붙게 되었는지의 여부가 문제되었다. 이 점에 대해서 스즈키 수상은 "군사적 의미를 추가할 의도는 없다"는 입장이었다. 반면에 이토 마사요시(伊東正義) 외상은 동맹관계에 대해서 "미일안보조약도 있고, 군사 문제가 포함되어 있는 것은 당연하다"는 입장이어서 결국 외상을 사임했다. 이러한 정부 내의 불일치가 드러난 것은 큰 수치로서, 스즈키 내각의 구심력도 약해져갔다.

그 후 정부는 1982년 7월 각의에서 1983년도 예산의 각 부처 개산요구 범위를 "원칙적으로 1982년도 예산액보다 5% 삭감한다"는 대장성 방침을 승인했다. 방위비 등 5항목을 예외로서 전년도와 마찬가지로 증액하고, 또 새롭게 공공사업비와 생활보호비 등을 준예외로서 전년도 예산과 같은 액수로 할 것을 승인했지만 사상 초유의 '마이너스 실링(ceiling)' 이었다. 이에 대응하여 임조는 제3차 답신(기본 답신)을 제출하여 국철(國鐵), 전전(電電), 전매(專賣) 3공사의 분할·민영화, 성청(省廳) 통폐합 등의 현안사항을 망라하면서, 재정위기를 '증세 없는 재정재건' 노선으로 극복할 것을 제언했다.

또 경제마찰과 관련하여 미국 등 각국으로부터 쏟아지는 대일 비난에 대해서 시장개방 대책을 검토해온 정부, 자민당은 1982년 1월의 자민당 국제경제대책특별조사회 회장 에자키 마스미(江崎眞澄)와 경제대책각료회의에서 여러 외국이 비관세 장벽이라고 비판한 99항목 중 67항목의 개선을 결정했다. 그리고 주요 선진국 정상회의 직전인 5월에는 시장개방 대책의 제2탄으로 수입검사 간소화, 관세율 인하, 수입 제한의 완화, 수입 확대, 유통 기구와 비즈니스 관행의 개선, 서비스 무역의 자유화, 첨단기술 등을 결정했다. 관세율 인하와 수입제한의 완화, 수입검사 수속 등의 개선 등에 의한 수입의 촉진은 이 시기 일본 정부의 대외정책을 특징지었다.

▌수출대국으로의 길

1980년대에 들어서자, 일본경제는 구미제국에 비하여 제2차 석유위기를 극복한 것이 명백해졌다. 석유가격 폭등에서 발단된 인플레이션을 억제하기 위해 금융긴축정책을 장기간에 걸쳐 계속한 서양세계는 제로 성장과 마이너스 성장, 높은 실업률과 물가상승률에 시달리고 있었다. 그중에서도 미국의 금리는 제2차 세계대전 후 최고 수준이 되어 일본은행의 기준 금리는 14%에 달했다. 이러한 세계적인 고금리는 각국 경제에 강한 디플레 압력을 미치게 하여, 경기회복의 걸림돌이 되었다. 또 비산유개발도상국의 금리지불 부담의 증대에 따른 누적채무 문제를 초래하는 등, 세계 경제에 악영향을 끼쳤다. 또 일본경제에 미친 영향도 커서, 미국의 고금리가 엔화 약세경향을 가져와 경기부양을 위한 저금리정책을 어렵게 만들어, 내수회복을 방해하는 요인이 되었다.

그러나 이런 상황에서도 일본경제는 1981년에 들어서면서 회복되기 시작했다. 이 경기회복 과정에서는 업종 간, 기업 규모 간, 지역 간의 불균등이 두드러졌다. 특히 업종에 따라 석유가격 폭등의 영향을 비교적 덜 받은 가공형 산업이 꾸준히 생산을 늘린 것에 비해, 타격을 강하게 받은 석유·에너지 다소비형 산업의 회복은 늦어졌다.

1983년경부터 수출확대의 결과 성장률이 상향되고, 1980년대 전반을 통해서 거시적으로는 안정적인 템포로 지속적인 성장을 보였다. 소비자 물가도 1982년 이후에 상승률이 낮게 잡혀, 공채의존도가 꾸준히 저하되었다. 오히려 문제는 1983년부터 수출이 대폭 증가하여 무역흑자가 확대되면서, 해외로부터 심한 견제를 받게 된 것이었다. 이러한 해외로부터의 강한 불만, 대일비판은 이 시기를 통해서 일관되었다. 그 이유는 구미선진국은 제2차 오일쇼크 후 스태그플레이션으로 시달리고 있는데, 수출을 신장시킨 일본만이 비교적 양호한 경제를 유지했기 때문이었다.

일본 정부는 1981년 5월에 자유무역체제를 지키기 위해 자동차의 대미 수출 자주규제를 단행했다. 그러나 같은 해 10월에 경단련의 이나야마 요시히로 회장을 단장으로 파견한 경제사절단도 대일비판의 집중포화를 맞고 수출규제를 강하게 요구받았다. 이나야마 회장은 귀국 후 스즈키 수상을 방문하여 "경제 문제가 정치 문제화되어 자유주의 제국의 연대가 손상될지 모를 상태이다"라며 대응책을 세울 것을 진언했다. 이에 스즈키 수상은 11월 내각 개조 후 첫 각의에서 관세율을 앞당겨서 인하시킬 의향을 표명했다. 이를 받아들여 12월 경제대책각료회의에서 관세율 인하와 긴급 수입을 위한 외화 대부의 실시 등을 주요 내용으로 하는 대책이 세워졌다.

▎경단련에 압력을 가한 농업단사건

경단련은 각 분야에 걸쳐 수없이 많은 정책들을 제언하고 산업계 혹은 총자본이라는 입장에서 의사표시를 해왔다. 그렇지만 이것이 외부로부터 비판을 받고 수정된 적은 없었다. 경제계의 정점에 선 압력단체로서, 단순히 경제계만이 아니라 정계와 관계에도 엄중한 태도를 취하고 있었기 때문이다. 그런데 제언을 내세우면서 암초에 걸린 예가 있었다. 그것은 바로 농산물의 단계적 자유화 제언이다.

제1차 오일쇼크에서 제2차 오일쇼크에 걸쳐 산업계에는 농정(農政) 비판이 점차 고조되어갔다. 왜냐하면 산업계가 갖은 고초를 겪으며 감량 경영을 강요받고 있는 반면, 농업은 보호되고 재정자금의 분배도 후하게 받고 있다는 인식이 산업계에 강하게 침투되었기 때문이었다. 특히 식품 공업계는 농산물의 수입자유화가 진행되지 않아 국제가격의 3배에서 4배 되는 국산품의 원료를 사야 되기 때문에, 비싼

농산물 가격에 대해서 근원적인 대책을 강구해야 한다는 의견이 분출했다. 이나야마가 회장이 된 직후 농업 문제를 다루는 독자위원회인 '농정문제간담회'의 적극적인 활용을 생각했다. 식량의 자급률, 주요 농산물의 장기생산 목표의 논의 등을 거친 뒤, 1981년부터 '식품공업을 둘러싼 문제점'에 대해 연구하게 되었다.

식품공업은 출하액 규모로 19조 엔, 취업자 수는 115만 명을 헤아리며 제조업 중 자동차, 가전업계의 뒤를 잇는 규모로 쌀을 제외한 식용 농축산물의 28%, 수산물의 50%를 가공용 원료로 사용하고 있었다. 농업·축산·수산업계와 소비자를 연결하는 중요한 역할을 하고 있었다. 약 1년 반 동안 독자적 연구를 계속한 농정문제간담회는 "국제적으로 열린 경제 사회에서 식품공업정책의 본연의 자세"라는 제목의 리포트를 정리, 경단련에 정식 제안하는 형식으로 1983년 9월에 공표했다.

그 골자는 ① 식품산업의 원료가 되는 농산물의 수입제한 품목은 시장개방 계획을 세워 단계적으로 자유화를 진행시키도록 노력한다. ② 축산진흥사업단 등 가격안정사업단의 본연의 자세를 다시 돌아보아야 한다. ③ 농협계(農協界)의 대형사업에 대해서 농정상의 보호, 조성 조치를 계속하는 것은 일반 기업과의 사이에 공평한 원칙과 경쟁 질서를 지키는 선에서 재검토가 요망된다 등이었다. 결국 "농업을 보호하는 결과, 그 여파가 산업계에 미치기 때문에 서서히 수입을 자유화시켜라"라는 논지였다.

이 보고서는 당초 6월에 공표하기로 되어 있었다. 그런데 미·일 무역마찰로 농산물의 자유화가 문제되고 있었던 점에서 농수성(農水省)과 농업단체 등이 이의를 제기하였기 때문에, 내용을 수정하여 겨우 9월에 공표했다. 그러나 그것만으로는 수습되지 않았다. 리포트를 완성한 농정문제간담회의 위원장에 아지노모토 사(社)의 와타나베 분조 회장이 취임하였기 때문에, 이 회사제품은 한때 '불매운동'에 처해지는 상황까지 벌어졌다. 이나야마는 그 후 농산물의 자유화에 대해 적극적인 발언을 삼가게 되고, 위원장도 와타나베에서 미쓰이 물산 상담역인 미나카미 타츠조가 대신하게 되었다. 최강·최대의 압력단체이어야 할 경단련이 고개를 들 수 없게 만든 강력한 압력단체의 존재가 이렇게 해서 드러났다.

▍버블경제로의 저류

1982년경까지 계속된 세계 동시불황에서 탈출하는 데 기관차의 역할을 맡은 것은 역시 카리스마적인 레이건 대통령 정치하의 미국이었다. 레이거노믹스(Reaganomics)는 말하자면 부국강병책이었다. 즉 소련의 군사행동의 확장을 견제하기 위해 미국 군사비의 과감한 증강을 도모하는 한편, 대대적인 감세로 저축과 투자를 늘림으로써 강대한 미국 경제의 재생을 기도했다. 소련을 냉전체제의 종언과 군축으로 몰아넣었다는 점에서 강병책은 결과적으로 성공한 것으로 보이지만, 부국책은 실패로 돌아갔다. 재정 면과 무역 면에서의 '쌍둥이 적자'가 터무니없이 증대되어 달러의 국제적 신인도가 실추되고 미국의 세계적 패권체제(팍스 아메리카나: Pax Americana)도 더욱 흔들리게 되었다.

1980년대 이후는 세계 전반의 정치, 경제와 일본의 경제, 사회, 정치, 외교 모두 큰 변화와 대조정의 시기에 놓았다. 그 큰 흐름의 하나는 고르바초프가 페레스트로이카(Perestroika)와 글라스노스트(Glasnost)를 실시한 이래, 1980년대 결국 전후 40년 남짓 계속된 동서세계의 대립과 냉전구조가 붕괴된 것이다. 게다가 민족 문제와 종교 문제 등으로 분쟁이 격화되는 지역이 늘어나 세계질서의 새로운 모습은 지금까지도 보이지 않고 있다.

또 하나의 큰 흐름은 미·서구·일본 그 외 시장경제권에서, 금융의 국제적 자유화와 금융부문에서의 기술혁신이 하드 및 소프트 양면에 걸쳐 급전개되었던 것이다. 최근 수년간 세계외환 등의 금융 거래액은 20배에 달하는 급팽창을 했다. 컴퓨터와 관련한 현격한 기술혁신과 다수의 인공위성 발사의 성과에 따라 정보는 순식간에 세계 곳곳으로 돌게 되고, 여기서 가장 큰 이득을 취한 것이 금융업과 증권업이었다. 그 결과 선

토지투기로 인한 지가 폭등 ▌ 부동산업자 및 폭력단이 토지를 마구 사들여 사회 문제가 됐다

물거래의 발달에 그치지 않고 스와프(Swap)와 옵션(Option) 등의 거래에 관련된 많은 금융상품을 만들어내고 폭넓은 비즈니스의 기회를 제공해주었다. 그러나 파생적 영향도 증대했다. 버블현상은 세계 여러 나라에서 일어났지만, 특히 일본에서 두드러졌다. 뭔가 금융거래를 직접 다루기만 하면 크게 벌 수 있다고 하는 재테크가 활개치는 시대 풍조가 만들어졌다. 결국에는 주식이나 지가 폭등(地價暴騰)을 통한 거품경제의 팽창과 붕괴로 이어지는 일대 조정과정이 전개되었다.

▌행정개혁노선에서 돈에 속박된 스즈키

자민당의 총재선거는 1982년으로 임기가 끝나는 스즈키 수상이

재선되는 것을 기정사실로 보았다. 그런데 10월에 스즈키 수상이 갑작스레 총재선거에 입후보하지 않겠다는 의사를 밝혔다. 그 결과 11월 총재선거에서 나카소네가 총재로 선출되어 나카소네 내각이 발족되었다.

스즈키가 대권을 포기한 것은 일·미관계의 악화라는 이유로 충분히 설명될 수도 있지만, 그보다 큰 원인은 임조노선의 파탄이었다. 즉 재계가 도코 임조 응원단으로서 진지하게 임하는데 비해, 스즈키 내각은 반대로 모순을 드러냈다. 그 모순을 혹독하게 추궁받아 도코와의 사이에 주고받은 '각서'를 위반한 것 때문에 궁지에 몰리게 되어버린 것이다.

일례를 들면, 1982년 7월 23일 수상 관저는 심각한 상태가 되었다. 이날 정부가 생산자 쌀 가격을 1.1% 인상한 것에 화가 난 도코가 "임조 회장을 사임한다"고 표명했기 때문이다. 1981년은 제로 실링, 1982년은 마이너스 실링을 단행한다고 약속하면서 쌀 가격을 올린다는 것은 사실상 재정재건의 포기이자 배신행위라고 본 것이다. 스즈키는 매우 당황하여 사과를 하고 '증세 없는 재정재건'을 맹세함으로써 겨우 도코의 마음을 돌렸다. 하지만 1981년 말에도 6,000억 엔의 세입결함의 우려가 생긴 데 대해 도코가 직접 스즈키를 꾸짖자, 정부는 일단 기업증세를 결정한 것을 철회시켜 국가의 적자국채발행으로 전환시켰다. 이리하여 도코 임조와 그 응원단인 재계에 주도권이 주어져 스즈키 내각은 돈에 속박된 상태가 되었다. 이번에는 1982년도 세입결함이 약 6조 엔에 달하여 대폭 증세나 적자국채를 발행하지 않을 수 없음이 명백해졌다.

게다가 대장성의 계산으로는 1983년에는 세입결함이 10조 엔을 넘었기 때문에, 증세를 하지 않는다면 1984년까지는 적자국채를 제로로 하는 스즈키 내각의 재정재건은 완전히 파탄날 지경이었다. 당연히 정계 내외 특히 자민당 비주류파의 스즈키 내각에 대한 비판과 비난이 거세졌다. 후쿠다 다케오, 고모토 도시오, 그리고 나카가와 이치로는 정책의 파탄을 수상의 책임이라며 스즈키의 퇴진을 요구하기 시작했다.

비주류파는 모두 "세입결함은 제로 실링 등으로 경기가 너무 침체해 있었기 때문에 일어나는 것으로, 공공사업비를 증액하는 등 과감한 적극 재정으로 전환해야 한다"고 주장했다. 이것은 분명히 행혁 임조의 비판이었다. 그리고 자민당의 실력자, 각료들 중에서는 유일하게 나카소네만이 '행혁삼매(行革三昧: 행정개혁에 전력을 기울인다)'를 되풀이하였다. 그 나카소네에게 스즈키는 퇴진을 표명하기 일주일 전에 정조회장 다나카 로쿠스케(田中六助)를 통해 "정권을 계승하길 바란다"라고 극비 타진했다. 물론 나카소네의 대답은 'OK'였다. 스즈키로서는 나카소네에 대한 개인적 감정은 뒤로 할 수밖에 없었다. '반행혁(反行革) 반(反)스즈키'의 대합창 속에서 자신이 펼친 노선을 지키기 위해 뒤를 부탁할 수 있는 것은 나카소네밖에 없었기 때문이다. 물론 나카소네도 그 점을 예측하고 '행혁삼매'를 주장하고 있었던 것이다.

한편 재계의 내부사정은 복잡했다. "제로 실링을 중지하고 적극재정으로 전환해야 한다"는 소리는 재계에서도 불거져 나왔다. 원래 재계가 행혁추진의 선도역을 했던 것은 어디까지나 "증세 반대로 인한 것으로 행혁 때문에 경기가 침체되는 상황에서 이익은 고사하고 본전도 날리게 된다"라는 것이 본심이었다. 실제로 나가노(永野)는 "이 상태로는 중소기업의 대량 도산이 불가피하다. 정부는 무엇보다도 경기 부양 정책에 힘을 쏟아야 하고, 그러기 위해서는 공공투자의 과감한 증액도 필요하다"라고 호언장담했다. 실질적인 행혁비판이었다.

후쿠다, 고모토 등 비주류파가 기대하고 있던 것은 경단련 회장 이나야마의 발언이었다. 실은 비주류파는 심각한 철강 부족 속에서 이나야마도 본심은 "적극재정으로 전환해야 한다"는 것을 알고 있었다. 나가노에 이어 이나야마까지 적극재정론을 내세우며, 사실상 임조

체제는 붕괴되고 스즈키 퇴진과 동시에 나카소네도 물러나야 할 상황이었다. 하지만 결국 이나야마는 '행혁고지'를 표명하고 도코 임조 응원단에 동참했기 때문에 나가노의 주장도 중도에서 꺾이고 말았다. 도코라는 국민의 지지를 배경으로 한 존재의 크기가 재계의 균열을 봉쇄시켜버렸던 것이다. 그리고 그 순간 재계는 유일한 임조 행혁추진 정치가인 나카소네를 지지하지 않을 수 없게 된 것이었다.

▌나카소네 내각 탄생

나카소네 수상은 취임 기자회견과 국회의 소신표명 연설을 통해서 '배려하는 마음'과 '책임있는 실행', '알기 쉬운 정치,' 국민에게 '의사를 묻는 정치'를 정치의 기본명제로 삼을 것을 밝혔다. 구체적으로는 ① 임시행정조사회 기본 답신의 최대한 존중, ② 세출의 재검토, 합리화와 세입의 재검토에 의한 재정의 대응력 회복, ③ 일·미의 신뢰관계 강화 등이 중점정책이었다.

그러나 나카소네 수상은 12월 임시국회에서 스즈키 전 내각의 공약이었던 1984년도 적자국채의존 체질로부터의 탈피와 관련해서, 동년도에 대형증세를 단행할 가능성을 표명했다. 그리고 "수익과 부담의 차이가 있다"는 관점에서 공공요금, 교육, 복지 등으로 수익자 부담 증가의 가능성을 시사하는 등 경제정책의 방향을 크게 전환시키려고 하였다.

더욱이 1983년 1월 통상국회 시정방침연설에서 "일본 전후사의 큰

나카소네 야스히로(1918~)

전환점에 직면하고 있는 것을 절실히 느낀다. 지금이야말로 전전·전후 역사 속에서 후세대를 위해 무엇을 남기고, 무엇을 개선해야 하는가, 그리고 우리들은 어디로 향해서 나아가야 하는가를 진지하게 생각해 새로운 전진을 위한 방침으로 삼아야 한다"고 개혁의 선두 지휘자로서 정권을 담당하는 의욕을 보였다. 그 후 나카소네 수상은 '행정 개혁 국회'라는 명목을 부여하고 동년 9월 임시국회에서 소신표명으로 당초의 방침을 일부 수정하면서 "조용한 개혁의 최대 중요 과제는 행·재정 개혁(行·財政 改革)의 단행이다"라고 말하며 나카소네 정권 내정의 가장 중요한 과제로 삼았다.

그러나 그해 정국은 다나카 가쿠에이 전 수상이 피고인이 된 록히드 재판의 진행을 주시하면서 동요되었다. 연초 방미에서 '일본열도는 불침 함공모함(不沈空母)' 등의 발언으로 비춰진 나카소네 수상의 다나카파적인 자세가 야당의 반발을 샀다. 또한 10월에 동경 지방법원이 다나카 전 수상에게 수탁·수뢰와 외환법 위반으로 실형판결을 내린 것을 빌미로 전 야당이 다나카의 의원사직 권고 결의안의 심의를 요구하고 일체의 심의를 거부하는 등 국회는 공전을 계속했다.

사태를 타개하기 위해서 자민당 집행부는 중의원 해산과 연내 총선거를 약속함으로써 법안의 성립을 야당에 부탁하는 방법밖에 수습책이 없다는 판단을 내렸다. 이에 나카소네 수상의 결단을 독촉하여, 12월에 중의원 총선거가 공시되었다. 총선거 결과, 자민당은 전회 284의석에서 단번에 250의석으로 감소하여, 중의원 의석이 과반수에서 6석이나 줄었다. 그 때문에 자민당 집행부는 비공인으로 당선된 보수계 무소속 9명을 추가해서, 겨우 과반수를 채웠다.

패배의 원인은 국민들이 나카소네 내각이 자민당 다나카파의 강한 영향 아래에 있다고 생각하고 있었던 데 있었다. 그래서 선거 다음날 발표된 총재(나카소네) 성명에서는 "다나카 가쿠에이 전 수상의 정치적 영향을 일체 배제한다"는 것을 명언하여, 간신히 제2차 나카소네 내각이 발족되었다. 또 중의원에서의 의석의 감소를 보충하기 위해 그전까지 야당이었던 신자유클럽 8명 전원과 자민당이 연립하여, 신 내각에 다카와 세이이치(田川誠一) 대표가 자치상으로 입각했다.

▌민간활력 도입

1983년 12월 중의원 총선거 후, 현안이 되었던 니카이도 스스무 (二階堂進) 다나카파 회장을 자민당 부총재로 기용하는 문제는, 1984 년 4월에 다나카 전 수상의 강한 요청을 받아들여 나카소네 수상이 기용하기로 용단을 내렸다. 이를 계기로 나카소네 내각이 다나카파에 의존하는 경향이 한층 짙어져, '다나카 지배체제'를 강화시키는 결과 가 되었다. 같은 해 가을 임기만료로 실시된 자민당 총선거에서는 다 나카파 지배에 반발하는 자민당 비주류파 등이 니카이도 옹립공작으 로 움직였는데도 불구하고 나카소네는 수상에 재선되었다.

그러나 정국은 착실히 다나카·후쿠다 대결구도에서 다케시타 노 보루(竹下登), 아베 신타로(安倍晋太郎) 등 새 리더의 시대로 넘어가고 있었다. 1984년이 되자 나카소네 수상은 내정의 중점으로 행정개혁, 재정개혁, 교육개혁의 '3가지 개혁'을 내세워 행·재정 개혁에서는 총 리부와 행정관리청을 통합한 총무청을 발족, 전전(電電), 전매(專賣) 양 공사 민영화법(公私 民營化法)의 성립, 1985년도 예산일반세출의 마이너스 실링을 추진했다.

그리고 나카소네 수상은 1984년 9월 민간활력의 도입책과 공공사 업투자의 바람직한 자세, 첨단기술의 활용 방법 등 경제정책을 검토 하기 위해, 수상의 사적인 스터디 그룹으로서 경제정책연구회[회장: 마키노 노보루(牧野昇) 미쓰비시종합연구소 회장]를 발족시켜 10월에 보고서를 받았다. "앞으로의 경제정책과 민간활력의 배양"이라는 제목의 이 보고서는 사업비 수조 엔 규모의 관민합동 대형 프로젝트를 열거하며, '지하·해면·공중의 이용'을 적극적으로 추진할 것을 제창했다. 그리고 그 실현의 구체적 대책으로서 개발규제의 완화, 국공유지의 개방, 민간사업자에게 공유수면매립 면허교부, 공중권리용의 제한 완화, 차지법(借地法)의 개정 등 참가 기업에 대한 우대조치의 개정 등 법률제도의 미비한 점에 대해 수정을 요구했다.

경단련은 정부 여당이 일치해서 안정정권을 유지하기 위한 노력을 기울일 것과 함께, 특히 긴급을 요하는 세 가지 중요과제인 행·재정 개혁의 단행, 민간활력의 발휘, 대외관계의 원활화 문제에 적극 힘써주기를 바라는 의견서를 작성하여 1984년 11월에 이나야마 요시히로 회장이 나카소네 수상을 만나 제출했다. 이러한 재계의 요망에 대해서 정국의 유동화(流動化)하에서도 나카소네 수상은 방위력 증강에 중점을 둔 미·일관계의 강화 등 정치대국으로서 역할을 담당할 필요성을 호소하였다.

또 내정에서는 '전후 정치의 총결산'이라는 이름하에 계속 행·재정 개혁을 진행시키기로 했다. 특히 행·재정 개혁에서는 조금 전 언급한 "민간에서 할 수 없는 한계에 달한 것만을 국가가 한다"는 민간활력 활용의 정책을 추진했다. 그 배경에는 전후 정치가 국민생활 중시의 입장에서 경기대책과 사회복지 등 정부가 폭넓게 책임을 부담해왔기 때문에 행정기구와 예산의

미니정당 ▌ 6월 3일 전국구에 처음으로 비례대표제를 도입한 참의원 선거운동이 시작됨. 6월 26일 투표에서는 샐러리맨 신당 등 '미니정당'이 선전했다

비대화를 초래하고, 두 번의 석유 위기에 직면해서 적자국채를 증발했기 때문에 국가재정이 악화되었다는 견해가 들어 있었다. '민간활력 활용'은 국가재정재건을 위한 행정의 감량과 표리일체가 되어 있었던 것이다.

이러한 정부의 방침에 대해서 임시행정개혁추진심의회(도코 경단련 명예회장)는 1985년 7월, 민간활력을 끌어내기 위해 254항목에 이르는 정부의 인허가 등의 규제 완화, 지방자치제로의 권한이양 등을 답신했다. 이 답신은 민간활력의 활용을 호소함과 함께 내각기능 강화를 내세우는 것이 그 특징이었다. 즉 '간소하고 강력한 정부'를 만드는 것을 민간활력의 하나로 제언한 것이다.

▌임시행정개혁추진심의회의 목표

행정개혁을 위한 '도코 임조'라고까지 불렸던 제2차 임시행정조사회가 끝나고, 거기서 주장되었던 각 시책의 실행을 감시하는 '임시행정개혁추진심의회'가 설치되었다. 나카소네 수상은 도코가 회장을 계속해서 맡아줄 것을 간절히 바랐다. 그러나 도코는 고령을 이유로 굳이 이를 사양했다. 이에 나카소네는 "도코 씨 앞에 무릎을 꿇게 되는 일이 있어도 부탁한다. 내가 백만 번 행정개혁의 중요성을 말하는 것보다 이번의 인사를 보고 국민들은 더 신뢰해줄 것이다"라고 말했다. 나카소네 정권의 이미지는 '도코 임조'에 의해 만들어졌다고 해도 과언이 아닐 만큼 나카소네 정권에서 '도코 임조'가 맡은 역할은 대단했다. 정권을 쥐기 위해 이용한 것만이 아니라 그 후 정권운영에서도 관료기구를 억누르는 데 충분한 효과를 발휘했다.

일본 정치를 움직이는 것은, 표면적으로는 정치가인 것처럼 보이지만 뒤에서 실제 움직이게 하는 것은 관료들이라는 얘기를 자주한다. 적어도 관료들에게 외면당하면 법안을 실행할 수 없고, 행정의 수행도 정체되어 내각은 붕괴되지 않을 수 없게 된다.

대파벌의 강력한 리더라도, 예를 들어 다나카 가쿠에이 같은 초등학교 출신의 사람이라도 관료에 대한 인사권을 구실로 삼아 따르게 할 수도 있다. 하지만 소수 파벌의 리더는 차기 정권을 노리는 대파벌의 리더들과 관료들의 연합에 의한 방해로 쉽게 붕괴될 수도 있다. 강력한 다나카 내각이 소위 '금맥추궁'에 의해 무너진 후 스스로도 청천벽력이라는 표현으로 그 솔직한 심경을 털어놓은 것처럼, 국민 모두가 놀란 소위 '시이나재정(椎名裁定)'에 의해 소수 파벌 리더 미키가 수상으로 지명되었었다.

미국에 상당히 우호적인 미키는 대통령 보좌관제도를 흉내내 자신을 좋아하고 친미적인 민간인들을 고문으로 발탁했다. 자신들이야말로 국가의 진정한 지도자이자 주요한 정책결정자(Policy Maker)라고 자부하는 관료집단은 이를 보고 "부질없는 일을 되풀이한다"라고 반발하며 외면했다. 거기에 록히드사건으로 체포를 허가한 미키에 대해 분노한 다나카와, 수상의 자리를 노리는 후쿠다 다케오, 오히라 마사요시 등의 대파벌이 '미키 밀어내기'에 동조함으로써 소파벌인 미키 내각은 어이없이 무너졌다.

나카소네는 이때 자민당 간사장으로서 미키 내각의 중추에 있어 그 붕괴의 과정을 직접 지켜보고 있었던 것이다. 수상이 된 나카소네의 머리를 스친 것은 먼저 관료들을 어떻게 해서 따르게 할까 하는 문제였다. 그러기 위해서 '행정개혁'은 실제 훌륭한 무기였다. 행정개혁을 진행시켜 가면 예산은 감소되고 법률이 간소화되며 행정지도 역시 줄어든다. 이는 관료기구와 외곽단체의 축소로 이어져 결국 관료의 역할이 줄게 되어 관료의 해고와 퇴직 후 취업자리 감소라는 결과를 낳게 된다. 관료는 한편으로는 국가 지도자로서의 자각을 강하게 지닌 집단이지만, 또 한편으로는 자신들의 지위와 권한이 없어지게 되는 것에 이상할 정도로 민감한 사람들이기도 하다.

　　나카소네는 이 약점을 보기좋게 찔렀던 것이다. 임시행정조사회는 수상직속 자문기관이다. "대들려면 해고를 각오하고 와라. 생살여탈(生殺與奪)의 권한은 내가 쥐고 있다"며 관료기구에 칼을 들이댄 셈이었다. 또 전전(電電)공사, 전매(專賣)공사, 국철의 민영(분할)이 전후 혁신세력을 유지해온 노동조합을 약체화시켜 상대적으로 보수세력의 힘을 강화시킨 것은 말할 필요도 없다.

▌자문정치와 싱크탱크

　　행혁(行革)노선을 계속하는 한편, 레이건 미 대통령과의 정상회담을 마치고 귀국한 나카소네 수상은 1985년 1월 각의에서 대미국에 시장개방책을 세우도록 지시했다. 또한 통신기기, 전자공학, 목재, 의료기기, 의약품 등의 분야에서 수입수속 간소화와 기준인증제도(基準認證制度)의 개선 등을 과감히 추진하도록 지시했다. 이 지시의 근거로, 4월에 경제대책각료회의에서 포괄적인 대외경제정책이 결정되었다.

　　나카소네 수상은 이 결정에 대해, TV중계를 통해 국민에게 "자유무역체제를 유지하기 위해서는 일본시장을 '원칙 자유, 예외 제한'으로 적극적으로 개방할 필요가 있다"고 호소해 수입에 대한 정부의 규제를 적극 감소시켜 소비자의 선택과 책임에 맡기는 것으로 이해를 구했다. 또 수입확대를 위해 "국민 한 사람이 100달러씩 외국제품을 많이 사주기를 바란다"고 해서 화제를 불러일으켰다. 그리고 10월에는 일본의 산업구조를 수출의존형에서 대외협조형으로 전환하는 방책을 검토하기 위해 사적 자문기관인 '국제협조를 위한 경제구조 조정연구회[회장 마에카와 하루오(前川春) 전 일본은행 총재]'를 발족시켰다.

　　그 구체적인 검토항목은 ① 국제경제의 요청에 적절히 조화시키기 위한, 중기적인 경제구조의 조정에 관한 시책, ② 적정한 무역수지 균형유지를 위한 시책, ③ 적절한 통화가치 안정과 유지를 위한 국제협조에 관한 시책 등의 세 가지였다. 뒤에서 상세히 다루겠지만 이 연구회의 보고서가 그 뒤 경제정책의 본연의 자세에 큰 영향을 주었던 '마에가와 리포트'이다. 덧붙여 말하면, 나카소네 정권의 또 하나 특징은 '자문정치'라고 할 만큼 많은 자문기구와 위원들을 활용하였다. 이케다 이후, 재계인이 수상과 함께 하는 저녁모임은 수도 없이 많았다.

이케다의 스에히로카이(末廣會), 사토의 이쓰카카이(五日會), 다나카의 이신카이(維新會), 미키의 산보쿠카이(三睦會), 오히라의 슌포카이(春芳會) 등이 그 대표적인 것이었다. 물론 나카소네에게도 친한 재계인 그룹이 있었는데, 그 밖에 학자와 연구 같은 인재도 많았다. 그런 사람들을 정부의 심의회나 수상의 사적 자문기관 등에 위원장으로 보내어, 자신의 판단에 부합된 답신을 이끌어내게 해 실행에 옮긴다는 전략이었다. 제2임조(臨調)의 참모역이 되었던 세시마 류조를 필두로 가쿠슈인(學習院)대학 교수 코야마 켄이치(香山健一), 동경대 교수 사토 세이사보루와 코분슌페이(公文俊平) 등이다. 코야마는 임시교육심의회에서 의론을 리더하고, 사토와 코분은 임조에서 답신이념의 기안에 가담했다. 또한 사토와 코분은 '정권구상포럼'이라는 고문기관에도 소속되어 있었다. 여기에는 학자와 젊은 경제인이 많이 있었다. 일본의 고문기관은 크고 작은 것을 합치면 300개 이상 된다. 하지만 정권에 영향력을 행사하는 고문기관은 우시오 지로(牛尾治郎) 우시오전기 회장이 만든 사회공학연구소 등으로 그다지 많지 않다. 또 대규모 고문기관은 은행·증권 등 금융기관이 경제 예측을 위해 만들었던 것이 중심이었다. 그중에서는 노무라(野村) 종합연구소가 폭넓은 연구활동을 하였다. 나카소네 정권시대에는, 당시의 사장 나카가와 코지(中川孝次)가 역시 나카소네 고문기관의 일원이었다.

플라자 합의의 파문

나카소네 내각은 1985년 4월에 대외경제정책을 발표하고 수입확대정책을 추진하는 자세를 보였다. 미국 정부는 9월에 뉴욕 플라자 호텔에서 갑작스럽게 개최된 5개국(G5) 채무장관회의에서 이제까지의 환율에 대한 불개입이라는 입장을 크게 변경시켰다. 이에 따라 G5 참가 각국은 달러 강세의 시정을 위해 개입하기로 했다. 이것은 무역마찰의 주요 원인이 타국의 불공평한 무역거래관행에 있다고 주장해온 미국의 제안에 의해서 이루어졌다. 즉 무역불균형 해소에는 통화면에서의 조정이 필요하다라는 인식을 강하게 가져온 것을 의미하는 획기적인 방침전환이었다.

이 플라자 합의에 근거한 극적인 엔강세, 달러약세의 급진전에는 그에 앞서 실시된 1983년의 '엔달러위원회'에서의 약속에도 원인이 있다. 이 '엔달러위원회' 결정내용은 레이건 대통령과 나카소네 수상과의 교섭으로 결정된 것이었다. 미국 측의 의견은 ① 일본은 엄중한 외환관리를 실시하여 엔의 국제통화로서의 사용을 대폭 억제하고 있다.

플라자 합의 ▌ 9월 22일 뉴욕 플라자 호텔에서 G5(선진 5개국 중앙은행총재회의)가 개최되었다

② 엔의 환율 시세는 실제보다 저평가된 실력불상응(實力不相應)한 상태이며 그 결과 일본의 수출이 대폭 늘어 대외 흑자 불균형을 야기시키고 있다. ③ 일본 정부가 외환관리를 자유화하여 유로엔 시장을 더욱 넓혀 엔의 국제수요를 늘리는 노력을 하면 외국인이 더욱 엔을 가지고 싶어 하게 되어 엔의 국제수지 시세가 상승하고, 일본의 국제수지 불균형도 원활하게 조정될 것이라는 의견이었다.

일본의 대장성은 엔의 대외 사용가치가 너무 낮은 것이 엔약세, 달러강세의 진짜 원인이라고는 볼 수 없다고 보았다. 그보다 미국이 대폭 감세를 해서 재정적자를 팽창시킨 끝에 인플레이션을 억제하고자 고금리 정책을 취한 것이야말로 달러강세를 초래했다고 반론을 제기했다. 일본은 유로엔 시장의 자유화, 외국기업의 채권발행으로 엔 조달을 용이하게 하고 국가 은행의 외국기업에 대한 엔 대출을 자유화시켰다. 하지만 결과적으로 엔은 그다지 강해지지 않았고 달러강세도 변함없이 계속되었다. 단, 엔의 자유화 조치에 의해 일본 은행의 활약 무대가 넓어져 은행의 경영력은 매우 강해졌다.

그 후 제2기의 레이건 정권하에서 베이커 재무장관을 주도로 한 '플라자 합의'에 의해 급속히 달러 약세정책이 실시되었다. 그것은 G5의 통화당국이 정책적으로 서로 협력해서 과대평가되고 있는 달러를 단번에 개선하려고 하는 것이었다. 그러기 위해서는 외환시장에 대해 일본과 서독이 적극적으로 달러를 팔아 자국 통화를 사들이는 개입조치를 하지 않으면 안 되었다. 그리고 1973년 이래 비공개회의로 정책을 취급했던 G5는 플라자 합의 이후에는 공개적인 정책 협조의 장으로 변하였고 그 후에 캐나다·이탈리아 2개국이 가입하여 G7으로 불리게 되었다.

▌엔고에서 마에가와 리포트로

플라자 합의 직전 엔은 1달러＝243엔으로, 일본의 통화당국도 혹자증대와 각국의 비난으로 곤혹스러워진 중에 10~15% 정도의 엔고를 염두에 두고 있었다. 그런데 1달러＝200엔을 돌파해도 가속이 붙은 엔강세, 달러약세의 기세는 멈추지 않았다. 동경 정상회담 개최 시에는 달러당 약 165엔이 되고, 다음해 말에는 결국 120엔대까지 올라갔다. 이러한 엔고의 소용돌이 속에서, 국내에서는 '엔고 디플레론'과 '일본경제 공동화론'의 대합창이 일어났다. 엔고가 여러 불안과 비관의 심리를 낳은 정세의 원인으로 인해 계속 저금리정책이 취해져 1987년 2월 20일, 공정보합은 사상 최저인 2.5% 수준이 되었다. 그리고 재정지출 면에서도 1986년 가을부터 1987년 봄 사이에 최대 규모의 추가적 경기대책이 실시되었다.

1986년은 나카소네 수상에게 있어 2기 4년이 된 자민당 총재 임기의 마지막 해였다. 나카소네 수상은 이 해 4월 수상의 사적 자문기관인 '국제협조를 위한 경제구조조정연구회(회장: 마에가와 하루오 전 일본은행 총재)'로부터 전년 10월 이후 회합을 거듭한 결과 완성된 보고서 "마에가와 보고서"를 받았다.

주요 선진국 정상회의(동경서미트)에서 일본의 제안으로 정리된 이 보고서는 일본경제를 국제 협조형으로 변혁시킬 것을 급선무로 해서 내수확대, 국제분업을 촉진시키기 위한 산업조정, 소액저축 비과세 제도 폐지를 포함한 세제개혁, 기동적인 재정금융정책 등을 제언한 것이었다. 이는 경상수지 흑자에 대한 GNP 비율 인하를 목표로 하고 있었다. 나카소네 수상은 이 보고서를 가지고 레이건 대통령과 일·미 정상회담을 가졌다. 그리고 경제구조조정에 관한 협의의 장을 마련하기로 합의했다.

이러한 외교적인 성과를 배경으로 7월에 나카소네 수상은 중·참

(衆參)의원 동시선거를 강행하고 그 선거에서 자민당이 300의석을 획득하는 기록적인 대승을 이루었다. 뿐만 아니라 같은 해 10월까지였던 자민당 총재 임기를 1년 연장하게 되었다. 임기가 연장된 나카소네 수상은 국철 분할, 민영화 법안의 성립, 셰프 세제 이래 세제 대개혁 등 행·재정 개혁의 현안 총 마무리에 힘썼다.

재계에서도 중·참의원 동시선거에 앞서 사이토 에이사부로 경단련 회장이 오쓰키 분페이 일경련 회장, 도코 노보루 일상 회장, 이시하라 토쿠즈미 동우회 대표간사와 회담을 가졌다. 간담회에서는 ① 행혁심(行革審) 해산 후에도 수상 직속의 강력한 행혁추진기구를 설치할 것, ② 안정 정권에 의한 경제운영의 중요성, ③ 입법부의 개혁 필요성 등에 대해서 합의했다. 그리고 이를 나카소네 수상에게 제의했다. 임시행정개혁추진심의회는 6월에 나카소네 수상에게 최종 답신을 제출하고 해산했다. 하지만 나카소네(中曾根) 수상은 계속해서 행혁노선을 진행시키기 위해 10월 임시국회에 같은 이름의 심의회를 설치한 '신행혁심(新行革審)' 설치 법안을 제출하여 12월에 성립시켰다.

제2차 행혁심은 3년 기한으로 지방자치체에 대한 보조금 삭감, 특수법인 정리 등 그때까지의 현안 처리와 새롭게 식량관리제도 재검토 등을 검토과제에 넣었다. 이렇게 해서 행혁노선의 추진체제를 조정하는 한편, 나카소네 수상은 10월 하순 정부 세제조사회의 답신을 받고 나카야마 사다노리 자민당 세제조사회 회장에게 세제개혁안을 매듭짓도록 위임했다. 그 결과 12월에 자민당은 신형(新型) 간접세로서 '매상세' 도입을 포함시킨 '세제개혁의 기본방침'을 결정했다.

매상세의 창설 실패

이 개혁안은 나카소네 수상이 선거를 앞두고 "다단계·포괄적·망

라적·보편적으로 대규모 소비세의 투망을 치는 것 같은 방법으로는 하지 않는다"고 공식견해를 밝혔기 때문에 '공약 위반'이라는 비판이 국민과 야당으로부터 일제히 쏟아지게 되었다.

이에 대해서 나카소네 수상은 매상세(賣上稅) 구상은 연간 매상 1억 엔의 면세점을 마련하고 있기 때문에 87%의 기업이 과세 대상에서 제외되고, 교육자재·의료·일부의 생활필수품 등 비과세 품목에 해당되는 것을 이유로 "공약 위반이 아니다"라며 고수하고자 하였다.

하지만 매상세 도입의 시비가 쟁점이 되었던 1987년 3월, 참의원 의원 이와테 선거구의 보선에서 자민당 후보가 낙선함으로써 국회에서의 세제개정 법안의 행방은 불투명해지고 1987년도 예산의 연도 내 성립까지는 힘들게 되었다. 게다가 4월에 실시된 통일지방선거의 전반전에서 자민당은 후쿠오카와 홋카이도, 두 지사 선거에서 패배하고 도·부·현 의원선거에서도 창당 이래 최저의 의석으로 떨어졌다.

반면에 야당 측은 '매상세 철회'를 위한 세력을 강화시켜갔다. 사태를 타개하기 위해 중의원에서는 하라 겐사부로(原建三郞) 의장이 다가야 미노루(多賀谷稔) 부의장과 함께 여야당 간의 조정에 착수하고, 자민·사회·공명·민사 각 당의 국회대책위원장 회담에서 매상세(賣上稅) 관련 법안을 폐지하기로 합의하였다.

셰프 이래 세제개혁이라는 나카소네 수상의 목표는 실현되지 않았지만, 폐안이 합의된 같은 날에 "직간접세 비율의 재검토 등 앞으로 기능한 한 조기에 세제개혁을 실현할 수 있도록 각 당과 협조하여 최대한의 노력을 기울인다"라는 중의원 의장의 주선이 받아들여져, 여야당 간에 협의기관이 설치되었다. 이를 수용하여 경단련 등 경제 4단체는 "당면한 긴급과제에 대한 요망"을 발표하고, 이 협의기관이 하루라도 빨리 설치되어 "공평, 간소화하여 국민이 납득을 할 수 있는 새로운 세제를 확립할 것"을 요망했다. 또 이 요망에서는 4월 말부터 나카소네 수상의 방미가 "미·일 관계에 당면한 위기회피를 위한 큰 계

나카소네 내각은 세제시장을 목표로 '매상세' 도입을 주도한 세제개혁을 실시했으나 야당 및 유통업자로부터 반발을 샀다

기가 될 것을 기대한다"고 표명했다. 그것은 1987년에 미·일관계가 더욱 긴장상태에 놓여 있었기 때문이다.

전년 1986년도 일본의 무역 흑자가 1,061억 달러, 대미 흑자도 전년도에 비해 20.1% 증가한 520억 달러로 각각 사상 최고를 달성한 것이 최대의 원인이었다. 그리고 1986년 11월, 미국 의회선거에서 민주당의 압승으로 인해 무역보호주의 노선을 강하게 띤 의회의 압력도 있어, 미국 정부는 대일비판을 강화하고 1987년 4월에는 전후 처음으로 본격적인 대일 경제제재를 단행했다.

미국 상·하원에서는 일본 등에 대해서 무역흑자 삭감을 겨냥한 포괄 무역법안이 가결되었다. 더불어 4월 도시바기계의 대공산권 수출통제위원회(COCOM) 규칙위반 발각을 계기로 경제마찰은 안전보장과 얽혀 정치 문제로 발전했다.

미국의 대일제재에 대해서 일본 정부는 즉시 관세 및 무역에 관한 일반협정(GATT) 위반으로 미국을 제소하는 한편, 방미한 나카소네 수상은 대폭적인 내수확대책을 제시함과 동시에 레이건 대통령에게 제재조치의 조기철폐를 요청했다. 그러나 레이건 대통령은 "조기해제가 가능해지기를 희망한다"고 답변하는 데 그쳤고, 해결의 실마리는 쉽게 보이지 않았다.

버블경제의 붕괴, 1987~94

* * *

▌다케시타 내각이 소비세를 만들었다

나카소네 수상은 전전(電電)·전매(專賣) 공사의 민영화와 국철(國鐵)의 분할·민영화 등을 실현하고, 긴축재정으로 공채의존도를 낮추어 재정재건을 추진했다. 하지만 국내적으로나 국제적으로나 해결되지 못한 현안들을 남긴 채 자민당 총재로서 연장 임기를 끝마쳤다. 그 후 1987년 10월에 다케시타 총재가 선출되었고, 11월에 나카소네 내각의 총사직에 이어 다케시타 내각이 발족되었다.

경단련은 다케시타 내각의 발족에 즈음해서 새 내각이 우선적으로 처리해야 할 과제에 대해서 긴급 제언했다. 그 내용은 ① 주가와 환율 안정을 위한 일본의 주도권하에서 G5·G7을 조기에 개최하여 각국과의 정책협조를 서두를 것, ② 한 단계 더 나아간 시장개방의 단행, 농업보호정책의 착실한 재검토 등으로 무역불균형의 해소를 위해 노력하고 대외마찰의 해결을 서두를 것, ③ 경제회복 기조를 정착시키기 위해 관민 모두 내수확대 대책의 실행에 힘써 행·재정 개혁과의 양립을 도모할 것 등이었다. 이러한 요청에 응해서 다케시타 수상은 1988년 기자회견에서 "정부 세제조사회의 답신은 가급적 신속한 편이 좋다. 가을 무렵에는 실현시키고 싶다"라며 대형 간접세 도입을 축으로 한 세제개혁에 강한 의욕을 보였다. 이에 자민당은 "신(新)세제개혁의 작업이 진지하게 진행되기를 기대하고 있다"고 표명했다.

매상세 폐안의 교훈에서 출발하여 새롭게 성립된 소비세 구상은 기본적으로는 매상세의 구조와 큰 차이는 없었지만, 납세의무가 있는 사업자 중 중소 영세기업에는 간이 과세제도의 선택을 인정함과 함께 비과세 항목을 대폭 줄이는 것으로 '원칙적으로는 비과세 없음'을 견지한 가운데 업종 간의 불공평 제거에 힘을 썼다. 그리고 나카소네 내각의 매상세는 자민당 한 당만 찬성한 데 반해, 소비세는 자민당·

균형 잡힌 세제체제를 목적으로, 소비세 도입을 주로 하는 세제개혁 관련 법안이 1988년 12월에 성립되어 1989년 4월 1일 소비세가 실시됐다

공명당·민사당 3당에 의한 '자민공' 연대로 추진하였고 소비세 도입을 포함한 세제개혁 관련 6법은 같은 해 12월에 성립되었다.

▌리크루트사건의 격진

국회의 또 하나의 초점은 리크루트사건이었다. 도이 다카코(土井たか子) 사회당 위원장은 8월 중의원 본회의의 대표질문에서 "이 임시 국회는 세제 국회가 아니라 리크루트 국회이다"라고 말하며 1988년 6월에 표면화된 리크루트 관련 회사의 비공개 주식과 관련된 의혹에 대해 정면에서 적극적으로 해명에 임하는 자세를 보였다.

경단련은 이와 같은 사태를 방치하면 일본 기업에 대한 내외 불신감이 고조될 뿐만 아니라, 참다운 국제국가를 지향하는 일본에게 큰 장애가 될지도 모른다는 것을 우려했다. 그래서 1988년 12월에 경제단체연합회 회장인 사이토 에이사부로(齊藤英四郎), 일본상공회의소 회장 이시카와 로쿠로(石川六郎), 일본경영자단체연맹 회장 스즈키 에이지(鈴木永二), 경제동우회 대표간사 이시하라 슌(石原俊)의 연명으로 다음과 같은 견해를 발표했다.

"이번 리크루트사건이 정·재계에 여러 파문을 야기시킨 것은 진심으로 유감이다. 우리 경제계는 그것이 기업 전체에 대한 불신감으로 이어지고 더 나아가서는 자유경제체제의 근간을 뒤흔드는 사태로까지 번지는 것을 염려한다. 따라서 리크루트와 같은 불상사를 미연에 방지하기 위해서 기업이 본래 가지고 있는 엄격한 자정작용을 더욱 강화해야 할 뿐만 아니라, 기업인 한 사람 한 사람이 기업의 사회적 책임을 자각하고 기업윤리의 문제로서 자성해야 한다."

또 다음날에 기자회견을 가진 경단련의 사이토(齊藤) 회장은 "리크루트 문제로 골머리를 앓고 있는 일본에 대해서 국제적으로 불신이 쌓여가고 있다. 불신을 불식시키기 위해서라도 정치개혁을 반드시 조기에 실시해야 한다"라고 말하며, 정계는 진지하게 개혁에 임해줄 것을 요청했다.

한편 경단련은 '기업윤리에 관한 간담회'를 발족시켜 기업윤리 문제에 관한 검토를 개시할 것을 결정하고 이듬해 2월에는 제1회 간담회를 개최했다. 이 간담회에서는 다카자카 마사요시(高坂正堯) 교토대학 교수의 '리크루트사건과 기업윤리'에 관한 발표와 함께 기업윤리에 관한 논의도 있었다.

다케시타(竹下) 수상은 비서 명의로 주식을 취득했던 미야자와(宮澤) 대장대신(藏相)의 사임으로 가까스로 소비세 관련법을 성립시켰다. 그리고 국회에서 리크루트 의혹의 막을 내리려고 했지만, 의도와는 정반대로 이듬해인 1989년에는 리크루트 의혹이 증폭되면서 정국은 한층 혼란스러웠다. 스스로도 리크루트 의혹의 장본인임을 인정했던 다케시타 수상은 1989년 4월, 1989년도 예산 성립을 기다리며 내각에서 총사직할 의향을 밝혔다. 재계는 정국의 혼미와 정치 불신의 고조를 더욱 우려하며, 전년 12월에 견해를 발표한 4개 단체와 거기에 관서경제연합회 우노 오사무(宇野收) 회장이 참여한 가운데 다음과 같은 공동성명을 발표했다.

"우리는 오늘의 정치 불신의 고조와 정국의 혼미로 인해 자유경제 체제에 위기가 닥칠 것을 우려한다. 당면한 사태를 심각히 인식하여 유식자(有識者) 간담회가 정치개혁에 관한 긴급제언을 완성해 발표했는데, 요는 모든 난관을 물리치고 이를 어떻게 단행할 것인가에 대하여 정부·여당에 단호한 결단을 바라는 것이다. 정치개혁은 이것으로 끝나는 것이 아니다. 앞으로도 개혁을 위한 부단한 노력이 간절히 요망된다. 우리 경제계도 기업윤리의 확립에 중대한 결의를 가지고 임할 각오이다."

그 후 후계 총재로서 가장 유력했던 자민당의 이토 마사요시(伊東

正義) 총무회장이 취임을 굳이 사양했기 때문에 정국의 수습에 더욱 시간을 필요로 하게 되었다.

경단련 등 경제 4단체는 이번에는 〈자민당 후계총재 조기 결정과 정치개혁의 단행을 바라는 공동성명〉을 5월에 발표하고, 경단련의 히라이와 가이시(平岩外四) 부회장이 하시모토 류타로(橋本龍太郎) 자민당 간사장을 후보로 제의했다. 이러한 재계의 요망에 정국혼란의 책임을 지고 다케시타 노보루 수상이 퇴진하고 이어 우노 소스케(宇野宗佑) 전 외무대신

주식회사에 거액의 부정융자를 해준 것으로 인해 체포된 스미토모 은행의 이시다 이치로 회장이 사임을 하는 기자회견. '은행의 우등생'이라 불리는 스미토모 은행도 '버블'에 발이 걸려 은행의 도덕성이 의문시되었다

을 수상으로 하는 새로운 내각이 6월에 탄생했다.

우노 수상은 '정치개혁의 단행'을 내각의 최대과제로 삼았지만 소비세에 대한 비판, 리크루트 의혹, 미·일 농산물교섭에 관련된 농정 문제 등이 쟁점이 되어 7월에 있던 참의원 의원선거에서 자민당은 참패했다. 자민당은 종전 의석 69석에 비해서 당선이 36의석이었고, 반면에 사회당은 22의석에서 46의석으로 늘어, 참의원에서 여야당 세력이 역전되었다. 이 때문에 우노 수상은 책임지고 즉시 퇴진을 표명했다.

기업·노조가 치른 선거전

참의원 선거에서 자민당은 위기감으로 인하여 다나카 내각 때에 뒤지지 않을 정도의 '전 기업 동원 재선거'를 전개하려고 했지만, 국민의 비판적 역풍은 그것을 크게 상회하고 있었다. 그중에서는 리크루트사건으로 재택 기소된 나카소네 내각의 관방장관인 후지나미 다카오(藤波孝生)의 세력 근거지인 미에현(三重縣)은 소고기, 귤의 주요 생산지이기도 했다. 리크루트사건과 농산물 자유화에 따른 지역 여론의 비판이라는 '더블 펀치'로 자민당 후보는 궁지에 몰려 있었다.

참의원 선거 공시로부터 4일 후인 7월 9일, 간사장 하시모토 류타로(橋本龍太郎)는 그 미에현(三重縣)의 쓰시(津市), 마쓰자카시(松阪市) 두 시를 유세하던 중, 당 본부에서 파견되어 진두지휘를 맡았던 자민당 직원으로부터 "자동차와 전기 업계는 소비세의 선전을 하기는커녕, 소비세를 반대하는 '연합' 후보의 선거운동만 하고 있다. 자민당을 전혀 지지하지 않는다. 도대체 어떻게 된 것인가. 당 본부에서 긴급대책을 세워주기 바란다"라는 요청을 받았다.

'연합'의 새로운 후보를 적극적으로 지원하고 있었던 것이 혼다기켄(本田技研)의 스즈카(鈴鹿) 제작소를 중심으로 하는 조합과, 도시바(東芝), 마쓰시타(松下)전기 등 전기노련 산하 각 조합이었다. 특히 혼다 노조는 국정 선거에서 처음으로 조합원으로부터 자금을 모으고, 도시바 노조는 '연합미에(三重)'의 회장을 보내어, 체면을 세우는 지원태세를 취했다. 참다 못한 자민당 미에현련(三重縣連)은 혼다기켄 스즈카(本田技研鈴鹿) 제작소 간부에게 자민당 지원을 요청했지만 대답은 "조합이 어디를 지원하는가는 자유이지만, 경영측이 조합의 선거활동에 참견할 수는 없다"라는 것이었다.

실제로 혼다기켄은 시즈오카현(靜岡縣)에서도 자민당 현련(縣連)의 요청을 거부하고 있었다. 그 이유에 대해서 혼다기켄의 오쿠보 에

이(大久保叡) 회장은 "우리 회사는 창업자 혼다 소이치로(本田宗一郎) 의 뜻으로 정치활동을 일절 하지 않기로 되어 있다"고 설명했다. 야마구찌현에서도 미쓰비시(三菱重工), 도소(東ソ一) 등의 노조가 사회당의 신인 후보를 열심히 지원하는 데 비해, 기업의 움직임이 둔하다는 정보가 하시모토 귀에 들어갔다. 전국 각지에서 자민당과 기업의 트러블이 잇따른 것이다.

귀경한 하시모토는 동경 나가다쵸(永田町)의 당 본부에 경단련의 상무이사, 오야마 케이지로(小山敬次郎)를 불렀다. 하시모토는 경단련에 가맹된 주요 기업의 지사, 공장, 관련 회사, 거래처 등을 도도부현(都道府縣)별로 정리한 자료를 제출토록 했다. 그리고 경단련에게 새삼 각 기업에 적극 자민당을 지원하도록 요청함과 함께 리스트를 당 도도부현련(都道府縣連)에 보내어 빈틈없는 '롤러작전'을 지시했다.

당 도도부현련은 경단련이 제출한 리스트를 토대로 각 사업소에 지원요원 리스트를 제출케 하고, 현련(縣連) 또한 내부에 설치한 임시전화를 사용해서 선거운동을 하도록 했다. 이 같은 빈틈없는 시행은 참의원 선거에서는 첫 시도였다. 그리고 하시모토는 선거전 종반에 경단련 사무총장, 미요시 마사야(三好正也)에게 전화를 걸어 약한 선거구에 특별지원을 재차 요청했다. 경단련의 이사들은 연일 전화 앞에 앉아 각 기업 대표에게 자민당의 지원을 호소했다고 한다.

▌자민당 패인은 자동차업계가 '전범'

결과는 앞서 언급했듯이 참패였다. 자민당 내에서 책임소재를 위한 '전범(戰犯)' 찾기에 주력한 결과, "패배의 책임은 첫째 자동차, 둘째 전기·전자, 셋째 전력이다"라고 엄중하게 책망하였다. 모두 일본을 대표하는 기간산업이지만, 그 노조는 '연합'의 주력부대였다. 이 선거에서 자민당은 야당 '연합'과 싸워 전패했던 것이다. 또한 참의원 의원회장까지 낙선한 것 말고도, 다케시타 노보루(시마네: 島根)와 가네마루 신(金丸信) 전 부총리(야마나시: 山梨), 아베 신타로 전 간사장(야마구찌: 山口) 등 자민당 실력자의 지역에서도 사회당과 무소속 후보에 패배해 차례차례 의석을 잃었다.

'전범'의 첫 번째로 꼽힌 자동차업계에서는 경제동우회 대표간사로 닛산자동차 회장 이시하라 슌이 '초A급 전범'으로 낙인찍혔다.

"자신의 분수를 모르고 자민당을 방해한 언동은 용서할 수 없다. 닛산자동차만 소비세 세율을 올리면 어떤가" 등 자민당 간부 사이에서 표출된 이시하라의 비판에 대한 과격함은 예사롭지 않았다. 여기에는 몇 가지 복선이 있었다. 그때까지도 이시하라의 언동은 하나하나가 자민당을 자극해온 것이었다.

예를 들면 리크루트사건에서는 "왜 결정을 못 내리나. 주식양도와 관련 의혹을 받게 된 실력자들에 대해선 '의원' 명찰을 뺏겠다고 해야 한다. 그렇지 않으면 국민은 납득하지 못한다. 이 상태로는 누구도 자민당에 지지하려는 마음이 생기지 않는다"고 말했다. 또 다케시타 퇴진에 따른 후계 총재 선출에 즈음해서 이시하라는 사적인 경제인과 만난 자리에서 후계 총재의 1순위로 간주된 자민당 총무회장 이토 마사요시가 "책표지를 바꾼 것만으로는 안 된다"라고 정식으로 총재 취임을 사퇴한 것을 유감스러워 했다. 그는 또 "이토의 주장은 옳다. 이것을 할 수 없으면 일본은 언제까지나 '경제는 일류, 정치는 삼류'라는 비난을 면할 수 없다. 지금 자민당의 금권·파벌체제로는, 이토를 수락하고 싶어도 수락할 수 없다"고까지 말했다.

나카소네가 파벌회장을 사임하고 자민당으로부터 이당(離堂)을 결의해도 이시하라는 "생선회의 야채도 되지 못한다. 무엇보다 그런 것으로 국민이 납득하겠는가"라고 냉담했다. 또한 이시하라는 '정치개혁에 관한 유식자 간담회[회장: 모리슈 산겐(林修三元) 내각법제국장관]'의 멤버였는데, 거기서 ① 기업의 정치가 개인, 파벌에 대한 헌금을 전면 금지, ② 파벌 해소, ③ 전 의원 재산 공개, ④ 정치자금의 공명정대 등을 주장했다. 또 재빨리 다케시타 수상의 퇴진을 요구한 것이 자민당 내, 특히 다케시타파 간부의 신경을 건드렸다. 이시하라는 다케시타가 퇴진표명을 한 지 불과 이틀 후에 "자민당의 단독정권이 앞으로도 계속될지 어떨지, 예상할 수 없는 상황에 이를 경우도 생각할 수 있다. 정치권의 변화도 예상해두지 않으면 안 된다"라며 정치체제까지 언급했다.

그리고 경제동우회는 6월 15일, 처음으로 야당 4당의 서기장, 세이신카이(政審會)장들과 간담회를 가졌다. 참의원 선거에서 자민당 패배를 예상한 이시하라와 동우회의 위기감에서 이루어진 것이지만, 자민당으로서는 '명백한 이적행위'라고 해석했다. 이러한 자민당 내의 불만이 참의원 선거에서의 큰 패배를 계기로 한꺼번에 분출된 셈이지만, 재계도 비판받는 채로 내버려둔 것은 아니었다.

▮정치개혁을 요구하다

리크루트사건과 관련해서 정치자금 문제가 논의되었다. 이 문제는 사건 발생 이전부터 '돈이 결부된 정치'라는 비판에 근거해, 재계가 개혁을 요구한 것이었다. 그러나 여러 번 있었던 정치자금 규정법 개정 논의에도 불구하고 성과를 거두지 못하였고, 정치자금 액수는 증대 일로를 걸었다. 특히 1987년 5월경부터 자민당 의원이 주최하는 '파티' 등에서 거액의 자금이 모금되었고, 경제계는 정치자금 규제의 제외 대상으로 추가적 부담을 강요당했다.

그로 인해 사이토(齋藤) 회장을 비롯한 경단련 수뇌는 자민당 집행부와의 간담회 등을 갖고, 그러한 자금모집의 자숙을 요청했다. 그 결과 1988년 5월에 자민당은 정당관계 파티 개최의 자숙에 관한 합의를 하고, 1989년 1월부터 실시하기로 했다. 1988년에는 시행 전 막바지 개최로 오히려 파티 러시가 되어, 개선의 기미를 찾아볼 수 없었다.

경단련 등 경제 4단체는 1988년 9월, 자민당 4명의 임원과 정례모임에서 ① 현상을 개선하기 위해 파티의 모금액수 명세를 공표할 것, ② 자민당의 합의 취지에 따라 1988년 중 막바지 개최를 자숙한다는 내용을 건의했다. 동시에 재계로서는 "이와 같은 파티가 기업에 부담을 주지 않도록 한 회사당 10매(1매에 2만 엔) 이내의 구입에 그칠 것과 함께 업계 단체를 통한 협력을 하지 않는다"라는 자주규제에 합의하여, 제동을 걸지 않은 정치자금 요구에 제재를 가하도록 힘썼다. 그 후 리크루트사건으로 정국이 혼란한 가운데 성립된 우노 소스케 내각에 대해 1989년 6월, '당면한 정치 개혁에 관한 공동제언'을 실시했다. ① 모든 정치자금의 입출금을 공개할 것, ② 기업헌금은 파벌해소와 더불어 당으로 중점을 옮기게 하는 것과 함께 정치인 개인에 대해서는 정치단체의 원칙 일원화에 의해 투명성을 확보할 것 등을 요망했다.

한편 경단련은 허례폐지에 관한 간담회[위원장: 히라이와 가이시(平岩外四) 부회장]를 신설하여 돈이 결부되지 않는 선거제도·정치 실현을 위해 필요한 국민의 의식개혁을 추진하는 선에서, 그리고 재계로서도 범위를 보이는 취지에서 허례폐지에 노력을 기울이도록 했다. 그 결과 9월에 교제비, 관혼상제, 세모(歲暮) 등의 교제·의례에 있어 사회상식과 국제통념에 준하여 지나친 부분을 간소화·합리화한다는 기본적인 방침을 담은 '허례 자숙에 관한 합의'를 내놓고 각 업계에서 구체적인 대책을 수립하도록 했다.

가이후 내각의 좌절

우노 내각은 단명했다. 우노 수상은 재임 2개월로 사임하고 1989년 8월에 가이후 도시키(海部俊樹) 수상이 등장했다. 이후에도 여전히 1990년대에 걸쳐 어지럽게 정권이 교체되는 정국의 혼란이 계속되었다. 여야당 역전의 참의원 선거 결과를 받아들여 국회에서의 수반(首班) 지명투표로 참의원은 도이 다카코 사회당 위원장이 지명되고, 양원 협의회의 협의를 거쳐 가이후 수상이 선출되었다. 가이후 내각하에서 실시된 1990년 2월 중의원 총선거에서 자민당은 영입의원을 포함해 절대안정 다수에 육박하는 286의석을 획득했다. 가이후 수상은 기자회견에서 "밑바닥부터 출발한 가이후 정권이지만, 간신히 여기까지 왔다. 임기 끝까지 해나가겠다"며 본격적 정권을 지향하는 자세를 보였다. 미·일 구조 문제 협의와 5월 노태우(盧泰愚) 한국 대통령의 방일 등을 통해서 외교 면에서도 실적을 쌓아갔다.

그러나 8월 초 이라크의 쿠웨이트 침공으로 시작된 걸프전쟁(Gulf War)의 대응을 둘러싸고 가이후 내각의 지지기반은 크게 동요하게 되었다. 미국을 중심으로 한 다국적군의 전개로 중동에서의 위기가 심각해졌다. 이에 따라 원유의 7할을 이 지역에 의존하는 경제대국 일본이 이 위기에 대해 '국제책임'을 어떻게 수행해나갈 것인가가 큰 과제로 부상했다. 미국은 구체적이고 명확한 형태의 공헌을 재빨리 이루도록 마이켈 아마코스트 주일대사 등을 통해서

한국의 노태우 대통령의 방일을 환영하는 만찬 석상에서 천황은 과거 식민시대에 대해 언급했다

재삼 요구했다. 이에 대한 일본 정부의 지원책의 수립은 중동제국의 요망을 파악하는 데 시간이 걸린 데다, 헌법판단과 민간수송회사의 협력지원 등의 문제로 대폭 지연되었다. 간신히 난민을 위한 의료와 비군사적 영역에 한정된 수송 협력 등으로 지원책의 골격을 세운 것은 8월이 끝나갈 무렵이었다.

그러나 이것만으로는 미국의 극심한 대일 비판을 피할 수 없다는 판단에서 정부는 다시 '다국적군에의 자금제공'을 갑작스레 추가하였다. 또 금품만이 아닌 인적 공헌까지 바라는 미국의 요청에 대응하기 위해, 가이후 수상은 기자회견에서 국제적인 긴급사태시 국제연합의 활동을 지원할 수 있도록 '유엔평화협력법'을 신규입법할 의사를 표명했다. 다국적군 지원 20억 달러, 주변국 원조액 20억 달러, 총액 40억 달러의 지원책에 대해 국회에서는 대부분의 야당 의원은 헌법 9조와 관련해서 "자위대의 해외파견으로 이어진다", "헌법과 자위대의 해외출동은 인정하지 않는다고 한 국회 결의에 위반된다"는 등의 이유로 강한 반대입장을 보였다.

그 결과 유엔평화협력법안은 수포로 돌아갔다. 대신 걸프(페르시아만 연안)지역에서 평화회복 활동에 대한 지원으로, 정부는 앞의 40억 달러에 추가해 90억 달러를 더 기부할 것을 1991년 2월에 결정하였다. 이를 위한 재원조치로서 세출의 절감·합리화와 함께, 법인세 및 석유세를 1년 기한으로 임시증세조치를 강구했다.

한편, 내정 면에서 가이후 내각은 최대의 과제로 공약한 정치개혁을 실현하기 위해 1991년 7월, 정치개혁 관련 법안을 각의 결정하고 8월 임시국회에 제출했다. 그러나 임시국회에서는 증권·금융 불상사에서 발단된 증권거래법 개정 등 재발 방지책이 초점이 됨에 따라 정치개혁 관련법안의 심의도 9월 중순으로 넘어갔다. 결국 가이후 수상의 재선 저지를 겨냥하는 자민당 내의 반대 등으로 인해 9월 말에 심의일수 부족을 이유로 폐안이 확정되었다.

▌재계의 정치개혁추진 특별간담회

한편 재계에서도 가이후 내각과 보조를 맞추듯이 정치개혁을 진행하고 있었다. 경단련과 일본상공회의소·일본경영자단체연맹·경제동우회·관서경제연합회는 1990년 6월에 '정치개혁의 단행과 정치자금 목적의 파티 자숙을 요구하는 제언'을 공동으로 내놓고 정부와 자민당등 관계처에 건의했다. 그리고 경단련은 다음 7월에 새롭게 회장을 위원장으로 하는 '정치개혁추진 특별간담회'를 설치하여 선거제도와 정치자금제도 등의 개정에 관한 정부·자민당의 활동을 지원하는 견지에서 정치개혁의 추진에 관해 경제계의 합의 형성에 노력을 기울이고, 개혁의 필요성에 대해서 널리 여론의 지지를 모으기로 했다.

그 후에도 경단련은 국회에서의 정치개혁 법안의 심의 상황을 주시하면서 1991년 6월 일본상공회의소·일본경영자단체연맹·경제동우회·관서경제연합회와 공동으로 정치개혁의 조속한 실현을 건의했다. 자민당은 이에 앞서 당에서 결정한 정치개혁 관련법안 요망에 기초해 급히 법안을 작성하고, 임시국회를 열어 성립을 도모하도록 요구했다. 경제계로서도 정치에 대한 국민의 신뢰회복을 위해 정치자금의 문제를 포함한 정계와 경제계 관계의 바람직한 자세에 대해서 "스스로를 질책하며 국민의 충분한 이해를 얻는 방향으로 개선하는 결의이다"라고 표명했다.

경단련은 또한 정치개혁추진 특별간담회에서 정치개혁 관련법안의 설명을 듣고 "이 기회를 놓치지 말고, 정치개혁에 힘써주기 바란다"라고 자민당에 요망했다. 계속해서 7월에는 경제 5단체 공동 의견서인 '정치개혁의 실현을 위한 건설적인 국회심의를 바란다'를 각각 정리해 가이후 수상에게도 요망했다. 하지만 재계가 열망한 정치개혁과 관련된 것은 앞에서 얘기한 바와 같이 모두 '심의가 충분치 못하다(審議未了)'는 이유로 폐안되었다.

▌미야자와 정권과 제네콘(General Contractor) 오직(汚職)

정치개혁 관련법안의 폐안이 확정된 날 밤, 가이후 수상은 정부·여당 수뇌협의에서 '중대한 결의로' 사태 타개에 임한다고 표명했다. 이에 대해서 수상의 지지기반이었던 다케시타파가 중의원의 해산 반대와 재선지지의 반대를 통고했다. 이렇게 해서 가이후 수상은 불출마로 몰리게 되었다. 10월에 자민당은 전국 당원·당우와 국회의원에 의한 투표로 미야자와 기이치(宮澤喜一) 후보를 새 총재로 선출했다.

경단련에서는 즉시 정치개혁, 기동적인 경기대책, 미일관계를 기반으로 한 대(對)EC 및 대아시아 관계의 긴밀화, 우루과이라운드의 성공을 위한 리더십 발휘 등의 요망사항을 히라이와 가이시(平岩外四) 회장을 통해 미야자와 수상에게 제의했다. 경제 면에서는 버블 붕괴의 영향이 겹친 '복합불황'의 진행에 대한 대책이 급선무였다.

정부는 1992년 8월, 총 사업규모 10조 7,000억 엔의 경기대책을 내세우고 이에 따르는 대형 보정예산은 가을 임시국회에서 성립되었다. 그럼에도 불구하고 12월 일본경제는 1992년도 국민총생산의 실질성장률은 1.6%에 그쳤다. 경단련은 근원적인 정치개혁과 행정개혁의 단행, 경기대책의 추진과 생활대국의 실현, 미국 새 정권과의 연대 강화, 적극적인 아시아 외교전개, GATT, 우루과이라운드를 성공시키기 위한 결단 등의 요망서를 작성하여 미야자와 수상을 비롯, 전 내각에 건의했다. 지난 1992년 8월에 자민당의 가네마루 신 부총재는 동경 사카와큐빈(佐川急便) 와타나베 히로야스(渡 廣康) 전 사장에게 1990년 총선거 시 5억 엔의 비자금을 수수한 것을 시인하고 부총재직을 사임했다. 이 사건은 이듬해 1993년 3월 동경지검에 의한 가네마루 부총재 체포로 발전되었다. 이렇게 해서 동경 사카와큐빈사건으로 국민의 정치 불신은 한 단계 더 높아지고, 자민당의 정권유지 능력의 한계가 드러났다.

결정적인 정치 불신의 원인은 1993년 7월 중의원 총선거 전후부터 적발되기 시작한 대형 종합건설회사가 관련된 제네콘 오직사건이었다. 공공사업에 얽힌 뇌물수뢰사건으로 미야기현(宮城縣) 센다이시장(仙臺市長), 미야기현 지사, 그리고 이바라

기현(茨城縣) 지사가 체포되어 제네콘이라고 불리는 대규모 종합건설사업의 부정이 차례차례 적발되었다. 그중에서도 이바라기현 지사에게 뇌물을 준 혐의로 기요야마 신지(淸山信二) 부사장이 체포된 제네콘의 큰손 가지마(鹿島)건설은 이시카와 로쿠로(石川六郎) 회장을 일본상공회의소 회장으로 밀어올리는 등 정재계에서 큰 영향력을 행사한 것으로 알려진 업계의 맹주였다.

가지마는 메이지시대에 정부의 철도공사를 청부받아 업적을 쌓아, 예전부터 '철도의 가지마(鹿島)'라고 불렸다. 어려운 공사였던 탄나(丹那 터널: 1934년 완성)사업도 맡았고, 또 이 공사로 인해 동사는 터널공사의 제1인자의 지위를 얻었다. 그 후에도 댐 등 토목부문에서 실적을 올리는 한편, 원자력발전소 건설 등 계속 새로운 분야로 도전했다. 1968년에는 일본 국내 최초 초고층 빌딩 '카스미가세키 빌딩'을 건설하면서 업계 리더로서 군림해왔다. 업적 면에서도 오랫동안 업계 1위를 유지해왔다.

하지만 토목부문에 강하고 공공사업 수주에 중점을 두고 있었기 때문에 민간의 빌딩 건축 붐이 시작된 1980년대부터 업계 1위 자리를

내주고 수주고(受注高)·매상고 모두 시미즈(淸水)건설, 다이세이(大成)건설에 이어 업계 3위로 떨어지게 되었다. 그런 초조함 가운데 나카소네가 수상을 맡은 시기에 정계에 특별지원을 통해 민간 프로젝트 등의 건설 붐을 연출하고, 한편에서 담합에 의한 업계지배를 계속했다. 전후 업계를 리드해온 명문도 그 기업체질이 업계개혁의 걸림돌이 되었던 것 같다.

▌정·관계로 확대되는 가지마(鹿島)건설의 화려한 인맥

어느 제네콘 간부는 "1980년대 전반, 건설업이 불황의 동면기(冬眠期)를 맞이한 때부터 업계와 정치가의 관계는 바뀌었다. 예전에는 발주관청에 뭔가 요구할 때의 지원단이었지만, 업계의 결속이 무너지고 불황으로 과당경쟁이 일어나면서 정치가와의 결속이 강해졌다"라고 증언하고 있다.

하지만 나카소네 정권하에서 1986년 관서신공항과 동경만 횡단도로의 2대 프로젝트를 중요 항목으로 하는 민활법, 1987년 리조트법, 도시재개발과 민간 중시로 수정된 전국종합개발계획이 잇따라 나온 덕분에 전국에서 건설 붐이 일어 업계는 단숨에 불황을 탈피하여 버블경제가 붕괴하기까지 여러 해 호경기를 맞이하였다. 정·관·재(政·官·財)의 유착은 '철의 삼각형'이라고 하는데 그 결속이 강해지게 된 것은 이 시기라고 할 수 있다.

불황의 '동면기' 동안 건설업계는 두 가지 난제를 안고 있었다. 담합사건으로 업계비판의 소용돌이가 그 첫 번째이고, 다음이 마이너스 실링으로 상징되는 대장성의 긴축재정이다. 담합사건을 계기로 일어난 독금법 강화와 일반 경쟁입찰 도입 검토를 포함하는 개혁의 움직임은 자민당 건설족의원의 반발로 좌절되었다. 또 업계의 정보 교환

을 인정하는 공정거래위원회
의 건설업 가이드라인과 결부
되었고 건설업계뿐만 아니라
재계도 민간기업 활성화 프로
젝트의 도입 등 불황 타개책을
정치에 요구하는 분위기가 고
조되었다.

이러한 상황에서 가지마가
정계와의 관계를 강화해가면
서, 재계에서의 발언력을 늘려
간 것 같다. 이시가와 회장은
카루이자와(輕井澤)의 별장에
나카소네 수상과 사이토 에이

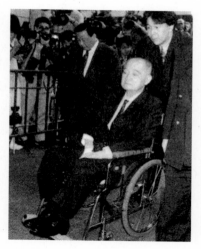

가네마루 신 ▎거액 탈세사건으로 첫 공
판에 나선 자민당 부총재

사부로(薺藤英四郎) 경단련 회장, 히라이와 가이시(平岩外四) 부회장을
초대한 적도 있다. 사이토와 이시가와(石川)는 철강제조회사와 제네콘
으로 조직된 일본 프로젝트산업협의회의 정·부회장이기도 했다.

또 가지마(鹿島)는 창업자인 가지마가(家)를 중심으로 한 전형적인
친족회사이지만 역대 사장 중 4명이 사위로 그중 3명은 관료 출신이
었다. 그 가운데 가지마의 '중흥의 조(祖)'로 불리는 가지마 모리노스
케(鹿島守之助)는 사장 겸 외교관 출신의 학자로서 많은 저서를 남기
고 참의원으로 홋카이도 개발청 장관 등을 역임했다. 또 아쓰미 다테
오(渥美健夫) 상담역은 통산성, 이시가와 회장은 운수성 출신으로 가
지마 쇼이치(鹿島昭一) 부회장의 처남인 히라이즈미 와타루(平泉涉)
의원은 원래 외교관 출신이었다. 그리고 나카소네의 차녀가 아쓰미(渥
美) 상담역의 장남과 결혼했으며 그 외에도 친척관계로서 이나야마
요시히로(稻山嘉寬) 등 정재계 명문이 많았다.

게다가 가지마는 회사 중역으로 정부 부천 공무원을 많이 받아들

였다. 가지마가 이외에 처음 사장이 된 미야자키는 건설청의 OB(Old Boy)이다. 건설청 외에도 농수청, 국세청, 국철 등의 OB도 공무원에 이름을 올려놓았다. '화려함'으로 일컫는 혈맥·인맥을 자랑하는 한편, 역대 업무담당 중역은 건설담합의 핵심으로서 업계 이면세계의 중심적 역할도 담당해왔다. 그 대표격이 된 자가 전 부사장인 마에다 타나시(前田忠車)로 그 후계자가 체포된 기요야마 신이치(淸山信一) 부사장이었다. 기요야마(淸山) 부사장은 중앙의 최후 담합조직인 경영간담회(1990년 7월 해산)의 회장으로서 공공공사의 수주조정을 중앙수준에서 책임지고 관리했다. 또 지방에서도 동북아건설협의회(1991년 7월 해산)와 공정거래위원회로부터 배제권고를 받은 사이타마 토요회(埼玉 土曜會: 1991년 6월 해산) 등 가지마의 간부사원이 도맡아 했던 담합조직도 적지 않았다.

▌자민당 정권의 붕괴

정치 불신의 소용돌이 속에서 호소카와 모리히로(細川護熙) 전 구마모토현 지사가 1992년 5월에 '일본 신당'을 창당했다. 이는 유권자로부터의 새로운 정치모델의 청량제로서 호의적으로 인식되었다. 일본 신당은 '기성정치의 타파'를 내걸고 7월 참의원 선거의 비례대표구에서 단번에 4명을 당선시켰고, 호소카와는 중의원으로의 진출을 표명했다.

경단련도 혼미한 정국을 타개하기 위해서는 수상을 비롯한 강력한 리더십이 필요하다고 생각했다. 10월에 일본상공회의소·일본경영자단체연맹·경제동우회·관서경제연합회와 공동으로 '정치개혁의 단행을 재차 요망한다'라는 내용을 미야자와 수상을 만나 직접 건의했다.

특히 정치자금제도의 개혁에 대해서 "정치윤리의 확립, 선거제도의 개혁에 의해 돈이 결부되지 않는 정치 실현을 기대함과 함께 수지(收支) 양면에 걸친 투명도를 높이도록 정치자금 규정법을 개정해야 한다"라고 요망했다.

이에 대해서 미야자와 수상은 "경제 5단체가 공동으로 의견을 모은 사실을 냉엄하게 인식한다. 임시국회에서 이미 여야당이 합의에 이른 18항목의 성립을 계획함과 함께 11월 말을 목표로 자민당으로서 근본적인 개혁안을 매듭짓고

호소카와 연립정권 탄생 후 첫 기자회견을 가진 호소카와 모리히로 수상

싶다"고 응했다. 이듬해 1993년 4월에 재계와 노동계의 수뇌가 만든 '정치개혁추진위원회[민간정치임조(臨調): 회장은 가메이 마사오(龜井正夫)]'가 자민당과 사회·공명, 양당 안의 절충안이라고 할 수 있는 소선거구 비례대표 연용제를 발표하고, 이를 받아들여 5월 연휴 직후에는 정치개혁을 둘러싼 각 당의 열띤 공방이 벌어졌다.

그러나 당 내에서의 조정시간이 필요했던 자민당은 6월 들어 정치개혁법안에 대해 통상국회에서의 성립을 단념하게 되었다. 이에 반발해서 공산당을 제외한 야당 각당·회파가 미야자와(宮澤) 수상에 대한 내각불신임안을 중의원에, 문책결의안은 참의원에 제출했다. 내각불신임안은 자민당에서는 하타(羽田)파의 34명을 중심으로 39명이 찬성표를 던지고, 또 자민당 의원 16명이 중의원 본회의를 결석했기 때문에 가결되었다. 미야자와 수상은 즉시 중의원을 해산시켰다. 여당 내의 반대표로 해산, 총선거가 된 것은 1980년 오히라 내각에서의 해산

이후 처음 있는 일이었다.

이를 계기로 다케무라 마사요시(武村正義) 정치개혁추진본부 사무국장 등 자민당의 젊은 의원 10명은 집단으로 자민당을 나와 '신당 사키가케'를 결성하고 하타파의 중·참의원 44명도 자민당을 탈당하여 신생당을 창당했다. 자민당은 1955년 보수연합에서 38년 만에 처음으로 분열상태에 빠지게 되었다. 그리고 7월 중의원 총선거 결과, 자민당은 개선 전 1의석을 상회했지만 결국 자민계 무소속을 합쳐도 과반수를 밑돌아 미야자와 수상은 퇴진을 표명했다. 또 사회당은 역사적인 참패를 당한 것에 비해 신생당과 일본 신당이 약진했다. 자민당 1당을 지배축으로 38년간 계속된 '55년 체제'가 붕괴했다.

▌호소카와 연합정권이 쌀시장 자유화를 단행

미야자와 수상의 퇴진과 함께 자민당은 정권의 자리에서 물러났다. 그 후 '정치개혁권'을 내걸고 1993년 8월에 호소카와 모리히로(細川護熙) 내각이 발족했다. 동 내각에는 연립여당의 6당수가 모두 입각하여 정권 내부의 연대로 포진되었다. 취임 후 첫 기자회견에서 호소카와 수상은 정치개혁 관련법안의 연내 성립에 '최대한의 노력'을 기울일 것임을 시사하였으며, 연내 불성립의 경우 정치적 책임을 질 것을 공언했다.

경단련은 더욱더 가열찬 행정개혁을 단행해 민간활력의 고양과 시장개방의 촉진, 경기대책에 전력을 기울임과 일본경제의 체질 강화, 우루과이라운드 성공을 위한 리더십 발휘 등을 호소카와 내각의 전각료에게 요망했다. 이러한 요망에 부응하여 호소카와 내각은 정치운영의 이념으로 '정·관·재의 유착 타파'를 내걸고 정치개혁과 함께 경제개혁을 내각의 과제로 삼았다. 그 기본이념과 행동계획은 수상의 사적 자문기관인 '경제행혁연구회(회장: 히라이와 가이시 경단련 회장)'가 1993년 11월에 마무리한 중간보고에 의거해 입안되었다. 그 내용은 5년간 수급조정을 위한 경제적 규제에 대해서는 '원칙 자유, 예외 규제'로 하고, 사회적 규제에 대해서는 부단한 재검토와 함께 일반 서민을 중시한 사회자본에 투자함으로써 내수형 경제를 구축하고 지적·창조적 활력이 풍부한 경제형성을 지향한다는 것이었다.

재계가 주시하고 있던 GATT의 우루과이라운드도 1993년 12월에 타결되어, 자유무역에 의한 경제발전이라는 전후 세계경제의 이념은 일단 확인되었다. 그때까지는 손쓸 방도가 없던 농업분야의 시장개방과 서비스 무역 등의 새로운 분야의 무역규칙 확립의 시도가 크게 진전되었다. 오랜 기간에 걸쳐 자민당 정권하에서는 해결지을 수 없었던 쌀시장 문제가 호소카와 연립 내각에서 해결될 수 있었다. 그것은 호소카와가 당수인 일본 신당이 도시권의 의원을 든든한 배후세력으로 가지고 있었기 때문이었다.

일본 신당과 공명당은 쌀수입 자유화에 대해서는 어느 정도 유연성을 가지고 있었던 것이다. 게다가 자민당 이상으로 쌀 문제에 대해서 꽤 까다로웠던 사회당도 여당이 되고서는 예전처럼 "쌀은 한 톨도 수입하지 않는다"라고 말할 수만은 없었다. 신당의 오자와 이치로(小澤一郎) 대표간사도 "쌀의 부분자유화는 어쩔 수 없다"라고 말하고 "우루과이라운드를 성공시키기 위해서는 그 정도의 희생은 일본 측도 받아들여야 되지 않겠는가"라는 방향으로 연립정권 내의 의견이 모아졌다. 신당 사키가케 대표 다케무라도 강력하게 반대하지 않고 "부분적인 수입은 부득이하다"는 입장이었다. 문제는 역시 사회당이었다. 12월 최종 단계에서 관세화는 저지하는 대신에, 일정한 경과 조치를 강구하면서 부분적인 수입을 받아들임으로써 우루과이라운드 교섭은 타결되었다.

그러나 사회당의 농정파는 변함없이 '한 톨이라도' 식의 최강경파적 입장에서 자민당보다도 완고한 태도를 취했다. 당시 당수 무라야마 도미이치(村山富市)가 농림계 출신이 아니었던 것이 그나마 다행이었다. 최종 단계에서 "호소카와 내각을 지탱하기 위해서도, 여당인 사회당이 이 문제에 대해서 더 이상 우겨서는 안 된다. 어떻게라도 총리직은 유지해야 되지 않겠는가"라고 설득하고 다닌 것은 서기장 구보 와타루(久保亘)였다.

구보(久保)가 열심히 정부 여당과 사회당의 중앙집행위원회 사이를 오가며 "어쩔 수 없다"라는 대답을 가까스로 관저에 가지고 온 것이었다. 쌀 문제를 매듭짓자 이듬해 1994년에는 정국이 어지럽게 움직였다. 호소카와 수상은 방미를 바로 앞둔 2월, 1994년부터 6조 엔 감세의 실시와 함께 소비세를 완전히 바꾸어 세율을 7%로 하는 '국민복지세'를 1994년도에 창설할 구상을 발표했다. 이 갑작스런 발표에 대해 정부·여당 내에서도 반발이 심해지자 구상은 바로 백지화되었다. 이러한 정부 내의 불일치와 더불어, 국회에서는 야당이 된 자민당과 공산당이 호소카와 수상의 사카와큐빈(佐川急便)그룹으로부터의 차입금 문제와 NTT 주식 구입 등의 금전 스캔들을 추궁해서 예산안 심의가 완전히 멈추었다. 그 때문에 호소카와(細川) 수상은 퇴진을 결의했다.

4월 초부터 연립여당 간의 정책협의가 추진되었다. 그 결과 같은 연립 하타 쓰토무(羽田孜) 신생당 당수의 옹립이 결정되고 호소카와 내각 총사직 후에 하타 내각이 발족되었다. 연립여당 내의 통일된 행동을 할 수 없는 혼란 속에서 사회당이 반발하여 정권을 이탈했기 때문에 하타 내각은 신생·공명 양당 주도의 소수 여당정권이 되었다.

▌ 자민당의 정권복귀

자민당은 심의가 늦어진 1994년도 예산 성립을 기다리며 6월에 내각 불신임안을 제출했다. 불신임안 가결의 가능성이 커졌기 때문에 하타 내각은 총사직을 단행하여 2개월의 단명정권으로 끝이 났다. 그후 자민·사회·신당 사키가케의 3당이 지지한 무라야마 도미이치(村山富市) 사회당 위원장은 연립여당이 갑작스럽게 옹립한 전 가이후 수상을 물리치고 수상이 되었다.

1947년 가타야마 내각 이래 47년 만에 사회당 당수를 수반으로 하는 무라야마 내각은 부수상·외무대신에 고노 요헤이(河野洋平) 자민당 총재, 대장대신에 다케무라 마사요시(武村正義) 신당 사키가케 대표를 배치하여 발족했다. 경단련은 각 내각 발족 때마다 제언을 했다. 제언으로는, 지나친 엔고의 시정, 정치·행정·경제의 3대 개혁 추진, 우루과이라운드의 합의 실시 등을 호소했다. 또 1달러당 90 이하

총선거 출마 ▌ 1990년 2월 중의원선거에서 옴진리교는 정치단체 '진리당'을 결성, 아사하라 교주 등 간부 신자 25명이 도쿄 사이타마현에서 입후보했으나 전원 낙선됐다

의 엔고에 대해서는 일본상공회의소·일본경영자단체연맹·제동우회에 설득을 구하여 경제 4단체로서 "급격한 엔고를 우려하여 철저한 시장개방을 요구한다"라는 긴급공동제언을 만들어 무라야마 수상에게 강력한 대책 실시를 제의했다.

또한 경단련은 1995년 6월, 무라야마 수상에 대해서 "경제 활성화를 위해 실효성 있는 대등한 긴급경제대책의 실시를 바란다"라는 긴급제언을 제기, 그 후 9월에도 "일본경제의 신뢰감을 회복하기 위한 경제대책을 바란다"라고 제언했다. 그러나 특히 1995년 후반에는 오키나와 미군기지 문제, 옴진리교 등 유사 종교단체의 파괴 활동 방지법 적용, 주택금융 전문회사 처리에 거액의 공적자금 투입 등 사회당 위원장인 무라야마 수상에게 있어서는 괴로운 정책 결단이 계속되었다. 결국 새해 1996년 1월에 퇴진을 표명했다.

여당 3당은 즉시 연립 정권의 지속을 약속하고 자민당의 하시모토 류타로 총재를 수상으로 하는 신정권이 탄생됐다. 경단련도 즉시 "1996년을, 21세기를 바라보는 시점에서 정치·행정·경제 전반에 걸쳐 과감히 구조개혁을 진행시키고, 정치에 대한 국민의 신뢰와 기대를 만회하는 해로 만들어야 할 것이다"라는 생각을 표명하면서 하시모토 수상에게 강력한 리더십을 발휘해 줄 것을 요청했다.

▌버블경기의 팽창 가속화

경제기획청의 경기동향 지수에 따르면 불황은 1986년 11월에 바닥상태였다. 하지만 기업이 불황을 탈출, 경기 호전의 실감을 절실히 느낄 수 있게 된 것은 그로부터 1년 정도 후의 일이었다. 이 호경기는 51개월간의 기간 동안 꽤 오래 지속되었다. 국내 민간부문 저금리에 자극받은 주택투자의 회복이 빨랐고 그 뒤를 쫓아 민간설비 투자가 활발해져갔다. 고도정보통신에 대한 기술혁신적 투자와 노동력부족에 대비한 자동화설비 투자 등이 신장되고, 도시 재개발을 지향한 건설 투자도 증가했다. 게다가 큰 폭의 엔고가 가계의 실질소득 향상과 소비증대를 재촉했다. 이 같은 여러 가지 원인이 실질 경제성장률을 연율 5%까지 가속시키고, 고용선취 경쟁과 노동력부족 분위기가 일게 되기도 했다.

또 한편에서는 경상수지 흑자의 GNP 비율도 급속한 감축 경향을 보였다. 앞의 플라자 합의 직후 완성된 일본경제의 내수주도형으로의 정책전환, 구조조정, 시장접근 확대, 대외 직접투자 촉진 등의 정책 제언을 한 '마에가와(前川) 리포트'가 원활히 실현된 것 같아 보였다. 이렇게 해서 일본은 짧은 기간 내에 세계 최대 채권국으로 올라섰고 최대 자본수출국으로 부상했다. 그리고 세계 금융기관 순위 가운데 일본 은행은 대부분이 상위를 차지해 단기간에 거대 금융대국으로 올라섰다.

동경은 뉴욕·런던과 나란히 세계의 금융센터가 되어 동경 등 일본에 사무실을 내어 영업을 하려고 하는 외국 기업 수가 늘어났다. 머지않은 장래에 사무실 수요 급증을 기대한 빌딩 건축은 대단한 성황을 보여 지역분산은커녕 한층 더 동경 집중, 수도권 집중의 경향이 짙어지게 되었다. 하지만 이 헤이세이 호황은 일본의 경제사회에 좋은 점만을 가져오지는 않았다. 사상 초유의 규모로 버블 팽창이라는 것이 생겨났고, 그것이 일시적으로 호황을 띠며 대형화되었던 것이다.

국내에서 버블경기의 팽창이 가속화된 것은 1987년부터이다. 버블경기란 글자 그대로 거품처럼 실제보다 훨씬 과대평가된 경제적 제(諸)현상들을 의미한다. 적정 가격보다 훨씬 상향된 토지나 주식 같은 실물·금융자산의 대규모 투기적 인플레 현상도 그중의 하나이다. 또한 그 재테크 열기를 탄 골프회원권·보석 등 평소 수요가 불규칙한 품목들의 수요가 폭발적으로 증대되는 것을 말한다. 그 중핵을 이루는 것은 역시 자산 가격의 폭등이었다. 토지지산의 시가 총액의 GNP 총액에 대한 비율이 1986년 3.7배에서 6.7배로, 또 주식자산 시가 총액의 GNP 비율이 1986년 1.3배에서 2.2배로 불어난 것은 버블경기의 전형적 특징을 보여주는 것이며, 이러한 주식·토지 자산의 거품이 정상이 아님을 여실히 보여주고 있었다.

▌NON BANK가 무심사로 부동산 융자

당시는 사회적인 '광기'가 충만하고, 주가 폭등을 '채권대국 시세'라고 일컬어지고 있었다. 이 같은 호황이 장기간 지속되리라는 생각에 한 저명한 평론가는 "이때 투기를 하지 않는 자는 속세를 떠난 사람이다"라고 말할 정도였다. 지가(地價) 상승을 재료로 한 소위 '리스트라 주'가 인기가 있어 토지 보유량이 많은 대기업주와 부동산업주 등의 자산 상승이 현저했다.

또 여윳돈과 저금리가 계속되는 속에서 금융기관은 NON BANK를 만들어 심사체크와 위험부담 관리를 허술히 한 상태에서 다투어 토지를 담보로 한 부동산업 융자를 해주었다. 땅값이 오르면 토지를 담보로 한 융자액이 증대하고, 그것이 더욱 땅값 상승을 유도한다는 순환이 발생된 것이다. 또 설비투자의 자금에 대해서 대기업은 은행 차입을 줄이고 국내에서의 전환사채, 해외에서의 워런트채(Warrant: 신주식인수권부사채) 발행에 의한 조달을 대대적으로 하게 되었다.

주가의 상승 속도가 빠른 시기에는 자본이득(Capital gain)의 묘미가 크고 또 자금비용도 저금리라는 매력이 있었기 때문에 자금 여력이 있는 기업들에겐 매우 유혹적이었다. 그리고 충분한 설비투자 자금을 조달할 수 있었던 상장기업은 그 여유자금을 재테크로 돌리는 데 매우 적극적이었다.

블랙 먼데이 ▌ 1987년 10월 19일 뉴욕 주식시장 크게 폭락. 이어 도쿄 주식시장도 전에 없는 하락세를 기록

　버블경제하에서는 소비·지출 면에서도 변화가 일어났다. 소액저축비과세제도(저축비과세)가 폐지되고 부자·고령자 계층의 주식자산 운용이 증대되었다. NTT 주가도 상장 후 한동안은 폭등했다. 소비세 도입으로 물품세가 정리되는 가운데 호화스런 고급품과 식도락 지향 등 무리한 소비지출이 늘고 또 카드의 과다사용 등이 원인이 된 개인 파산도 비정상적으로 증대했다. 국가재정도 버블경제의 덕을 보았다. 법인소득·개인소득·자본거래에 따른 자본이득 등 과세 자산고 등이 팽창한 결과 세수 전체가 두드러지게 신장하여 적자국채 신규발행액을 제로로 만들었다.

　버블경기의 팽창은 플라자 합의에서 발단된 엔고 급진전을 지나치게 심각하게 보았다. 또 1987년 10월 블랙 먼데이(Black Monday)에는 주가가 세계적으로 동시 폭락하는 파란이 일어났다. 초저금리(공정보합 2.5%)의 불변동기간을 연장시켜 통화공급(Money Supply)이 4년에 걸쳐 두 자리대로 증대된 것이다. 재정재건을 우선시켜 금융정책에 지나친 부담을 지운 것으로도 영향을 받았다. 금융긴축이 늦어지므로 주식과 토지의 투기를 한층 더 확대시켰다. 상품·서비스의 일반물가가 안정된 것도 자산 인플레에 대한 정부의 경계심을 다소 늦추게 만들었다.

▎버블경기의 붕괴와 대불황 시작

1989년부터 1990년에 걸쳐, 일본은행은 긴축정책 강화를 단행하여 공정 보합 수준도 6.0%까지 올라갔다. 또 대장성 지도로 엄중한 토지융자 총량규제가 실시되었다. 동경 증권거래소(東證) 제1부의 평균주가는 1989년 말에 3만 8,915엔으로 사상 최고가를 기록한 후 계속 무너졌다. 내부거래, 손실보전 문제, 행정지도의 불투명성 등이 드러난 불상사가 시장에 대한 투자자들의 신뢰를 매우 손상시킨 영향도 화가 되어, 1992년 중 가장 싼 가격에서 실제로 63% 급락을 연출했다.

일전의 주식 자산의 시가 평가액은 동경 증권거래소 1부만으로도 330조 엔 마이너스가 되었다. 땅값도 1990년 가을부터 떨어지기 시작해 1991년 한 해만도 200조 엔의 토지지산 감가가 생겼다. 게다가 버블 붕괴에 따른 자산 디플레의 범위에 그치지 않고 실물경기의 면에서도 불황이 확대되어갔다. 호황의 절정은 1991년 1~3월로, 그 이후 불황이 계속되어 많은 기업가들이 불안해했다. 자동차·가전기기·전산기 등 이제까지 일본경제를 강력하게 이끌어온 하이테크산업이 모두 대폭 감수·감익되었다. 그 외에 버블경기의 상징이었던 부동산·금융 등은 침체의 늪을 빠져나올 방법을 찾지 못하고 있는 것 같았다.

개인 소비도 매우 저조했다. 버블적 소비가 일시에 줄어든 탓도 있고 잔업규제로 가계 수입이 그다지 늘지 않은 점, 불황 경계심이 가계의 끈을 쥐고 있는 점, 자동차와 가전제품 등 내구재에 대해서 보급률이 충분히 높아지고 매력있는 상품이 줄어들게 된 점 등이 그 요인이었다. 실물경기의 악화도 물론이거니와 헤이세이 불황 타개에 있어 버블 붕괴에 따른 채무 디플레의 해결, 특히 땅값 급락에 의한 불량자산의 처리 문제가 큰 부담으로 작용하였다.

이렇게 해서 1990년대 일본경제는 오랜 불황으로 시달리게 되었다. 경제성장률은 1992년부터 1%를 밑돌았다. 그 전에 수출은 순조롭게 확대되고 무역수지는 1,000억 달러를 넘는 수준에 달해 있었기 때문에 문제는 내수의 두드러진 부진에 있는 것이 명백했다. 이와 같은 무역 상태가 해외로부터 강한 비판을 받음과 동시에 세수부족으로 재정재건의 진전이 중단되고 재차 공채의존도가 상승했다. 버블경기의 붕괴 후, 그 후유증이라고 할 만한 불량채권의 중압감은 헤아릴 수 없었다. 금융 면에서는 금융 자유화의 진전 속에서 '호송선단방식(護送船團方式)'이라고 불린 금융행정이 재검토되고 금융기관의 경영적인 동요, 파탄처리가 중요한 문제가 되었다.

▌불상사를 초래한 금융위기

1990년부터 금융불안은 이토만·스미토모(住友) 은행사건이 발단이 되었다. 1991년에는 토지와 미술품을 둘러싼 의혹이 드러난 것만이 아니라 증권회사에 의한 단골 고객의 손실보전 문제, 유력 은행의 부정 융자 사건이 표면화되어 금융·증권계는 최악의 상황에 몰리게 되었다. 일찍이 1920년 버블붕괴(주식폭락·금융공황) 당시는 은행경영과 금융시스템이 매우 취약하고 세프티넷(Safty net: 예금 보험기구와 마지막 대주로서 일본은행의 기능)도 몹시 불충분했다. 그때 당시와 비교하면 은행의 경영력은 강해졌고, 금융시스템에 대한 국민의 신뢰성도 훨씬 높았다. 그러나 오랫동안 호송선단방식, 과보호행정으로 일관해왔던 경제체질 속에서 금융기관의 경영 투명성의 부족이 큰 문제였다. 이러한 점들이 이 시기의 불상사의 주요 원인이 되었다.

1991년 전반부터 하강하기 시작한 국내 경기는 1992년이 되자 더욱 그늘져, 회복의 실마리를 잡을 수 없을 만큼 기업과 가계의 불황감이 심화됐다. 1992년 8월 중순에는 동경 증권거래소 제1부의 평균 주가가 한때 1만 5,000엔보다 떨어져 절정이었던 1989년도 말 최고가 3만 895엔과 비교해 하락폭은 6할에 달해 버블경기의 종언을 드러냈다. 주가의 하락은 소비자의 심리도 위축시켜 승용차, 음향·영상기기, 가전을 비롯한 내구소비제의 판매부진을 불러왔다. 이 때문에 버블시기에 저리의 자금을 시장에서 손쉽게 조달하고 적극적인 설비투자를 해온 기업은 과잉재고로 힘들어 하고 감가상각 등 고정비 부담도 가중되어 경영실적이 대폭 악화되었다.

버블 후유증이 가장 심각했던 것은 금융·증권업계로, 특히 은행의 토지담보 융자의 불량 채권화는 신용불안을 초래할지 모르는 문제로서 그 처리가 큰 문제가 되었다. 그러나 동경 사카와큐빈(佐川急便) 사건이 계기가 된 정국의 혼미로 1992년 보정예산의 성립은 12월로 넘어가고 경기대책은 추후로 돌려졌다. 게다가 약 5년간, 다소의 엔화 약세 경향으로 안정되었던 환율은 일본의 대폭적인 무역흑자를 배경으로 1993년 2월부터 재차 급속한 엔고국면으로 들어가 8월에는 1달러=100엔대를 기록, 이 엔고에 의해 수출산업을 중심으로 기업수익이 악화되고 기업은 고용조정에 착수했다. 소비자 마인드는 한층 차가워져 소비의 부진에 박차를 가했다. 공장폐쇄와 인원삭감 때문에 실업자 문제는 더욱 심각해졌다.

이로 인해 미야자와 내각은 4월에 호소카와 정권이 교체되고 난 후인 9월에 '긴급경제대책'을 세우고 공공투자의 확대, 주택 취득 촉진을 위한 정책 지원, 감세와 융자확대 등의 대책을 강구했다. 또 금융 면에서도 9월에 공정보합이 사상 최저수준인 1.75%로 인하되었다. 그러나 이들 정책효과는 더 이상의 경기침체를 막기는 했지만 규모의 크기에 비해서는 파급효과가 약했다. 이렇게 해서 1993년 전반에 일본경제 경기는 밑바닥까지 떨어졌다. 그리고 급격한 엔고 등에 의해 전후 그 예를 찾아볼 수 없을 만큼 수요가 부족했다. 생산활동이 축소되는 디플레이션 상태에서 회복의 전망을 나타내지 못한 채 해를 넘기게 되었다.

▌장기간의 헤이세이 불황

1994년 6월에는 뉴욕 외환시장의 엔 시세가 100엔을 돌파하여 1달러=99엔대로 두 자릿수대의 엔 시세가 일상화되었다. 이 때문에 수출기업이 해외, 특히 아시아로 생산거점을 옮기는 움직임이 두드러졌으며 산업의 '공동화(空洞化)'를 걱정하는 소리가 높아졌다. 1995년부터 1996년에 걸쳐 세계 경제는 미국 등 선진국에서 성장이 둔화되었지만, 아시아를 중심으로 한 개발도상국이 고도성장을 유지하여 전체로는 확대가 계속되었다.

그러한 가운데 일본경제의 부진은 계속되었다. 특히 완만하게 회복과정을 밟기 시작하는가 했던 1995년 초에 한신(阪神), 아와지(淡路) 대지진이 발생하고 게다가 같은 해에 80엔대가 된 급격한 엔고로 재차 급속히 힘을 잃었다. 해외로부터의 제품과 원재료의 수입이 급증하여 가격파괴라고 하는 물가하락이 엔고로 가속화되었다. 게다가 고용불안과 '디플레 경제'의 우려가 항상 따라다니게 되었다.

금융기관이 떠맡은 불량채권과 이를 만들어낸 땅값의 하락이 변함없이 경제회복의 걸림돌이 되었다. 금융 면에서의 불안정은 "절대 도산하지 않는다"라고 해온 금융기관에서도 경영파탄을 초래했다. 1994년에 표면화된 동경 도내의 도쿄쿄와(東京協和), 안젠(安全) 양 신용

엔화가 전후 최고치 ▌ 1995년 4월 19일 도쿄 외환시장에서 엔화가 1달러 79엔 75전으로 처음으로 80엔대를 깨고 전후 최고치를 갱신했다

조합의 파탄을 계기로 1995년 7월에는 도내 최대 규모의 코스모 신용조합의 경영파탄이 표면화되었다.

그 한 달 후인 8월 말에는 대장성이 제2지방은행 중 최대 규모인 효고(兵庫)은행과 최대 규모 신용조합인 키츠(木津)신용조합의 처리를 발표하기에 이르렀다. 엔 시세는 1995년 8월에 100엔대로 9월에는 공정보합이 0.5%로 사상 최저수준으로 인하되었다.

같은 해 1995년 9월에는 일본은행의 해외지점에서 장부 외 거래에 의한 손실이 표면화되는 등, 일본 금융시스템의 신뢰가 크게 흔들려 저팬 프리미엄(Japan Premium)을 발생시키게 되었다. 그 후에도 버블경제로 계속되는 장기간 불황하의 일본경제는 본격적인 회복으로의 계기를 잡지 못한 채 추락하게 되었다.

▌정치개혁으로의 도정

자민당 단독정권 붕괴와 연립정권시대의 개막은 경단련 등 재계에도 큰 영향을 주었다. 1993년 6월에 중의원이 해산되었을 때 경단련의 히라이와 가이시(平岩外四) 회장은 기자회견에서 "자민당에 대한 자금 원조를 예전대로 계속한다"라고 밝혔다. 반면에 보수 신당에 대해서는 헌금을 알선하지 않는다는 자세로 일관하려고 하였다. 이 히리이와 회장의 발언은 1954년에 일어난 조선의혹을 계기로 기업의 정치기부의 일원화, 정치자금 조달의 투명성을 목적으로 경제재건간담회(1955년), 그리고 국민 각계각층에서 자금조달을 실시하기 위한 자유국민연합회(1959년)가 설립되고 1961년에 양자를 통합한 국민협회(1975년에 국민정치협회로 개칭)를 통해서 경단련이 정당에 대한 정치기부를 업계 단체에 배정해왔다. 그러나 이 같은 견해에 대해 재계일각에서도 이론이 제기되자 경단련은 중의원 총선거 공시 전인 7월초에 일본경영자단체연맹·경제동우회·일본상공회의소를 포함한 경제 4단체 수뇌긴급회담을 개최하여 총선거 투표 후에 정치개혁과 정계 재편성의 진전 상황을 지켜보면서 정당에 대한 정치자금 기부의 올바른 자세를 재차 검토하기로 했다. 그 후, 경단련의 히라이와 회장은 총선거 직후 "기업헌금의 폐지는 현실적으로 어렵다"라고 표명했지만 자민당이 정권의 자리를 물러난 것과 기업헌금에 대한 비판 등을 고려하여 9월의 회장단회의에서 기업헌금에 과도하게 의존하지 않는 정치구조를 만들기 위해 알선의 중지를 결정하고 〈기업헌금에 관한 사고〉를 발표했다.

그 내용은 다음과 같다. ① 민주정치는 국민 모두의 참가에 의해 성립되는 것이다. 거기에 필요한 최소한의 비용은 민주주의 유지의 비용으로 널리 국민이 부담해야 한다. 따라서 정치자금은 공적조성과 개인헌금으로 조달하는 것이 바람직하다. ② 이제까지 일본에서는 공적조성이 발달되어 있지 않았다. 또 한편으로는 개인이 정치자금으로 자발적으로 정치헌금을 기부하는 풍토도 충분히 조성되어 있지 않았다. 이와 같은 상황 속에서 기업은 정당과 정치가에 대해서 자금의 일부를 각출해왔다. 하지만 경단련에서는 정치인 개인에의 헌금이 부패를 초래하는 경우도 있었기 때문에 투명도가 높은 깨끗한 자금의 알선을 자민당 중심으로 해왔다. 이것은 자유주의 경제체제의 유지,

의회제 민주주의의 발전에 있어 중요한 역할을 완수해왔다고 생각하고 있다. ③ 그러나 최근 국민적인 정치개혁 기운이 고조되는 가운데 국민들 사이에서 기업헌금에 대한 의존도를 낮추어야 한다는 의견이 높아지고 정계에 있어서도 그것을 위한 환경정비가 계획되어지고 있다. ④ 경단련으로서는 이러한 움직임을 환영하며 기업헌금에 의존하지 않는 구조 만들기에 적극적으로 협력해가야 할 것으로 생각한다.

구체적으로는 ①에 있어서 기업헌금은 공적조성과 개인헌금의 정착을 촉진시킨 후 폐지 또는 재검토되어야 한다. ②에서는 각 기업단체가 독자적 판단으로 헌금을 해왔고, 경단련은 내년 이후 그와 같은 알선은 행하지 않는다는 것 등을 분명히 밝히고 있다.

한편 하시모토 내각은 지방분권과 재정구조 개혁을 양륜(兩輪)으로서, 국가재정 재건을 도모하기 위해 고감도 긴축재정 노선을 취했다. 그런데 경기회복을 위해서는 공공사업을 중심으로 한 대형예산이 필요하다는 정·재계로부터의 요망에 완전히 맞서지 못했다.

결국 하시모토 수상은 1998년 7월 참의원 선거에서 자민당 대패의 책임을 지고 퇴진했다.

종장

전후 일본의 정치와 사회

* * *

　지금까지 전후 일본경제의 발전과 변화를 시간적 순서에 따라 살펴보았다. 그런데 지나치게 경제에 편중되어 경제를 떠받치는 정치·사회의 틀에 대해서는 상대적으로 소홀한 감이 있다. 책을 마무리하는 종장 부분에서는 1955년에 성립되어 전후 일본의 정치·경제·사회 구조를 유지한 기본 골격이 되었던 '55년 체제'의 특징을 설명하고, 신자유주의 세계화 이후 일본의 정치와 사회의 변화를 추적하고자 한다. 앞부분은 책의 본문에서 산발적으로 언급되던 내용들을 하나로 묶고 설명을 추가하여 보다 분석적인 틀을 갖추기 위함이다. 뒷부분은 버블경제의 붕괴 이후부터 최근의 아베노믹스에 이르는 일본경제와 사회의 변화를 추적함으로써 이 책이 처음 출간된 2000년에서 단절된 시간적 공백을 메우려는 의도에서 추가되었다.

55년 체제의 성립

전후 일본 정치의 이해하는 기본 틀은 이른바 '55년 체제'이다. 1955년에 만들어진 자민당 장기집권 체제를 말하는데, 거대 여당인 자유민주당과 제1 야당인 일본 사회당의 양대 정당구조가 형성된 1955년을 기점으로 잡아 55년 체제라고 부른다. 정당론에서는 이 시기의 일본의 정당체제를 1.5당 체제라고 규정한다. 거대 여당 자민당이 1당, 그리고 자민당의 장기집권을 깨뜨리지 못하고 만년 야당으로 머물러 있는 사회당을 0.5당이라고 부르는 것이다. '55년 체제'가 성립된 배경을 이해하려면 시간을 약간 거슬러 올라가 전후 미국의 일본 점령 정책과 샌프란시스코 강화조약이 체결된 직후의 상황을 이해할 필요가 있다.

패전 후 일본은 연합국의 점령 아래 놓였다. 형식상으로는 연합국이 점령하고 있는 형태를 취하고는 있지만 실제로는 미국 정부의 정책이 일본을 지배하였다. 점령군의 첫 번째 목표는 일본의 무장해제와 민주주의 국가의 건설이었다. 도쿄 전범재판, 공직 추방, 군수산업의 금지 등 무장해제를 포함한 비군사화 정책이 잇달아 빠르게 실시되었다. 전쟁 이전 일본의 질서를 떠받치던 사람들은 정부, 교육, 언론, 방송, 심지어는 사업체의 모든 요직으로부터 추방되었다. 거대한 금융 및 산업 복합체인 재벌은 전쟁 도발에 중요한 역할을 했을 뿐 아니라 경제 민주주의로의 개혁에도 큰 장애가 된다고 판단되어 역시 해체 명령을 받았다.

점령 당국의 기본 통치 방침은 일본 정부를 통해 일을 처리하는 것이었다. 무엇보다 먼저 필요한 것은 새로운 정부의 구성이었고, 종전 후 일본의 기본 틀을 마련하는 새로운 헌법이 1947년 5월 3일부터 발효되었다. 신헌법은 지방자치, 행정부로부터 사법부의 독립, 봉건적 요소를 담고 있었던 민법의 개정, 노동법의 개정을 담고 있었다. 특히 노동법 개정으로 인해 일본 노동자들은 단체 결성권과 파업권을 갖게 되었다. 일본 노동자들은 1948년 말까지 산업 노동력의 40%를 넘는 거의 700만 명이 노동조합에 가입하였다. 이 정책은 전후 혼란을 틈탄 급진 좌익 세력들의 혁명 구호에 맞서 노동자들을 체제 내로 끌어들이기 위한 계산에서 나왔다. 또한 토지개혁에도 착수하여 일본은 실질적으로 거의 모든 농민이 토지를 소유하는 나라가 되었다. 농민들의 보수주의는 보수정권이 계속해서 집권하는 데 주요한 바탕이 되었다.

일본의 내부 개혁이 진행되고 있는 동안 국제환경은 급격하게 변하기 시작했다. 동서냉전의 격화였다. 1949년 중국은 공산화되었고, 1950년 한국에서는 전쟁이 발발했다. 미국은 일본이 냉전질서 속에서 미국의 동아시아 반공기지의 한 축이 되는 것을 더 중요하게 여기기 시작했다. 이러한 흐름에 부응하여 1952년 샌프란시스코조약 체결 이후 일본에는 미국 점령 정책 중의 일부를 수정함으로써 일본 국내의 전반적 보수화를 추진하는 이른바 '역(逆) 코스'가 일어나기 시작했다. 냉전이 격화되며 일본을 동아시아의 반공 동맹국으로 삼고자 했던 미국의 묵인과 양해 속에서 이루어진 일이었다. 요시다 수상이 이 일을 맡았다.

요시다 수상은 보수 성향의 의회민주주의를 실시하고, 미국과의 동맹을 고수하며, 경제부흥과 경제성장에 노력을 기울인다는 방침을 갖고 있었다. 이미 1949년 공직추방령이 개정되어 공산주의자를 비롯한 급진좌파세력들에게도 이 법이 적용되었다. 공공부문과 민간부문에서 종사하는 2만 2천 명의 좌익 노동자들이 직장에서 쫓겨났고 노동조합의 위상은 크게 약화되었다. 반면 1946년의 공직추방령으로 쫓겨났던 군부와 보수주의 세력들 중 일부는 국회, 내각, 기업 등으로 진출할 수 있었다. 이들이 보수주의의 성장과 확립에 큰 역할을 한 것은 말할 필요도 없다.

이 방침은 일본의 재계를 비롯하여 기득권층에게는 큰 지지를 받았지만, 국회에 자리 잡고 있던 사회주의자들은 일본의 보수화 바람과 미일동맹에 강력하게 반발했다. 1955년 중의원 선거에서 민주당은 185석, 사회주의 우파 및 좌파 세력은 156석을 획득했다. 일본의 모든 보수파 단체들은 두려워하기 시작했다. 대기업들로부터 상당한 압력을 받고 있던 일본의 보수파들은 자민당과 민주당을 통합하기로 결정하였고, 일본을 지금까지 장악하고 있는 자유민주당(약칭 자민당)을 결성했다. 이렇게 해서 1955년에는 자민당의 장기집권체제의 기틀이 마련되었던 것이다. 이 체제는 1993년 자민당이 과반에 실패하고 호소카와 모리히로가 총리로 취임하면서 붕괴할 때까지 일본 정치의 기본 틀로 남았다.[1]

자민당이 일본을 장기집권한 것은 사실이지만, 당 자체는 하나의 이념이나 강령으로 통일된 상태는 아니었다. 자민당은 자유당과 민주당이 합쳐서 만든 정당이었기 때문에 내부 결속에 문제점을 안고 있었다. 심하게 말하면 두 정당들 자체가 파벌의 집합이었다. 각 파벌은 각자의 정체성과 자금을 보유하고 있었으며 파벌 보스의 이름과 동일시되었다. 예컨대 다나카 파벌, 나카소네 파벌 등의 이름이 일본정치에서는 당연히 받아들여졌다. 파벌들 사이의 차이는 정책보다는 정치적 야심과 연관되어 있었다. 파벌 보스들은 당 총재로 선출되는 데 관심을 집중한다. 자민당이 중의원 다수를 차지하는 한 당 총재는 동시에 수상이 된다. 총재는 수상이 된 후에는 자파 의원들을 정부 요직에 임명하는 보상을 해주고, 지역구에 공천을 해주며, 정치자금을 끌어들여 배분한다. 또한 다른 중요 파벌들에게도 각료 자리를 적당히

---

1) 혹은 1998년 창당한 민주당이 총선에서 압승을 거둔 2009년을 55년 지배체제의 해체로 보는 견해도 있다. 그렇지만 민주당 정권도 2012년 무너지고 그 이후 자민당이 계속 단독 과반을 확보하면서 정권을 유지하고 있다.

배분해야만 했다. 그렇지 않으면 탈당 도미노로 이어져 과반이 무너질 수 있기 때문이다. 자민당의 장기집권이라고 하지만 실제로는 집권 여당이 된 자민당 내의 파벌 정치가 내각을 좌우지하는 구조였다.

'55년 체제를 지속시킨' 일본 정치의 독특한 특징은 선거제도를 살펴보아야 이해할 수 있다. 일본은 내각책임제를 채택하고 있기 때문에 의회 다수당이 단독으로 정부를 구성하거나 혹은 다른 정당과 제휴하여 연립내각을 구성한다. 일본의 의회는 중의원과 참의원으로 나누어져 있으며 중의원에서 수상을 선출한다. 1994년 선거법이 개정되기 전까지 중의원 선거는 오랫동안 중선거구제로 운영되었다. 중선거구제란 한 선거구에서 2~5명 정도의 의원을 선출하는 선거제도를 말한다. 이론적으로는 선거구에서 1명의 의원만 선출하는 소선거구제에 비해 사표(死票)를 줄이고 선호하는 정당이나 후보자의 폭을 넓힐 수 있다는 장점이 있다. 또 같은 정당이라고 해도 복수의 후보자를 내보낼 수 있기 때문에 유권자들에게는 인물 선택의 폭이 늘어나게 된다. 그러나 모든 제도가 다 그렇듯이 이것 역시 밝음과 어두움의 두 측면을 갖고 있었다.

의회에서의 과반수를 목표로 하는 정당은 하나의 선거구에서 복수의 의원을 당선시켜야 한다. 같은 정당에서 나온 후보자들은 서로 정당 정책이 동일하기 때문에 득표에 뾰족한 효과를 기대하기 어렵다. 후보자들의 득표활동은 유권자들의 이익을 유도하는 전략에 기울고, 선거구에 개인 후원회를 조직하여 그것을 선거 모체로 삼는다. 자민당 국회의원이나 후보자들은 개인적으로 자기 선거구 내에 '유지들'의 네트워크를 만들어냈다. 지역의 표를 모아주는 유지들은 이들에게 대단히 중요한 존재였으며, 그 대가로 유지들의 사업이나 이권을 챙겨주었다. 국회의원이 지방자치의 보조금 획득을 위하여 중앙정부에 압력을 가하는 것, 국회의원이 지역 기업체의 사업을 시청이나 중앙정부에 중개해주기, 자신을 지지해주는 유권자 자녀들의 입학이나 취직

알선도 일본에서는 대표적인 이익유도에 속한다. 당의 정책과는 관계 없이 후보자의 선거구와 유권자 개인에게 베풀어지는 다양한 경제적 또는 다른 형태의 편의가 선거의 당락을 가르는 중요한 요소가 된 것 이다.

이렇게 이익 유도에 목을 매면서 당선자를 하나라도 더 만들려는 것은 넓게 보면 의회에서 과반수를 확보하려는 당 차원의 전략, 좁게 보면 각 파벌이 자기 소속의 의원을 많이 확보하여 세력을 강화하려 는 파벌 차원의 전략 탓이다. 그런데 이익 유도 중심으로 선거가 진행 되면 막상 정당 내부의 단결은 약화되고 당내 파벌의 영향력이 늘어 난다. 당보다는 자신을 다음 선거에서 후보자로 공천해줄 당내 유력 인사가 더 중요한 것이다. 이 때문에 개인 후보자의 지역 기반의 중 시, 2세 의원의 증대, 치열한 당내 경쟁(정확히는 파벌들 사이의 경 쟁)이라는 맹점을 보인다. 또한 유권자들은 자신이 선출한 국회의원 에게는 호감을 갖지만 정권이나 정치 전반에 관해서는 불만을 갖는 경향이 강하다.[2]

이 자민당 장기집권 체제에 맞선 일본 사회당은 가장 중요하고 세 력이 큰 야당이기는 하지만 국민들로부터 대안 세력으로 인정받지는 못했다. 패전 직후였던 1945년 11월 노동농민당, 일본 노농당, 사회 대중당 등 일본의 무산계급을 옹호하는 정치세력들이 모여 일본 사회 당을 만들었다. 민주적·평화적 방법을 통해 사회주의를 실현하겠다 는 사회민주주의 정당이었다. 그러나 이 당은 태생적으로 저마다 생 각이 다른 여러 급진주의자들의 불안한 연합이라는 한계에서 벗어나 지 못했다. 당 내에는 좌파와 우파가 이미 분열되어 있었고 그들 사이

---

2) 90년대 들어 중선거구제가 계파 갈등과 부정부패의 주범 중 하나로 지목되면서 결국 1996년 중의원 선거부터 소선거구제/비례대표제, 즉 전국 각지에서 300명을 선출하는 소선거구제와 11블록의 비례대표구에서 180명을 선출하는 비례대표제 를 병행하는 방식으로 바뀐다.

의 노선과 의견 차이는 대단히 깊었다.

사회당은 한때 놀라운 성과를 거두기도 했다. 1955년 총선거에서는 개헌저지선인 166석을 획득, 자민당과 맞설 수 있는 당세를 확보했던 것이다. 이에 놀란 보수파들은 재계의 후원과 지지를 등에 업고 자유민주당을 창당하면서 이른바 '55년 체제'가 시작되었다. 그러나 그 이후 당 내부의 결속은 계속 약해져 1960년에는 일부 우파가 당을 떠나 민주사회당을 만들면서 당이 분열되었으며, 당세는 지속적으로 하락했다. 시간이 지나면서 자민당의 득표율은 줄어들고 사회당은 지지 기반을 점점 확대할 것이라는 예측이 있었지만, 오히려 대도시 지역에서 지지층이 겹친 공산당과 공명당에게 세를 넘겨주면서 득표율이 20%대 초반으로 떨어졌다. 1970년대에는 세력을 회복하기도 했지만 자민당의 우위를 무너뜨리지는 못했다. 그 외 공산당과 공명당이 중요한 야당이기는 하지만, 야당 의원들은 서로 협조할 조짐을 거의 보이지 않았고, 야당의 자체 분열 탓에 자민당의 아성은 굳건히 유지되었다.

단순한 정치 분야를 넘어 이 55년 체제라는 용어는 재계-정계-관계의 긴밀한 협력 속에 구축된 일본식 사회구조를 말하기도 한다. 55년 체제를 지탱하는 축은 정부, 관료, 재계의 이른바 '삼각관계'이었다. 즉 일본의 정책 형성이 민간관료, 재계(특히 대기업), 그리고 제1여당인 자유민주당의 긴밀한 관계를 통해 이루어졌다는 뜻이다.

자민당은 관료와 긴밀한 관계를 이루고 있다. 예를 들면 요시다는 1941년 이전에 고위직 외교관이었고, 1957년 수상에 취임한 기시 노부스케는 전쟁 중 상공성과 군수성의 차관을 역임했다. 평균적으로 본다면 1955년 이후 각료들의 약 5분의 1이 전직 관료였으며, 퇴직 후 자민당에 입당했다. 1955~1980년 사이에 관료 출신 수상들은 모두 합쳐서 20년간의 수상직을 보유했던 반면, 당료(당 내부에서 뼈가 굵은 정치가 출신)로서 수상이 된 사람들의 재임 기간은 합쳐서 5년에 불과했다.

이 관료들은 정권·기업인들과 단단한 연대관계를 만들었는데, 특히 패전 이후 경제부흥 계획은 기업과의 긴밀한 관계를 형성하는 원동력이었다. 정부는 경제부흥 계획을 만들면서 기업의 요구를 일정 부분 반영했고 각 기업은 이에 따라 산업과 경영의 방침을 결정하는 방식이었기 때문에 관료, 그중에서도 대장성의 위세는 대단했다.[3]

55년 체제를 탄생시킨 숨은 세력이 바로 재계였다. 한국전쟁 특수로 막대한 자본을 끌어 모았던 재계는 사회당의 약진에 두려움을 느낀 나머지 자유당과 민주당의 합당을 보수세력에게 요구했고 그 비용까지 다 지불했다. 자민당을 든든하게 밀어주며 보수정치를 떠받치는 데 가장 중요한 공헌을 하는 집단은 재계, 그중에서도 1946년에 설립된 게이단렌(經團連)이었다. 일본의 수백 개 대기업을 회원으로 보유한 게이단렌은 회원들 사이의 사업 분야의 이해관계를 중재하는 일, 그리고 일본의 주요 경제 문제를 처리하는 데 있어 대기업의 대변인 혹은 압력단체로서 활동했다.

'재계가 일본 정치를 지탱하는 다리 중의 하나'라는 말은 재계와 정계의 협조, 나쁘게 말하면 정경유착을 가리킨다. 재계의 이러한 능력은 결국 정치자금을 통해 얻어진 것이었다. 게이단렌은 각종 중개인을 통해 자금을 제공했다. 개별 회사뿐 아니라 재계 단체가 제공하는 자금이 자민당, 당 내부의 파벌, 개별 국회의원들에게 흘러들어갔다. 특히 갑자기 중의원이 해산되고 새로운 선거가 실시되면 단시일 내 막대한 자금이 필요했다. 또한 재계는 자민당 총재의 선출에서도

---

3) 그러나 이러한 구조도 서서히 변하기 시작하여 1972년 중반부터 1988년 말까지 재임한 7명의 수상 중에서 오히라 마사요시만이 관료 출신이었다. 나머지 수상들은 성인 시절의 대부분을 정치가로서 활동했던 사람들이다. 자민당은 정책 문제를 연구하고 토의할 수 있는 정책연구회를 발전시켜 나갔고, 이제는 정부 관료로부터 국회와 자민당 쪽으로 균형이 기울게 되었다.

특정 파벌에게 정치자금을 많이 몰아주는 방식을 통해 개입했다. 시간이 지나면서 둘 사이에는 검은 고리가 형성되지 않을 수 없었고 그 결과는 각종 '스캔들'이었다.

이 시기 일본의 주요 기업들은 '게이단렌'을 통해서 자민당에 정치자금을 제공하고 특혜를 보장 받았으며, 자민당은 이 자금을 바탕으로 지역 유권자들에게 각종 선심사업과 특혜를 제공하면서 지지를 확보했다. 이러한 일련의 과정을 고시 출신 고위관료 집단이 행정적으로 뒷받침하는 정·재·관의 철의 삼각관계가 형성되었던 것이다. 엘리트 관료들은 중도에 자민당 정치인으로 변신해서 자신이 본래 근무했던 부처의 이익을 대변하는 일명 족(族)의원이 되었다. 정치권으로 가지 않은 관료들은 퇴임 이후 산하 공공기관이나 공기업에 낙하산을 타고 내려갔다. 정치권에 확실한 보호막을 가지게 된 정부의 각 부처들과 산하 공기업, 공공기관들은 아무런 견제도 받지 않고 끝없이 비대해져서 국가예산을 블랙홀처럼 빨아들였다.

이렇게 만들어진 55년 체제는 명과 암을 동시에 갖고 있었다. 일본은 정·재·관계의 굳건한 보수동맹을 이루면서 비약적인 경제발전을 거둘 수 있었다. 소련과 국교회복을 했고 국제연합(UN)에 가입했다. 1950년대 전반에는 국제통화기금(IMF)과 세계은행에 가입했고, 1955년에는 GATT(관세 및 무역에 관한 일반협정)에 가입하여 경제발전의 제도적 토대를 정비했다. 1964년에는 동경올림픽을 개최했고, 그 이후 일본의 경제는 세계가 놀랄 정도였다. 그러나 그 이면에는 정치에 대한 염증, 지방의 난개발, 공해 문제, 삶의 질에 대한 회의, 물질적 가치 앞에 방향을 잃고 헤매는 젊은 세대의 불만이 숨어 있었다.

일본에서는 '정치는 3류, 경제는 1류'라는 말이 널리 회자되었다. 그러나 3류 정치가 이런 정도의 성과를 만들어낼 수는 없을 것이다. 비록 답답하고 온갖 문제점을 안고 있는 것처럼 보여도 일본 정치는 그 시대의 조류를 읽고 대처하는 데 나름대로의 노력을 기울여 왔으며, 일정하게 성공을 거두었다. 일본은 기본적으로 보수적인 사회이며, 이러한 일본의 보수성을 역시 보수적인 자민당 집권체제가 뒷받침해주고 있다. 일본 국민은 급격한 변화보다는 주어진 현실 속에서 조금씩 개선하는 길을 선호하며, 사회당을 비롯한 야당 세력이 의미 있는 대안세력으로 인정받지 못하는 가운데, 보수 자민당의 집권체제가 이어지고 있다.[4]

▌버블경제의 붕괴와 신자유주의 세계화

1970년대 초반까지 일본 사회를 움직여 온 최대의 화두는 '고도 경제성장'이었다. 이 성장의 과실을 배경으로 1970년대 초반 다나카 가쿠에이 내각은 '열도 개조'를 내세우며 복지국가형 이익배분 정책으로 전환했다. 1970년대까지는 자신의 생활이 '중간'에 속한다고 생각한 사람은 계속 증가했다. 1973년의 '국민 생활에 관한 여론조사'에서 '중간' 의식은 무려 인구의 90%를 넘었을 정도였다. 실제 생활에서는 그렇지 않다고 하더라도 적어도 '의식 측면에서는 '1억 총 중류화'가 실현되었던 것이다. 종신고용제가 안정되고 사회 전체의 경제적 부가 팽창했기 때문에 모두가 생활이 점점 나아가고 있다고 기대할 수 있었다. 중류 의식이 확산되자 보수 대 혁신이라는 계급정치는 후퇴하

---

4) 1980년대를 지나며 사회당은 큰 충격을 받게 된다. 좌파의 전통적 지지기반은 노동조합이었으니 1987년 11월에 결성된 '일본노동조합총연합'은 그 어떤 정치적 연대로 표명하지 않았다. 1986년에 일본 정당사에서 최초의 여성 당수인 도이 다카코가 일본 사회당 위원장으로 취임하며 반전의 계기를 맞았다. 또한 1994년에는 무라야마 위원장이 총리에 선출돼 1947년 이후 사회당 출신 첫 총리가 탄생하기도 했다. 그러나 중선거구제 폐지를 골자로 한 선거제도 변화와 노조 등 전통적 지지기반의 이탈로 인해 사회당은 쇠퇴 일로를 걷게 되었다. 1996년에는 당명을 사회민주당으로 바꾸면서 일본 사회당은 사라졌다.

고, 사람들이 각자 획득한 지위와 권익을 어떻게 지킬 것인가를 둘러싸고 대립하는 이익 정치가 전면화했다.

그러나 1980년대 말 이후 이른바 '중류(중산)층'의 붕괴가 가시화되면서 서서히 일본 내부에는 성장의 어두운 그림자가 감지되기 시작했다. 여기에 '버블경제'의 붕괴와 신자유주의 세계화가 몰아닥치며 전후 일본의 사회 구조를 근본적으로 바꾸게 만들었다.

버블경제는 낮은 금리로 인해 지가·주가는 폭등하고, 그 결과로 막대한 불로소득을 안게 된 자산 보유 계층들이 활발한 소비활동에 나서며 경제 전체가 풍선처럼 크게 부풀어 오른 현상을 말한다. 그 직접적 계기는 1985년 미국의 주도로 이루어진 플라자 합의였다. 일본, 독일, 영국, 프랑스 4개국이 자국의 통화가치를 상승시키고 달러 가치의 하락을 유도함으로써 미국의 수출경쟁력을 높이고 무역수지 적자를 개선하기로 한 합의였다. 엔화 가치 상승으로 일본 국내 수출산업과 제조업의 경쟁력을 지원하기 위해 일본은행은 금리를 계속 낮췄고, 국내의 자금공급이 확대되며, 폭주하는 돈은 토지나 주식으로 몰려들기 시작했다. 주가의 상승은 개인의 소비를 활성화시켜 새로운 수요를 창출했고 일본경제는 호황을 맞이했다.

그러나 1990년대 들어 실물경제가 후퇴하면서 버블경제는 붕괴했다. 땅값과 주가는 완전히 곤두박질쳤다. 지가와 주식이 급속하게 하락하면서 거대 금융자본조차 불량채권을 처리하기 곤란한 지경에 빠져 은행, 신용조합, 증권회사의 연쇄 파탄을 불러일으켰다. 도산을 피한 기업도 통폐합을 할 수밖에 없었고 강제 퇴직에 의한 실업률도 높아졌다. '파탄', '제2의 패전' 등의 한탄이 미디어의 제목을 장식하였고, 80년대까지 높이 평가받았던 일본식 경영과 '일본 제일'이라는 긍지에 가득 찬 소리는 모습을 자취를 감췄다. 90년대에는 일본 정치도 안정성을 잃고 혼란에 빠졌다. 자민당은 분열했고, 사회당과 자민당의 연립 정권도 있었지만 그 어느 정권이나 단명했다. 이 시기가 바로

'잃어버린 10년'이라고 부르는 시대였다.

　이미 1980년대 중반부터 불어 닥치기 시작한 신자유주의 세계화는 버블경제의 붕괴와 함께 일본 사회에 큰 충격을 던졌다. 1980년대부터는 나카소네 야스히로에서 고이즈미 준이치로까지 '민간 활력'과 '규제 완화'를 축으로 한 신자유주의적인 정치로 변모해 갔다. 90년대에 엔고가 급속히 진행되는 가운데 일본의 많은 산업이 해외로 이전했고, 이로 인해 산업 공백이 생긴 지역은 활로를 잃고 쇠퇴해갔다. 90년대 말 이후 도호쿠 등에서는 지방자치단체 차원에서 유치했던 기업이 해외로 진출하자 공장의 인원 정리나 단가 인하, 하청에 대한 발주 중지 등이 연쇄적으로 일어났다. 지역의 영세·중소기업들이 연이은 도산과 폐쇄로 내몰렸다. 이들 지역 중 대부분은 농업만으로는 생활이 곤란하여 공장을 유지하고 여기에서 창출되는 고용으로 젊은 세대들은 잡아두었던 곳이다. 지역산업이 붕괴되고 고용 유지가 불가능해지자 농업은 더 이상 장남조차도 지역에 붙잡아둘 수 없게 되었으며 고령화된 인구들이 뒤처진 채 남겨졌다.

　버블경제의 붕괴와 신자유주의 세계화가 불러온 가장 직접적 영향은 일본 사회구조의 변화였다. 버블 붕괴 이후 연공서열, 종신고용, 노사협조를 기반으로 한 일본의 독특한 고용구조는 90년대의 긴 불황기를 거치며 엄청난 수의 비정규직을 안고 있는 사회로 급격히 변화했다. 80년대 초반까지만 해도 일본은 국민 대다수가 '나는 중산층'이라고 대답하던 사회였다. 그러나 90년대 이후 일본 사회는 이전에 상상조차 할 수 없을 정도로 수입, 자산, 장래성의 격차가 눈에 보이는 사회로 변화했다. 신자유주의 세계화, 그리고 버블경제의 붕괴는 이러한 근본적인 사회구조의 변화를 가져온 최대 계기였다.

　1990년대를 지나며 일본이 점점 새로운 계층사회로 변모하고 있다는 지적들이 나오기 시작했다. 특히 거품경제 시기 이후 부동산과 주식 등의 가치가 폭등하여 우선 이것을 보유하고 있는 사람과 그렇지 못한 사람들 사이의 불평등이 확대되었다. 마침내 경제 전체의 크기가 더 이상 커지지 않는 상황에서는 효율성을 중시하게 되었고, 고용인구 전체 중 시간제, 파견 노동자, 계약직 사원, 촉탁직 사원 등 비정규직 고용이 차지하는 비율이 급격하게 상승했다. 전체 고용 인구 중에서 비정규적 고용이 차지하는 비율이 1984년 15% 정도, 80년대 후반부터는 급격히 증가하여 90년에는 20%, 99년에는 25%를 넘어섰고, 2002년에는 30%를 넘어서고 2008년에는 35%에 육박했다. 산업별로 보면 서비스업에서는 비정규직이 고용 인구의 2/3을, 제조업에서도 과반수 이상을 차지했다. 이제 일본의 기업 구조는 비정규직 고용자가 정규직 사원을 넘어설 정도로 많아져 노동시장을 양극화시키는 구조로 변했다. 여성의 비정규직 고용 비율은 이미 2002년에 50%를 넘었다. 비정규직 노동자는 20대의 젊은 층, 60대 이상의 고령층, 여성에게 편중되어 있다.

버블경제의 붕괴와 세계화로 인해 가장 큰 타격을 받은 계층은 하층 노동자들이었다. 복지국가 체제 속에서 이들에게 최저 수준으로 보장되어 왔던 권리마저 빼앗기게 되었다. 기업은 국제 경쟁력을 확보하기 위해 정년까지 고용을 보장하는 정규직을 소수 정예화하고 대체가 능한 노동력을 비정규직 고용으로 보충하려고 한다. 국제경쟁력, 이익, 효율성, 능률, 수익 극대화를 앞세운 신자유주의 세계화 앞에서 기업이 사원의 인생을 책임지던 시대는 이제 역사가 되고 말았다. 많은 기업들은 더 이상 정규 고용을 확대하지 않고 '파견 사원'이라는 이름의 비정규직을 채용해서 '마음대로 써먹고 마음대로 해고'하는 것이다.

'잃어버린 10년'이라고 불리는 거품경제 붕괴 후의 장기불황은 2002년부터 회복 국면에 들어섰다. 이것은 2000년대에 들어와 BRICs(브라질·러시아·인도·중국) 등의 경제 발전으로 인한 수출 증대, 규제 완화에 의한 경제 활성화, 공적 자금 투입을 통한 금융기관의 불량채권 해소, 민간 기업의 설비 투자와 고용 확대 등에 힘입은 것이다. 특히 아베노믹스라고 부르는 아베 정부의 경제정책이 본격 실행된 2013년부터 일본경제는 확실히 회복세를 보이기 시작했다.

경제 회복이 언급되던 2011년 도호쿠 대지진과 후쿠시마 원자력 발전소 사고라는 사상 최악의 재앙이 겹치면서 또다시 일본경제가 곤두박질친다는 말이 나왔다. 설상가상으로 슈퍼 엔고까지 겹치면서 일본의 경상수지는 날이 갈수록 하락했고 전자업계를 위시한 수많은 수출기업들이 가격 경쟁력을 상실해 큰 곤란을 겪게 되었다. 당시 집권 여당이었던 민주당은 이런 난국을 타개하는 데 실패하였고 2012년 12월 아베 신조가 이끄는 자민당이 정권을 재탈환하면서 일본경제에 새로운 국면이 시작되었다. 이것이 아베노믹스이다. 이 정책은 기본적으로 유동성 확대를 통해 디플레이션에서 벗어나겠다는 경기부양책을 말한다.

아베는 총리가 된 이후 약 20년간 계속된 경기침체를 해소하기 위하여 연간 물가상승률 2%를 상한선으로 정하고 과감한 금융 완화(통화공급 확대), 엔화 평가절하, 인프라 투자 확대 재정 정책, 적극적인 경제성장 정책을 추진하였다. 그 결과 일본의 경기가 살아나기 시작했다. 일본 기업의 수출은 늘어났고 주식시장의 주가도 상승했다. 그러나 점차 시간이 지나면서 회의적인 목소리들이 나오기 시작했다.

시장에 풀린 대규모의 자금이 돈이 제대로 순환하지 않았고, 물가는 목표치(2%)만큼 상승하지 못했으며 총생산 역시 깎였다는 평가다. 분명히 실업률은 감소했으나, 실제로는 비정규직이 많이 늘어났고, 저출산으로 인해 크게 줄어든 젊은이들이 고령인구의 빈자리를 메운 데 불과하다는 진단도 나왔다. 또한 엔화 강세와 세계적인 경기침체가 맞물려 앞으로 수출 호조가 계속 이어질지 불투명한 상황이다. 아울러 미국의 보호무역주의, 중국 위안화의 평가절하 가능성, 불안정한 유로존 등은 일본경제의 앞날을 쉽사리 장밋빛으로 그리지 못하게 만들고 있다. 제일 큰 문제는 기업의 수익은 오르고 고용은 늘어났지만 임금이 오르지 않고 미래가 불안한 탓에 사람들이 소비를 하지 않는 현상이다. 초저금리 아래 이른바 '장롱 예금'이라는 형태로 집에 현금을 쌓아두는 것이다. 기업들은 소비자들이 다시금 저가 상품을 찾기 시작한 것을 경제 정체의 징조로 보고 있다.

그렇지만 지금의 불안정이 버블경제의 연장선에 있는지, 아니면 새로운 국면에서 불거진 것인지에 대해서는 아직도 많은 논란이 있고, 신자유주의 세계화로 인한 일본 사회 전반의 변화 역시 좀 더 지켜보아야 할 문제이다. 이 부분은 별도의 분석이 필요하기 때문에 이 책에서는 더 이상 다루지 않고 앞으로의 과제로 남겨두고자 한다.

참고문헌

有澤廣巳 監修. 『日本産業百年史』(日本經濟新聞社).

_____. 『昭和經濟史』(日本經濟新聞社).

飯田經夫他. 『現代日本經濟史 ― 戰後三十年の歩み』(筑摩書房).

石田英遠. 『獨禁政策强化の波を乘り切る』(中央經濟社).

伊東光晴 監修. 『戰後産業史への証言1 産業政策』(毎日新聞社).

居林次雄. 『政界總理側近綠』(新潮社).

內田公三. 『經團連と日本經濟の50年』(日本經濟新聞社).

內野達郎. 『戰後日本經濟史』(講談社).

大島清 監修. 『總說日本經濟』(東京大學出版會).

大嶽秀夫. 『現代日本の政治權力・經濟權力』(三一書房).

勝又壽良. 『戰後50年の日本經濟』(東洋經濟新報社).

金森久雄 編. 『戰後經濟の軌跡』(中央經濟社).

鎌田勳他. 『証言・戰後經濟史』(日本經濟新聞社).

楠田實. 『佐藤政權二七九七日』(行研).

經濟團体連合會. 『經濟團体連合會十年史』.

_____. 『經濟團体連合會三十年史』.

_____. 『經濟團体連合會五十年史』.

_____. 『戰後日本の産業政策』(大藏省印刷局).

香西泰. 『高度成長の時代』(日本評論社).

公正取引委員會事務局. 『獨占禁止政策三十年史』(大藏省印刷局).

小山敬次郎. 『戰後經濟を支えた人』(商事法務研究會).

齋藤榮三郎. 『自民黨獨禁法改正』(日本經濟通信社).

新人物往來社. 『昭和秘史』.

神一行. 『閨閥』(毎日新聞社).

石油連盟. 『戰後石油産業史』(石油連盟).

瀬島龍三. 『瀬島龍三回想線 幾山河』(産經新聞ニュースサービス).

竹内均. 『日本を造った男たち』(同文書院).

竹内宏. 『昭和經濟史』(筑摩書房).

玉置和宏. 『經團連と花村仁八郎の時代』.

田原總一朗. 『戰後財界戰國史』(講談社).

通商産業省 編. 『通商産業省30年誌』(通商産業調査會).

津田達夫. 『財界』(學習の友社).

鶴田俊正. 『戰後日本の産業政策』(日本經濟新聞社).

中曾根康弘. 『天地有情』(文藝春秋).

中村隆英. 『昭和史』(東洋經濟新報社).

日本開發銀行. 『日本開發銀行二十五年史』(日本開發銀行).

_____. 『日本興業銀行七十五年史』(日本興業銀行).

日本經濟新聞社 編. 『昭和の歩み1 日本の經濟』(日本經濟新聞社).

_____. 『昭和の歩み2 日本の産業』(日本經濟新聞社).

花村仁八郎. 『政財界パイプ役半生記』(東京新聞出版局).

本所次郎. 『經團連』(東洋經濟新報社).

毎日新聞社. 『エコノミスト臨時増刊 1993年5月17日号』.

毎日新聞政治部・經濟部. 『政界と財界』(アィペック).

牧太郎. 『中曾根政權一八0六日』(行研).

_____. 『永田町の上流家族』(かんき出版).

升味準之輔. 『戰後政治』(東京大學出版會).

松原聰. 『民宮化と規制緩和』(日本評論社).

安原和雄. 『經團連會長の戰後史』(ビヅネス社).

藪中三十二. 『對米經濟交渉』(サィマル出版會).

山下剛. 『財界四天王』(ぱる出版).

山田敬男. 『戰後疑獄史』(新日本出版社).

吉村正晴. 『自由化と日本經濟』(岩波新書).

臨調・行革審OB會 監修. 『日本を變えた10年: 臨調と行革審』(行政管理研究センター).

渡勉辺昭夫他. 『首相官邸の決斷』(中央公論社).

색인

❖ 인명 색인

일본 정·재계인 약력

가네마루 신(金丸信, 1914~1996)

야나마시현 출신. 양조장 집에서 출생. 맹우인 다케시타, 오자와와는 인척관계. 간사장, 부총재를 역임하고 '나카다초의 수령'이라 불린 실력자. 국대위원장 시절에 당내외에 인맥을 넓혀 그 파이프를 사용해 정국을 움직였다. 다케시타파를 실질적으로 좌지우지했으나 도쿄 사카와큐빈사건으로 실각했다.

가이후 도시키(海部俊樹, 1931~)

아이치현 출신. 중의원의 비서를 하다가 그 지반을 승계받아 29세에 첫 당선. 미키파에 소속돼 있었다. 신선한 변설은 와세다대학 웅변부에서도 최고로 인정받았다. 다케시타와는 와세다대학 인맥으로 통한다. 파벌의 영수도 아닌 데다 '쇼와 출신'으로는 최초로 수상이 되어 '서민성'과 '젊음'을 강조했다. 항상 물방울 모양의 넥타이를 매고 주말에는 수영, 체력테스트 도전, 슈퍼마켓에서 주부들과 대화하는 등 많은 퍼포먼스를 펼쳐 국민들에게 인기를 끌었다.

가와시마 쇼지로(川島正次郎, 1890~1970) ─────────

치바현 출신. 도쿄『니치니치 신문』기자. 도쿄시 상공과장 등을 거쳐 정계 입문. 기시, 이케다, 사토 등 3대에 걸쳐 간사장, 부총재를 지내며 자민당을 지휘해왔다. 기시 내각 간사장 시절에는 돈을 얻기 위해 온 의원에게 금고에서 손에 집히는 대로 건네준다든지, 지갑째 던져주었다는 등의 일화를 남겼다.

가타야마 데쓰(片山哲, 1887~1978) ─────────

와카야마현 출신. 아베의 사회운동에 공감하여 변호사가 되어 '대중법률상담소'를 개설, 〈중앙법률시보〉를 발간하여 법률의 민중화를 제창했다. 노동, 소작쟁의의 해결에 노력, 사회민중당 결당에 참가해 서기장이 되었다. 패전 후에 결성된 일본 사회당에서 서기장이 되었고, 계속해 초대 위원장에 취임, 수상 퇴임 후에는 '헌법옹호 국민연합'의 의장을 맡아 '호헌'의 자세를 관철했다.

고노 요헤이(河野洋平, 1937~) ─────────

카나카와현 출신. 정치 명문가 출신의 정치 엘리트. 록히드사건을 계기로 자민당을 뛰쳐나가 신(新)자유클럽을 결성. 한때는 붐을 일으켰으나 점차 자민당의 보완세력으로 전락해 마지막에는 자민당에 복당하였다. 자민당 하야 후에 총재에 올랐으나 자민당이 재집권하고 나서도 수상이 되지는 못했다.

고노 이치로(河野一郎, 1898~1965) ─────────

카나카와현 출신. 『아사히 신문』기자, 농림대신 비서관을 거쳐 정계 입문. 당인파의 실력자로 줄곧 관료와 대치하면서 반권력의 자세로 일관했다. 그 때문에 재계로부터 마지막까지 이단시되어 정권을 잡는 데 큰 장애가 되었다. 뒷날 그의 5남인 고노 요헤이가 총재의 자리에 올랐다. 참의원 의장 고노 겐조의 친형이다.

고모토 도시오(河本敏夫, 1911~2001) ───────

효고현 출신. 세계 제일의 탱커수를 자랑하는 해운회사인 삼광기선(三光氣船)의 사장. 미키의 후계자로 보·혁 연합정권의 승부수적인 존재였으나 해운 불황으로 회사가 도산하자 정치적 야망도 사라졌다. 본성이 순수한 탓에 보수 정계 특유의 '권모술수'와는 거리가 멀었다.

고토다 마사하루(後藤田正晴, 1914~2005) ───────

도쿠시마현 출신. 내무성에 들어가 육군주계 대위, 자치세무 국장, 경찰청 경비국장, 경찰청 장관, 그리고 다나카 내각의 관방부 장관을 역임. 경력이 나타내주듯 '관료 중의 관료.'

고토 게이타(五島慶太, 1882~1959) ───────

도쿄대학 법학부 졸업. 철도원 과장에서 동경 요코하마 전철의 상무가 되어 후에 동경급행전철의 사장을 역임. 광대한 지역의 민간교통사업을 통합하고 그 위에 백화점, 영화사업도 흡수하여 동급(東急)그룹을 형성. 세이부철도그룹과 격렬한 경쟁을 했다.

기시 노부스케(岸信介, 1896~1987) ───────

야마구치현 출신. 농상무성 시절엔 '혁신 관료'로 불렸다. 만주국 산업부장이 되어 식민지 경영에 참여했다. 일본에 돌아와 상공차관을 지낸 뒤 도조 내각 때 상공대신으로 군수물자의 조달에 수완을 보였다. 전국 악화와 함께 '반도조(反東條)'로 돌아서 도조 내각 총사직의 계기를 만들었다. 패전 후 A급 전범용의로 GHQ에 체포되지만 기소를 면하게 된다. 수상퇴진 후에도 개헌운동을 전개해 보수정계에 영향력을 남겼다.

기카와다 가즈타카(木川田一隆, 1899~1977) ───────

도쿄대학 경제학부 졸업. 동경전력 사장. 경제동우회의 대표 간사로서 기업의 사회적 책임을 주창하고, 협조적 경쟁을 주장했다. 다나카 내각의 금권선거 후, 전력요금 미불운동이 일어났을 때에는 솔선하여 정치헌금 폐지에 나섰다.

나카소네 야스히로(中曾根康弘, 1918~)

군마현 출신. 내무성 입성. 종전시는 해군주계 장교. 신헌법하에서 첫 선거에 입후보했을 때는 자전거를 타고 다니며 연설했다. 일찍이 수상을 인생의 목표로 세워 정권을 잡으면 해야 할 일들을 대학노트에 적어놓기도 했다. "수상이 되고 나서 나를 지탱해준 것은 구제(舊制)고교 시절의 정신과 해군사관학교에서의 근성이었다"는 말을 남겼다. 선거제도가 소선거구 비례대표 병립제가 되었을 때 비례구에서 "종신의원(죽을 때까지 비례구 명부 1위에 올린다)"의 신분을 손에 넣었다.

니카이도 스스무(二階堂進, 1909~2000)

가고시마현 출신. 구제고교. 도쿄 고등사법학교 시험에 떨어지자 미국으로 건너가 고학하며 남캘리포니아 대학·대학원을 졸업. 다나카 전 수상에 대한 충성심으로 유명해 '취미가 무엇이냐'는 질문에 '다나카 가구에이'라고 대답했다는 일화가 있다. 다나카가 후쿠다와 사토를 이을 차기 수상직을 두고 경쟁할 때 사토파를 쓰러뜨리고 다나카 내각을 탄생시킨 공로자이다.

다나카 가쿠에이(田中角榮, 1918~1993)

니가타현 출신. 고등소학교를 졸업한 후 상경하여 사립공학교를 졸업, 그후 토건업을 경영. 다나카의 정치는 '욕망의 정치'라고도 불린다. 모여드는 정치가에게 돈과 자리를 안겨주고, 야심적인 관료에게는 정책을 실현시켜주었으며, 이익을 추구하는 경영자에게는 편의를 봐주었고, 민원사항을 들고 온 선거구민에게는 예산을 할애했다. 남이 원하는 것을 민감하게 파악해 그것을 채워주는 데 능통했다.

다케시타 노보루(竹下登, 1924~2000) ──────────

시마네현 출신. 고향에서 교사, 청년단 활동을 거쳐 현의회의원이 되고 그 후 중의원으로 중앙 정계에 입문. '배려의 정치가'로 불리며, 자제하는 능력이 뛰어나다는 평가를 받고 있다. 다나카 앞에서는 기를 못 폈던 다케시타는 친척 관계인 가네마루의 격려에 힘입어 수상이 되는 계단을 밟아 올라갔다. 그후 수상이 된 하시모토와 신진당 당수인 오자와 등은 이전에 다케시타의 친위대적인 존재로 '다케시타파의 칠봉행(七奉行)'으로 불렸다.

도코 도시오(土光敏夫, 1896~1988) ──────────

도쿄공업대학 기계과 졸업. 부진을 면치 못하던 이시카와지마중공업을 재건하여 '미스터 합리화'라 불렸다. 후에 이시카와지마중공업 사장이 됨. 경단련 4대 회장으로서 석유위기가 한창일 때 '행동하는 경단련'을 슬로건으로 내세워 정관계에 행동을 촉구하며 행혁(行革)을 리드했다.

무라야마 도미이치(村山富市, 1924~) ──────────

오이타현 출신. 오이타시 의원. 오이타현 의원을 거쳐 중앙 정계 진출. 사회당 위원장일 때 1994년 탄생한 자민, 사회, 신당 사키가케 3당 연립정권의 수상에 취임. 그 직후에 나폴리 세계 정상회담에서 극도의 긴장으로 쓰러져 입원하는 소동이 있었다. 선인(仙人)과 같은 풍모로 국민들에게 호감을 얻었으나 사회당 위원장의 입장으로서는 연립정권을 유지하기 위한 '결단'을 계속해야만 했다.

미야자와 기이치(宮澤喜一, 1919~2007) ──────────

히로시마현 출신. 대장성에 입성, 이케다 대장대신의 비서관을 거쳐 참의원 당선. 그후 중의원이 되었다. 관료시절부터 국제 정치 무대에서 활약한 당내 최고의 국제통이자 정책통. 하지만 자민당적인 당무와 파벌 운영에 서툴러 혼탁한 현실정치를 헤쳐나가기엔 부족한 감이 있다. 요시다 이후의 보수 본류 정치를 견지하며 수상 퇴진 후에도 "일본은 50년 전과 비교해보면 좋은 나라가 되었다고 모두 생각하고 있다. 이 헌법을 소중히 지켜나가야 할 것이다"라며 적극적으로 '호헌' 발언을 계속하고 있다.

미키 부키치(三木武吉, 1884~1956)

가카와현 출신. 변호사, 도쿄시의회 의원, 호치신문사 사장을 역임. 당선 11회 중 한 번도 입각하지 않은 '당인파 중의 당인파'. 하토야마가 요시다의 자유당에 복당했을 때도 고노 등과 반 요시다를 관철한 '8인의 사무라이'의 우두머리격. 보수 합동의 공로자이기도 하다.

사사키 다다시(佐佐木直, 1907~1988)

도쿄대학 경제학부 졸업. 일은에 들어가 총재에게 발탁되어 젊은 나이에 이사가 됨. 후에 총재가 되어 닉슨 쇼크로 변동환율제로의 이행을 결단. 퇴임 후 경제동우회 대표간사가 되어 '화려한 변신'으로 일컬어졌다.

사토 에이사쿠(佐藤榮作, 1901~1975)

야마구치현 출신. 철도청에 입사해 오사카 철도국장. 운수사무차관을 역임. 제2차 요시다 내각에서는 의석이 없는데도 관방장관에 기용되었다. '인사(人事)의 사토'라고도 불렸다. 7년 8개월간 장기집권할 수 있었던 것은 당내 실력자들의 조정에 능했기 때문이었다. 기시 노부스케 전 수상의 친동생이다.

사이토 에이사부로(齊藤英四郎, 1911~1990)

도쿄대학 경제학부 졸업. 이나야마 요시히로의 밑에서 신일철의 전무가 되어 후에 사장으로 승진. 철강의 불황 속에서 기업체질의 강화에 힘썼다. 이나야마 회장의 사임에 따라 경단련의 6대 회장에 지명. 두

번이나 계속하여 신일철 출신이 회장이 되었다는 비평도 있었지만 '신명나는 철학'을 표방.

스즈키 젠코(鈴木善幸, 1911~2004)

이와데현 출신. 농림성 수산강습소(현 동경수산대)를 졸업한 후 전국어업단체연합회에 근무하다 정계에 입문. 첫 당선 때는 사회당, 그 다음은 민주자유당이었다. 오히라의 급사로 얼떨결에 수상이 되었을 때, 국제적인 반응은 '젠코가 누구냐?' 하는 것이었다. 외무성 관리들은 '화(和)의 정치'를 영어로 번역하는 데 고심했다. 온건파 수상의 이미지를 보이고자 애썼지만 그것이 외교, 군사 면에서 한계로 작용하기도 했다.

시데하라 기주로(弊原喜重郎, 1872~1951)

오사카부 출신. 외교관이 되어 런던 총영사관에 근무하던 중 대재벌 미쓰비시의 총수인 이와사키의 딸과 결혼. 외무차관, 주미대사 등을 역임한 뒤 가토 내각, 하마구치 내각에서 외무대신을 지냄. 군부에 저항하며 미국영국에 협조, 중국에 대한 내정 불간섭 등의 외교방침을 지향했다. 수상 퇴임 후에는 요시다 내각의 국무대신, 중의원 의장을 역임했다.

아시다 히토시(芦田均, 1887~1959)

교토부 출신. 외교관이었던 45세에 퇴임. 정우회(政友會)에서 입후보하여 당선. 부친도 교토부 의회에서 중의원이 됨. 사이토가 반군 연설을 해 중의원에서 제명되었을 때 반대표를 던지는 등 패전까지는 반군적 자세를 취함. 패전 직후 하토야마 등과 일본 자유당 결성에 참가. 헌법제정위원회의 중의원 제국헌법개정위원회 위원장을 역임. 전후 일본 정치의 골격 형성에 깊이 관여함. 쇼와전공 의혹으로 수상직을 사임한 뒤에도 정치를 계속하며 한국전쟁 후에는 적극적으로 재군비를 추진했다.

오노 반보쿠(大野伴睦, 1890~1964)

기후현 출신. 도쿄시의회 의원을 거쳐 중앙정계 진출. 당인파로, 대충 넘어갈 듯한 성격으로 보이지만 예산편성에 정통하고 기억력이 뛰어나다. "원숭이는 나무에서 떨어져도 원숭이지만, 국회의원은 선거에서 떨어지면 평범한 시민이다"라는 유명한 말을 남겨 지금도 정계에서 사용되고 있다.

오쓰키 분페이(大槻文平, 1903~1992)

도쿄대학 법학부 졸업. 미쓰비시광업 사장. 전후의 석유 에너지의 전환기에 인원삭감과 탄광정리를 추진하여, '사람 자르는 분페이'라 불렸다. 일본경영자단체연맹 회장으로서 철저한 페어(공평) 억제론을 주창했다. 또한 도코 토시오의 뒤를 이어 신행정개혁을 리드했다.

오자와 이치로(小澤一郎, 1942~)

이와데현 출신. 급서한 부친의 지역구를 물려받아 정계 입문. 당시 27세. 다나카의 총애를 받았다. 다나카가 피고인이 되었던 록히드사건 공판에는 빠짐없이 방청. 일설에는 그곳에서 다나카의 정치자금 모금과 정치수법을 배웠다고 한다. 47세의 젊은 나이로 간사장이 되었지만 강인한 정치수법으로 인해 많은 적을 만들었다.

오히라 마사요시(大平正芳, 1910~1980)

가카와현 출신. 대장성에 입성, 이케다 대장대신의 비서관을 거쳐 정계에 입문. 예측을 뒤엎고 대승을 거둔 1978년 총재 예비선거의 치열한 선거전에 대해 오히라 전기에는 "이제까지 오히라를 지지해온 모든 조직이 동원되었다. 문자 그대로 도시락 싸들고, 발바닥에 물집이 생길 정도로 신발이 해지게 되었다"라고 쓰여 있다. 이케다의 참모역, 다나카의 맹우(盟友)로서 일본에서는 드문 크리스천이다.

요시다 시게루(吉田茂, 1878~1967)

도쿄 출신. 다케우치의 5남으로 태어났지만 생후 얼마 되지 않아 실업가인 요시다 겐조의 양자로 입양됨. 외무성에 들어가 다나카 기이치 내각에서 외무차관, 주영대사로 근무. 강력하게 군부를 비판한 뒤 퇴임하여 시데하라를 중심으로 한 중신 그룹과 반군벌 활동을 함. 패전 후에는 히가시 구니오 내각, 시데하라 내각의 외무대신을 거쳐 장기간 정권을 담당했다. '원맨 재상'으로 불리며 일본의 전후 정치에 큰 족적을 남겼다.

우노 소스케(宇野宗佑, 1922~1998)

시가현 출신. 고베 상대에 다니던 중 학도병으로 전쟁에 참전하게 되어 중퇴. 현의회 의원과 고노 이치로의 비서를 거쳐 정계 입문. 다케시타 내각 총사직을 이어받아 수상에 취임했을 때 "나의 내각은 잠정 내각이 아니다. 다케시타 섭정이라고 말하는 사람이 있으나 그의 입김이나 지배하에 있지 않다"고 강하게 부정했다. 그러나 자신의 여성 문제에 발목이 잡혀 '잠정'이 아닌 '단명' 내각으로 끝나고 말았다.

우에무라 고고로(植村甲牛郞, 1894~1978)

도쿄대학 정치학과 졸업. 기획원 차장에서 석탄통제회 이사장에 취임. 경단련의 초대 사무국장에서 3대째 회장으로, 이 사이에 닛폰방송 사장, 일본항공 사장을 역임. 경단련의 부회장을 5명에서 7명으로 증원해 집단지도체제를 구축했다.

이나야마 요시히로(稻山嘉寬, 1904~1987)

도쿄대학 상업과 졸업. 상공성(商工省) 제철소에 들어가 후에 제철의 사장이 됨. '철은 국가이다'라는 이념을 가진 전 후지제철과 합병하여 신일본제철을 탄생시킨다. 경단련 5대 회장이 되어 '인내의 철학'으로 일·미 경제마찰 등 어려운 경제 문제에 대처했다.

이마자토 히로키(今里廣基, 1907~1985) ─────────────
큐세이 중학교 졸업. 일본금속산업의 사장에서 노동쟁의와 경영위기로
흔들리는 일본정공의 사장으로 취임하여, 회사를 재건. 경제동우회 대
표간사 등을 역임하고, 일본흥업은행장인 나카야마 소헤이 등과 함께
재계와 정계의 파이프 역할을 함. '재계의 관방장관'으로도 불렸다.

이시바시 단잔(石橋湛山, 1884~1973) ─────────────
도쿄 출신. 일련종(日蓮宗) 승려의 장남으로 태어나 『동양경제신보』에
서 정치, 외교를 다루었다. 패전까지는 언론인으로 활약, 제국주의에
대항하는 '소일본주의' 등을 주장했다. 제1차 요시다 내각의 대장대신
에 취임했지만 GHQ에 미움을 사 공직에서 추방되었다. 해제 후에는
하토야마파로서 요시다와 대결, 하토야마 내각에서는 통산대신을 역임
했다. 수상 퇴진 후에도 정치활동을 계속하며 '일중미소 동맹론' 등을
제창했다.

이시자카 다이잔(石坂泰山, 1886~1975) ─────────────
도쿄대학 독어과 졸업. 제일생명 회장에서 노동쟁의로 흔들리는 도시
바의 사장으로 취임. 경단련 2대 회장으로서 고도경제성장을 연출. 철
저한 자유경제주의로 경쟁원리를 존중하고, 관계가 재계에 직접 개입
하는 것을 싫어했다.

이시카와 로쿠로(石川六郎, 1925~2005) ─────────────
도쿄대학 공학부 졸업. 운수성, 국철을 거쳐 가고시마 건설감독관 역
임. 후에 사장에 취임. 업계활동도 폭넓었으며 담합 문제로 자리가 비
어있었던 일본토목공업협회 회장에 취임하여 업계의 신뢰회복에 전력.
그 후 일본상공회의소 회장으로 취임했다. 부친은 초대 경단련 회장인
이시카와 이치로이다.

이시카와 이치로(石川一郎, 1885~1970) ─────────

경단련 초대 회장. 도쿄대학 공학부 졸업. 닛산화학 사장. 일본경제의
부흥과 재건의 시기에 재계의 리더가 된다. 일본과학기술연맹 회장으
로서 일본 산업·기업생산성의 향상, 경영합리화의 추진에도 지도자적
역할을 했다.

이와사 요시자네(岩佐凱實, 1906~2001) ─────────

도쿄대학 법학부 졸업. 후지은행장. 전후 업계의 선두에 서서 대중화
노선을 내세우며 개인예금을 모아 예금량에서 톱이 되었다. 기업의 거
래에서도 타계열 회사에도 적극적으로 융자를 했다. 부은행장 시절에
경제동우회 대표간사를 역임했다.

이케다 하야토(池田勇人, 1899~1965) ─────────

히로시마현 출신. 대장성에 입성, 주세국장, 사무차관을 역임한 뒤 정
계 진출. 당선된 그 다음달에 요시다 내각의 대장대신으로 발탁되었
다. 그후 통산대신, 샌프란시스코 강화회의 전권위원을 맡으며 요시다
에게 중용되었다. 이시바시, 기시 내각에서도 대장대신, 통산대신을 역
임했다. 그 이전의 수상들에게선 많든 적든 전전(戰前) 회귀형 발상을
엿볼 수 있었는데, 이케다는 '소득 배증가론'을 제기하며 경제성장 중
심의 '전후형 정치'를 제도에 올렸다.

하나무라 니하치로(花村仁八郎, 1908~1997) ─────────

도쿄대학 경제학부 졸업. 경단련의 전신인 중요산업협의회에 들어가
경단련이 발족된 후에도 총무부장을 시작으로 사무국을 관장. 이사,
사무총장, 부회장 역임. 역대 회장을 섬기며 정치자금의 해결책으로서
'재계의 정치부장'으로 불렸다.

하시모토 류타로(橋本龍太郎, 1937~2006)

오카야마현 출신. 방적회사 샐러리맨 생활을 하다 부친의 지역구를 이어받아 26세 때 정계 입문. 부친은 요시다 내각에서 후생대신을 역임한 사람. 계보적으로는 보수 본류를 이어왔다. 다나카파 출신. 파벌관리는 서툴러서 파 내에서의 인망은 낮다. 그러나 정책면에서는 관료를 능가해 당 행·재정조사회장 시대는 '족의원(族議員)'의 총대장격인 존재였다. 그의 동생은 현재 고지(高知)현 지사.

하타 쓰토무(羽田孜, 1935~2017)

나가노현 출신. 오다큐 버스 회사의 과장으로 근무하던 중 부친의 지역구를 계승하여 정계 입문. 신생당 당수. 호소카와 내각 때 부총리 겸 외무대신을 지냄. 같은 시기에 국회의원에 당선되고 오자와 이치로와는 같은 다나카파 출신으로 절친한 사이이다. 하타가 수상이 될 때까지는 '오자와가 각본을 쓰고 하타가 연기하는' 관계가 지속되었다. 하지만 그후 두 사람의 관계는 틀어져 신진당 당수 자리를 두고 오자와와 대항해 패하게 되자 태양당을 결성하여 당수가 되었다.

하토야마 이치로(鳩山一郞, 1883~1959)

도쿄도 출신. 부친 가즈오(和夫)는 도쿄대 교수이자 중의원의장. 모친 하루코는 도모타데 여대 창설자라는 화려한 가문을 자랑한다. 변호사를 거쳐 중의원 의원에 당선해 다나카 기이치 내각의 서기장관, 사토 내각의 문부대신 등을 역임. 전쟁격화와 함께 군부가 대두하자 이에 저항했다. 민주당을 결성한 하토야마 유키오 당수는 이치로의 손자이다.

호소카와 모리히로(細川護熙, 1938~)

구마모토현 출신 구(舊)구마모토 영주 호소카와 가문의 당주로 태어났다. 『아사히 신문』 기자를 거쳐 참의원 의원 구마모토현 지사, 중의원 의원을 지냄. 1992년의 참의원 선거 전에 '일본 신당'을 결성하여 당수가 된다. 참신한 이미지로 신당 붐을 일으켜 다음해 중의원 선거 후 비자민 연립정권의 수상이 되었다. 도쿄 사카와큐빈사건에 연루되는 등 구(舊)정치인과 변함없는 정치행태를 보여 많은 지지자들에게 실망을 안겨주었다.

후쿠다 다케오(福田赳夫, 1905~1995)

군마현 출신. 대장성에 들어가 주계국장을 지내던 1948년에 쇼와전공 의혹에 연루되어 구속되지만 그 다음해에 자민당의 중의원 의원이 되었다. 기시 전 수상의 파벌을 이어받아 당내에서는 '강경파'로 지목되었으나 적군파에 의한 일항기사건에서 "인명은 지구보다도 중요하다"며 초법규적 조치로 수감 중인 수형자를 석방시켰다. 관료적, 이성적으로 보이지만 '약자를 돕고 강자를 꺾는' 의협심의 소유자라는 평가도 받고 있다.

히라이와 가이시(平岩外四, 1914~2007)

도쿄대학 법학부 졸업. 동경전등(동경전력의 전신)에 입사하여 기카와다 가즈타카 사장의 '비장의 무기'가 되어 후에 사장에 취임. 풍부한 교양과 식견을 가진 '재계의 양식파(良識波)'로서 경제심의회 회장을 역임했으며 경단련 7대 회장으로도 취임했다.

일본 현대경제사 연표

1940년	9. 27	獨·佛·伊 3국 동맹, 베를린에서 조인
	10. 12	大政翼贊會 결성
	11. 23	大日本産業報國會 창립
	12. 7	일본 정부, 경제신체제요강 결정
1941년	4. 1	생활필수품 문자통제령 공포
	8. 30	중요산업단체령·금속류 회수령·주식가격 통제령· 배전통제령 각각 공포
	12. 8	태평양전쟁 도발(진주만 기습)
1942년	1. 2	일본군, 마닐라 점령
	2. 21	식량관리법 공포(7.1.부터 시행)
	4. 18	금속통제단체령 공포
	5. 13	산업정비령 공포
1943년	1. 16	일본 정부, 간섭세 중심의 증세안을 발표
	6. 1	일본 정부, 전력 증강기업 정비요강 결정
	10. 31	군수회사법 공포(12.17. 시행)
	12. 1	제1회 학도병 출병 단행
1944년	1. 18	군수·육군·해군·운수통신성, 군수회사법으로 三菱重工黃 등 150개 사를 군수회사로 지정
	1. 18	일본 정부, 긴급국민근로동원방책요강 결정 (여자정신대로의 강제가입)
	4. 28	일본 정부, 미곡증산 및 공출장려에 관한 특별조치 결정

	7. 1	브레턴우즈 경제회의(IMF체제 성립)
1945년	3. 6	국민근로동원령 공포
	3. 9	미군, 東京을 대공습 22만 호 소실
	6.22	전시긴급조치법 공포(6.23. 시행)
	8. 6	미군, 히로시마(廣島)에 원폭 투하
	8.14	일본 포츠담 선언 수락, 무조건 항복
	8.31	日銀券 발행 420억 엔, 패전 후 15일간 통화팽창 120억 엔
	9. 6	트루먼 미 대통령, '항복 후 미국의 초기 대일방침' 승인, 맥아더 원수에게 지령
	11. 2	일본 사회당 결성
	11. 6	GHQ, 특수회사의 해체에 관한 각서 교부(재벌해체)
	11. 9	일본 자유당 결성
	12. 9	GHQ, 농지개혁에 관한 각서 전달
1946년	1. 1	천황, 신격화 부정의 '인간선언' 공표
	1. 4	GHQ, 군국주의자의 공직추방을 지령
	2.17	금융긴급조치령(新화폐 '엔'으로 교체)·日銀券 예입령 공포, 임시 재산조사령·식량긴급조치령(주식공출에 대한 강권발동을 규정)·隱置물자 등 긴급조치령 각각 공포
	2.18	日銀券발행잔고 618억 2,400만 엔 기록(舊엔의 최고, 1945년 8월 5일의 2배)
	4.30	경제동우회 설립
	8.12	경제안정본부령·물가청 관제 각각 공포 일본 정부, 전후경제재건정비에 관한 조치대강을 발표 (보상중단에 따르는 것 등)
	10.21	농지조정법 개정(11.29. 시행), 자작농창설특별조치법 (12.29. 시행) 공포(제2차 농지개혁의 법적 조치)
	12.27	일본 정부, 제4반기 물자수급계획을 결정 (석탄·철강을 중심으로 한 '경사생산방식' 개시)
1947년	4. 7	노동기준법 공포(9.1. 시행, 노동민주화)

	5.28	일본무역회 발족
	6. 5	마셜 미 국무장관, 歐洲부흥계획(팍스 아메리카나) 발표
	7. 1	공정거래위원회 발족
		식량긴급조치령 공포
	7. 7	'1,800엔 베이스'의 신 물가체제 제1차 발표
1948년	4. 6	드래퍼조사단, 공업제품의 수출촉진 및
		일본재건 4개년계획 발표
	4.12	일본경영자단체연맹 발족
	5.30	造船5년계획 발표
	7. 7	지방제정법·국유철도운임법 공포
	7.20	일본 정부, 경제안정10원칙 발표 및 식량확보
		임시조치법 공포(주식증산의 사전할당제)
		일본신탁을 신탁은행으로 개조, 그 외 신탁회사도
		신탁은행으로 신발족
	12.18	GHQ, 미국무·육군 양성 공동성명으로 맥아더원수에게
		대일자립 부흥의 9원칙실시를 지령(경제안정9원칙)
1949년	2.12	동경증권거래소 설립(2.15. 大阪증권거래소)
	4.15	닷지 공사, 1949년도 예산안에 관하여 성명, 초균형
		예산의 실시, 補給金 폐지 등의 건전재정주의의 철저를
		강조(닷지라인)
	4.23	GHQ, 일본 엔에 대한 공식환율 설정 각서
		(1달러 360엔의 단일환율. 4.25. 실시)
	5.24	통상산업성 설치법 공포(5.25. 시행)
	6. 1	중소기업 등 협동조합법 공포
		일본국유철도·일본전매 공사 각각 발족
		공업표준화법 공포(일본공업규격 JIS를 제정)
		日銀, 사채소화촉진을 위해 시중은행에 사채매입액을
		한도로 하는 復金債의 상환을 인정(대출정책과 공개상정책
		병용의 시작)
	12. 1	외국환·외국무역관리법 공포
1950년	5.31	상공회의소법 공포

	7.11	일본노동조합총평의회(총평) 결성대회
	7.17	주식시황 미증유의 성황(한국전쟁특수의 시작)
	11.24	전기사업재편성령·공익사업령 각각 공포
1951년	3.31	농업위원회법 및 자금운용부자금법 공포 우편저금특별회계법 공포 농림어업자금융통법 공포
	5.14	GHQ, 6월 말에 對日 갈리오아 원조중단을 성명
	6. 4	증권투자신탁법 공포
	9. 8	대일(對日) 평화조약 조인(샌프란시스코 '강화조약') 미일안전보장조약 조인
	11.13	쌀값 심의회의령 공포
1952년	3.14	기업합리화촉진법 공포
	8.14	일본, IMF·세계은행에 가맹
	11.14	대공산권 무역통제위원회(COCOM)에서 일본가맹 결정
1953년	2.26	한국전쟁에서 特需 9억 달러 돌파
	8.17	농산물가격안정법 공포
1954년	3. 8	미국과 상호방위협정(MSA협정)·잉여농산물구입협정· 경제조치협정·투자보증협정 각각 조인(5.1. 발효)
	6.24	일본, ECAFE에 정식 가입
	8.12	일본, GATT에 가입
	10.15	富士通, 일본 최초의 릴레이식 자동계산기(FACOM100) 완성
	11.15	전국농업협동조합중앙회 설립
1955년	1. 7	도요타자동차, 도요패트 크라운 발표
	1.28	岸券·私鐵·電産 등 6개 산업별단일조합, 춘계임금인상 공동투쟁회의 총궐기대회(최초의 春鬪방식)
	2. 1	방위청, 제트기의 국내생산 3개년계획 결정
	2.14	日本生産性本部 설립(3.1. 정식발족, 회장 石坂泰三)
	6. 7	'관세 및 무역에 대한 일반협정' GATT의 가입의정서에 조인(쥬네브, 9.10. 발효)

	7. 6	통산성, 철강업합리화 기본대책 결정
	7.20	경제심의청, 경제기획청으로 개조
	9.26	통산성, 기계공업진흥책 결정
	11.15	자유·민주 양당 합당 自由民主黨 결성(보수합동이 이루어짐. 55년 체제)
	12.23	일본 정부, 경제자립 5개년계획 결정
1956년	1.20	전원개발 6개년계획 발족(600만 kw 개발, 자금 9,991억 엔)
	3.15	전국중소기업협동조합중앙회 설립총회
	3.22	미일기술협정 조인(MSA협정에 근거한 방위특허, 기술정보 교환 등)
	4.20	수도권정비법 제정
	7. 3	경제기획청, 5월의 광공업생산지수 212.3(1935-37 = 100)으로 최고기록이라고 발표(神武 경기)
	10.19	모스크바에서 일·소 국교회복에 관한 공동선언, 무역발전 및 최혜국대우상호승낙에 관한 의정서 각각 조인 船舶建高, 총 175만 톤으로 세계 1위
1957년	1.22	동양레이온·帝國人絹, 英 ICI사로부터 테트론 제조기술 도입 허가
	2.22	일본 정부, 조세특별조치법 결정
	6.14	국방회의, 제1차 방력정비 3개년계획 결정
	6.11	일본 정부, 사우디아라비아 유전개발원조 결정
	9. 3	미쓰시타(松下)전기 등 17개 사, 네덜란드 필립사로부터 텔레비전 수상기 기술도입 허가(대중 소비시대의 개막)
	11. 1	일본원자력발전 설립(자본금 40억 엔, 전원개발 20% 민간 80% 출자, 사장 安川弟五部)
	11.25	경제심의회, '신(新)장기경제계획' 답신(12.17. 정부 결정) 중소기업단체조직법 공포(중소기업협동조합결성 목표)
1958년	1. 1	동경통신공업, 브랜드명 SONY를 사명으로 출발 유럽공동시장 조약(ECC) 발효
	2. 7	노동4단체, 최저임금확립연락회의 설치
	3. 3	데이진(帝人)·東洋 레이온, 테트론 양산 개시

		후지(富士)중공(주), 경승용차 스파르360 발표(공랭2기통 360cc, 16마력, 대중차시대 전개)
	4.26	일본무역진흥회법 공포
	7.23	통산성, 기간산업으로의 재정투융자투자 추가계획 등 국내 수요환기안 결정
	7.28	통산성, 전자공업진흥 5개년계획 결정 유럽에서 유러-달러 발생하다
1959년	1.14	원자력연구소, 국가원자로1호 기공
	4.14	수도고속도로공단법 공포(6.17. 설립)
	4.16	국민연금법 공포
	7.29	경제기획청, 첫 '세계경제백서' 발표
	10. 5	'이와토(岩戸) 경기' 시작
	11.11	통산성, 對달러 지역 수입제한품목의 대폭완화방침 결정 (무역자유화의 개시)
1960년	1.19	미·일 상호협력 및 안전보장조약(신 안전조약), 워싱턴에서 조인
	3. 8	통산성, 무역·외환의 자유화방침 결정
	6.12	농업기본법 공포
	6.24	일본 정부, 3년 후에 무역·외환의 자유화 90% 달성을 목표로 한 무역외환자유화계획대강 발표
	9.14	석유수출 5대국, 석유수출국기구(OPEC) 설립
	9.10	NHK 등 컬러방송 개시
	11. 1	경제심의회, '국민소득배증계획' 답신(계획적 공공투자와 민간경제 유도로 연평균성장률 7.9%, 1970년도의 GNP를 26조 엔으로 목표, 12.27. 정부 결정)
1961년	4.17	제4회 東京國際見本市 개막 전후 최대 규모
	6.12	농업기본법 공포(농업의 생산성 향상, 구조개선, 유통합리화 등을 목표)
	6.22	池田, 케네디공동성명에서 미·일 무역합동위원회 등의 설치 표명
	7. 5	국토종합개발심의회, 전국종합개발계획 결정

	10.27	일본 정부, 신(新)도로정비 5개년계획 결정
1962년	3.22	야하타(八幡) 제철소에서 세계 최대의 용광로 점화 (스케일·메리트의 추구)
	5.10	신(新)산업도시건설촉진법 공포(구역지정, 기본계획 작성 규정)
	6.30	해외기술협력사업단(회장 小林中) 발족
	8.20	사회보장제도 심의(회장 大內兵衛), 1970년까지 구미 수준으로 끌어올릴 것을 답신
	10. 5	일본 정부, 전국종합개발계획 결정
1963년	2.20	일본, GATT이사회에서 11개국 이행의 정부안 통과, 국제수지를 이유로 무역제한 금지
	3.31	중소기업근대화촉진법 공포
	4.19	일본자동차공업회, 자동차 총 생산대수 100만 대 돌파 발표(1962년)
	5.21	일본과학기술연맹 주최 제1회 QC써클대회 센다이(仙臺) 에서 개최
	9.25	중소기업근대화촉진법 공포
	11.25	케네디 미 대통령 암살로 東京증권거래소 주가가 53엔이나 싼 1.23엔 81전으로 폭락
1964년	3.25	四日市 지구대기오염특별조사단, 정예 보고서 「黑川공해 조사단보고」 제출
	4.28	일본 정부, OECD(경제협력개발기구)에 정식 가맹
	5.12	외자심의회, 처음으로 51% 이상의 합병회사 인정
	10. 1	도카이도 신칸센(東海道新幹線) 개통, 도쿄-신(新)오사카 간 4시간 소요
	10.10	제18회 올림픽 동경(東京)대회 개최 참가국 94개국, 총 선수 5,541명 참가
1965년	1.22	일본 정부, 중기경제계획 결정 (실질성장률 8.1%, 물가상승률 2.5%)
	4.21	성루에서 첫 한일경제인합동회담 개최(4.22. 한일경제 협력 추진의 공동성명 발표)

	5.10	日電, ZD(Zero Defect)운동 도입
	5.22	한일기본조약조인
	5.31	일산자동차와 프린스자동차공업, 합병각서에 조인 (1966.8.1. 합병, 자동차업계의 재편성)
	7.30	新東京국제공항공단 설립
1966년	1.10	日銀 총재, 본년 후반의 경기는 밝다고 표명(이자나기 경기 시작)
	2.18	한일합동경제간담회, 東京 첫 회합(23일 공동성명 발표)
	6. 8	한·일 양국, 해외경제협력기금의 대한(對韓)원조 제1호로서 철도개선사업 원조에 조인
	8.22	아시아개발은행 설립협정 발효(11.24. 東京에서 창립총회, 초대총재 渡邊武)
	10. 1	통산성의 협력과 히타치(日立), 니치덴(日電), 후지쓰(富士通)의 공동출자로 일본소프트웨어 발족
	11. 8	공정거래위원회, 가전업계 6개 사 수사(12.14. 텔레비전의 가격협정 파기를 권고)
	12.16	교통사고 사망 1만 명 돌파(제1차 교통전쟁)
1967년	2.27	경제심의회, 경제사회발전계획 답신, 5개년간의 경제성장률 연 8.5%(3.13. 閣議 결정)
	5.15	케네디라운드, 미·영·일 ECC의 주요 국가 간에 타결 (6.30 조인. 관세의 평균 35% 인하)
	5.26	외자심의회, 자본자유화의 답신 결정
	8. 8	ASEAN(동남아시아국가연합) 발족
	8. 9	서울에서 제1회 한일정기각료회의 개최(2억 달러의 신 차관제공 합의)
	9.29	IMF·세계은행총회, 특별인출권(SDR)의 창설 결정
1968년	2.13	민간경제협력을 위한 제3회 한일합동경제간담회 개막
	5.30	소비자보호기본법 공포
	6. 1	일본 정부, 기술도입의 자유화 실시
	6.10	대기오염방지법·소음방지법 각각 공포

	8.29	한일정기각료회의, 9,000만 달러 차관 등의 공동성명 채택
	10.28	경제기획청, 신(新) 전국종합개발계획원안 정리
1969년	5.12	三菱중공업(주), 미 크라이슬러사와 자동차 부문에서 합병 각서에 조인
	5.23	일본 정부, 첫 '공해백서' 발표
	6.10	경제기획청, 'GNP 세계 제2위로 약진' 발표
	8.20	農林省의 농정추진회의, 쌀의 作付전환 본격적인 검토 개시(쌀의 減産정책)
	12. 1	東京都, 노인의료비 무료화 실시
1970년	3.14	일본만국박람회 개최(9.13)
	3.31	야하다(八幡)제철·후지(富士)제철 정식으로 합병하여 신新일본제철 발족
	7.31	자동차 등 유망산업에서 과잉생산(이자나기 경기 57개월로 끝나다)
	9. 1	제3차 자본자유화 실시(자유화율 80% 강, 323업종)
	11. 1	이스즈자동차, 미 GM 사와 자본·기술·판매 등에서 제휴에 합의했다고 발표
	12.25	공해관계 14법률 공포
1971년	3.11	다이이치(第一)은행·니혼간교(日本勸業)은행 합병 발표 다이이치간교(第一勸業은행 발족)
	7.20	일본맥도날드 햄버거 레스토랑 1호점 긴자 미쓰코시 (銀座三越)에서 개점
	8.10	일본 정부, 제5회 한일정기각료회의에서 1억 3,000만 달러의 대폭원조 약속
	8.25	닉슨 미 대통령, 金-달러 교환정지 등을 포함한 달러방위정책 발표(달러쇼크)
	8.38	일본 정부, 엔의 변동환율제 이행 실시
	12.18	10개국 각료회담 고정환율제로의 복귀 결정(스미스소니언체제 발족, 워싱턴)
	12.20	일본 정부, 1달러 308엔으로 16.88% 엔절상 실시(日歐의 외환시장 폐쇄), 미국 10%의 수입과징금 철폐

1972년	2. 3	동경올림픽 개최(제11회 대회)
	5.15	오키나와현(沖繩顯)으로 발족
	6.11	통산성 초고도성장촉진책인 '일본열도개조론' 발표
	9. 5	제6회 한일정기각료회의, 일본의 대폭적인 엔 차관공여 등 합의(서울)
	12.10	동남아시아를 중심으로 한 해외투자 급증
1973년	1. 1	영·아일랜드·덴마크, EC에 가맹(확대 EC 발족)
	1.26	일본 정부, 대규모 거래의 신고제 등 토지대책 요강 결정 (1.30. 은행 등에서 토지융자 억제를 통지)
	2.14	동경 외환시장이 재개되어 변동환율제로 이행 (2.15. 1달러 264엔에서 출발)
	9.14	GATT각료회의, 東京선언 채택(다각적 무역교섭＝東京 라운드의 개시)
	10. 1	대규모소매점포법 공포
	10.10	OPEC, 10.15.부터 원유인상 발표(3.01달러에서 5.11달러 로 제1차 오일쇼크 시작)
	12. 7	일본 정부, 총수요억제책 발동
1974년	1.20	소비자물가 폭등(~2월, 전년비 1월 23.1%, 2월 23.6%, 광란물가)
	5.18	일본소비자연맹 결성
	9.28	선진 5개국 각료회담 오일달러 환류에 IMF활용으로 합의
	10. 7	섬유불황 심각화(10.7. 동양방적, 희망퇴직 모집 10.26. 銀紡, 다섯 공장 반년간 폐쇄)
	11.13	유니치 등 3개 공장 폐쇄 1974~1975년 공황 IEA(국제에너지기관) 발족
	12.13	일본 정부, 1974년도의 경제전망을 GNP 2.5%에서 -1.8%로 개정(마이너스 성장)
1975년	1.16	IMF 잠정위, 金의 공정가격 폐지, 금을 대신하여 SDR을 국제통화제도의 중심적 자산으로 한다는 확대안 결정

	2.14	경제대책각료회의, 1차 불황대책 10항목 결정(주택금융중심)
	3.10	산요 신칸센(山陽新幹線), 신오사카(新大阪)-하카다(博多) 간 전선 개통
	6.30	한일의원연맹 결성(自民-民社 의원 약 180명)
	11. 7	1975년도 일반회계보정예 성립(稅收 격감에 따른 세입부족에 대해서 국채 보충. 적자국채의 본격화)
	12.	중류의식이 국민 사이에 만연
1976년	2. 4	미 상원다국적기업 소위 공청회, 록히드 汚職 폭로
	5.14	일본 정부, 안정성장 지향의 성장률 8%인 신경제 5개년계획 결정
	6.21	OECD 각료이사회, 다국적기업 규제에 관한 선언과 행동지침 채택(파리)
	8.10	신(新)국제경제질서(NIEO) 발족
	11. 5	宅配便의 사업화 개시
1977년	2. 9	도쿄의 외환시장에서 엔 급등(285엔 → 3.22, -279엔 →4.12, -270 →6.29, -268엔 →7.5, -264엔, 제2차 엔고)
	3. 8	미 국제무역위, 일본제 컬러텔레비전의 급증은 국내사업에 피해라고 규정(집중호우식 수출)
	5. 2	12해리 영해법, 200해리어업수역법 공포(7.1. 시행)
	6. 1	수상, 심각화되고 있는 구조불황업종에 장·단기 종합대책 추진 표명
	11. 4	일본 정부, 제3차 전국종합계획 결정(三全總)
1978년	3.11	국제수지관계각료회의, 흑자감소 대책의 수입촉진조치 결정(외환준비고의 급증)
	4.18	에너지대책재원의 석유세법 공포
	4.28	일본과 베트남, 공문 교환(舊南베트남의 엔 차관 문제 합의, 하노이)
	6.27	해운불황에 다른 과잉 유조선을 활용한 석유비축 등을 내용으로 한 석유개발공단법 개정·공포
	11.14	반도체 메이커 8개사의 방미사절단, 미업계와 미·일 반도체 세미나 개최(미·일 반도체 마찰)

1979년	2. 6	엑슨·걸프 등 석유메이저들, 일본의 석유정제회사에 1~2%의 가격인상 통고 산유국도 편승하여 가격인상(제2차 오일쇼크)
	3.31	EC위원회, 일본인을 '토끼장에 사는 일벌'로 간주
	5. 4	영국 총선거, 보수당이 압승(대처 수상 취임, 대처리즘)
	6.26	OPEC 총회, 기준가격(12배럴 18달러, 23.75% 가격인상)과 인상가격(상한 23.5달러)과의 이중가격제 결정
	8.10	일본 정부, 성장률 7.5%, 일반소비세 1980년도 도입 등의 신(新)경제사회 7개년계획 결정
	12.21	일본 정부, 석유소비세 7%의 절약방침 결정
1980년	1.11	혼다(本田), 미국 오하이오주에 소형자동차 생산공장 건설 발표(자동차의 현지 생산, 1982.11.1. 조업)
	2. 5	반도체(IC) 미·일 무역, 일본의 수출 초과
	3.16	후지쓰(富士通), 전산기 매상에서 일본 IBM을 누르고 업계 제1위 차지(超LSI시대 개막)
1981년	2.18	레이건 미 대통령, 경제재건계획 발표
	3. 5	일본 정부, 긴축재정방침 결정
	6. 8	통산성 테크노폴리스(고도기술 집적도시의 건설예정 市 16지구 선정)
	7. 8	ASEAN 투자회사 창립, 민간주도의 경제협력계획 개시
	12.16	경제대책각료회의, 흑자축소 등 5개 항목의 대외경제대책 결정(ODA)
1982년	1.15	제1회 三極통상회의, 보호주의의 방지 확인
	6.22	FBI, IBM 전산정보를 불법입수한 히다치(日立)·미쓰비시(三菱) 사원 체포(IBM 산업스파이 사건)
	7.26	중국, 역사교과서 문제로 일본 정부에 항의, 결정 요망(이를 전후해서 한국·북한·대만·홍콩·베트남·말레이시아 등의 정부·매스컴·시민들의 일제 항의)
1983년	1.24	OPEC 임시석유상회의, 국별생산할당을 정하지 못하고 폐회(역 오일쇼크)
	2.15	정부, 구조불황업종대책을 위한 특정 산업구조개선

		임시조치법 요강 결정
	6. 6	통산성, 케인스정책의 재검토를 제언한 소프트노믹스의 제창 발표
	9. 1	통산성 산업구조심의회의 流通部會에 유통 데이터서비스 분과회 신설, 상품코드 등 검토
	10.21	일본 정부, 경상수지의 흑자감소와 내수확대를 꾀하는 6개 항목의 종합경제대책 결정 ME(Micro Electronics)화 진행
1984년	1.20	쇠고기·오렌지 등 시장개방을 둘러싸고 미·일 농산물 교섭(東京)
	5.12	미·일 달러 엔 특별회합의 사무레벨의 유러 엔 시장개방책 등에 대해서 사실상 결정
	6.25	富士通, 슈퍼컴퓨터를 미국 암달사에 OEM 수출 (미국으로의 첫 수출)
	9.30	국토청, 도내 상업지 지가 7.6%의 高騰 발표(제2차 地價高騰)
	12.22	첫 민간 위성방송사업체로서 일본 위성방송 발족
1985년	1.28	무역불균형 문제로 미·일 차관급 협의 시작(4분야의 MOSS협의 개시)
	3.28	일본전신전화회사 창립총회, 사장에 眞藤恒 電電 공사총재 (NTT, 3.31.에 電電공사 소멸)
	5.17	衆議院 본회의에서 남녀고용기회균등법 가결·성립
	8.21	통산성, 거액예금 금리자유화로 10억 엔 이상의 정기예금 금리의 자유화를 금융기관에 통지(10.1. 실시, 年利 최고 6.8~6.2%)
	9.22	G5, 달러高 수정을 위해 외환시장의 협조개입강화에 합의 (플라자 합의)
1986년	4. 7	국제협조를 위한 경제구조조정연구회, 보고서(前川레포트) 발표
	7.15	미 정부, 농산물 12품목에 대한 일본의 수입제한조치는 GATT 위반이라고 GATT에 제소
	7.31	미·일 반도체교섭 최종 합의(5년간에 걸쳐 미제품의

		일본시장으로의 참여확대 등)
	9.10	全美정미업자협회, 일본의 쌀시장 자유화를 미 통상대표부에 제소(10.2. 야이타 미통대표, 제소각하 결정)
	9.20	GATT 각료회의, 신(新)라운드(다각적 무역교섭, 우루과이라운드)의 개시 선언 채택
	10. 9	日銀, 기업의 자산축적은 금융자산비율이 증대하고 있으며 수익중시의 금융투자가 중심이라고 발표(기업의 재테크열의 증거)
	10. 4	급속한 엔고에 따른 불황감 팽배(엔高불황)
1987년	1.19	동경외환시장에서 달러당 149.98엔 최고가로 150엔대 돌파
	2. 9	NTT 첫 상장
	4. 1	JR 분할·민영화
	10.19	뉴욕증시 대폭락으로 사상 최악 하락
1988년	4. 5	농수산성, 엔고와 시장개방 대비를 위해 「농업백서」 발간
	6.20	오렌지·쇠고기 수입자유화
	11.28	OPEC 총회, 신생산협정에 합의, 조인
	12.24	소비세 등 세제 6법안 성립(89.4.1. 실시)
1989년	4.12	공정거래위원회, 소비세 실시 이후 편승해 가격 인상을 주도한 7업종 일제 조사
	5.25	미국이 일본을 통상거래법·수퍼301조를 근거한 「불공정무역국」으로 지정
	7. 2	기능근로자 인력 부족 확대(88년의 거의 두 배)
	9.25	세계은행·IMF 합동개발위, 누적 채무와 지구환경보존에 역점을 둔 공동성명 채택
	9.27	소니가 미영화사 콜럼비아사를 총액 34억 달러 매수 합의 발표
1990년	2. 9	운수성, 경자동차를 배기량 660cc 이하, 전장 3.3m 이하인 기준으로 규격 확대
	3.27	대장성, 금융기관에 부동산융자 총량규제 통달
	6.22	회사개정법안 성립(91.4.1. 시행)

	11. 2	정부, 중국에 제3차 엔차관 재개
1991년	1.25	중견회사 이트만이 최대의 부정회계 문제로 사장이 사임
	4. 1	쇠고기·오렌지 수입자유화 시작
	5.15	소비세법 개정공포(10.1. 시행)
	6. 4	일·미 반도체협정개정 교섭, 대일제재 해제로 결정
	9.24	대장성과 일본증권협회, 4대 증권사의 91년 3월 손실 보전 리스트 의회 제출
	11.12	제3회 서울 APEC「열린 다각적 자유무역제도」추진 등 공동성명
1992년	4.24	운수성, 동경·요코하마 지구 등 택시 운임 평균 12% 인상 인가
	5. 2	EC, EFTA, 유럽경제지역(EEA)협정에 조인
	6.10	농수성, 농업신정책「새로운 음료·농업·농촌정책 방향」발표
	6.19	국제연합평화유지활동(PKO) 협력법안 공포
	9. 9	대장성, 도시은행 등 21개 은행에 7조 9,927억 엔의 불량채권이 있다고 발표
	12.21	도시바, 삼성전자에 16메가비트 메모리 기술이전 발표
1993년	1.25	공동채권매매기구 창립 총회 개최
	4.13	정부, 최대 규모인 13조 2,000억 엔의 신종합경제대책을 결정
	5.18	마이크로소프트사, 윈도우즈 일본어판 발매
	8. 9	38년 만에 비자민당인 호소카와 내각 성립
	11. 1	유럽연합조약 발효 시 EC(유럽공동체)의 호칭도 EU로 변경
1994년	3. 3	클린턴 대통령 수퍼301조를 부활하는 명령에 서명
	3. 7	식량청, 국산쌀의 단독판매금지와 감시강화를 주로 한 쌀 긴급대책을 발표
	4.15	우루과이라운드, 신협정과 세계무역기구(WTO) 설립에 조인
	6.27	동경외환시장에서 사상 최초 1달러당 100엔 돌파

	10. 7	정부, 95년도부터 10년간 630조 엔의 공공투자 기본계획을 결정
1995년	1. 1	WTO(세계무역기구), GATT를 이어 발족
	4. 3	동경외환시장, 일시 86.40엔이라는 급격한 엔고 지속
	7.25	경기청, 일본경제의 다이내믹 부활을 노린 95년도 「경제백서」 발표
	9.26	미연방지검, 야마토은행 뉴욕지점의 촉탁행원을 미국채 부정매매로 체포(야마토, 채권매매로 11억 3,200억 달러 손실을 발표)
	12. 7	OECD, 금융시스템 취약함을 분석한 일본경제에 대한 심사보고를 발표
1996년	1.25	공취위, 지주회사 설립을 「원칙자유」로 하는 것을 표명 (지주회사 해금)
	3.21	국토청, 5년 연속으로 2.6% 하락한 공시지가를 발표
	5. 9	컬러TV, 95년도에 처음으로 수입이 국내생산을 상회
	9. 2	정리회수은행, 파산한 신용조합의 불량채권을 회수하기 위해 설립
	11.11	수상, 일본판 금융빅뱅 구상을 발표
1997년	2. 8	G7, 달러화 상승 저지로 환율안정을 도모하는 베를린 메시지 발표
	6.13	NTT를 분할하는 NTT 관련 3법 성립(NTT 분할)
	7. 2	태국, 바트화를 시장에 따라 변동을 확인할 수 있는 「관리로프트제」로 이행(아시아 통화위기)
	9. 1	환자부담 증가를 주로 한 의료보험제도 개정 관련법, 시행
	12. 1	은행의 투자신탁 판매 해금
	12.24	정부, 총액 30조 엔의 공적자금 투입안을 설정한 금융서비스안정화 대책 결정
1998년	1.12	대장성, 은행의 부실채권이 76.7조 엔이라고 발표
	2. 4	국가프로젝트 「점동개발」 유동성 융자 1,800억 엔이 부실채권화
	5.27	대규모 소매점포 입지법, 성립(2000.6.1. 시행)

	8.17	러시아, 통화절하(50% 하락을 허용, 8.27. 외환시장거래 전면 정지, 러시아 경제위기)
	9.19	스카이마케아라인즈, 정기항공 노선에 35년 만에 신규 참여(하네다-후쿠오카에서 운항 개시, 12.20. 항공업계의 자유화)
	10.23	정부, 장기은행의 일시적 국유화를 의회에서 결정 (~2000.3.1.)
	12.15	금융재생위원회, 총리부의 독립행정위원회로서 발족
1999년	1. 1	EU 11개국, 단일 통화 유로화를 도입하는 통화통합 개시 (1유로 132.8엔)
	2.12	일은(日銀), 단기금리유도 목표수준을 인하 결정 (연 0.25% → 0.15%, 제로금리정책 개시)
	3. 5	뉴욕주식시장, 다우평균주가 1만 달러 돌파(미국경제 활황)
	3.27	닛산(Nissan)자동차, 36.8% 자본출자를 받아 프랑스 르노자동차 산하로 들어가는 것을 정식 발표(자동차산업의 세계적 재편)
	6.23	NEC와 히타치제작소, D-RAM사업에서 제휴 합의
	11.11	동경증권, 벤처기업대상 주식시장 개설(주식시장 재편성)
2000년	1.14	원유가격, 고공행진(걸프전 영향)
	5. 6	'아세안+3' 정상회의, 아시아통화 위기 재발 방지를 위한 스와프협정 확대에 합의
	6.29	설인(雪印)유업 식중독 사건(가공유에서 발생 7.2. 오사카시가 오사카공장에 무기한 영업정지 처분)
	11. 3	미승인 유전자조작 옥수수「스타린」, 일본에서 검출 판명
2001년	1. 6	수상관저 주도의 경제재정 운영을 위한 내각부에 경제재정자문회의를 설치
	3.19	일은(日銀), 양적완화정책 개시(~06.3.9.)
	5.30	NTT도코모, 제3세대 휴대전화「FOMA」시험서비스 개시 (진화한 디지털방식)
	6.26	닛산 등, 중국의 100% 특별관세 실시로 중국행 자동차 생산 중단

	8. 8	도시바, D-RAM 25% 감산 발표
	10.12	일본·싱가포르, 자유무역협정(FTA)에 의한 경제연휴협정 체결에 합의
2002년	2.14	샤프사, 미츠에현 카모야마시에 액정TV 공장 건설 발표 (국내회귀)
	2.27	정부, 종합 디플레이션대책 결정
	5.28	경단련·일경련, 연합해서 일본경제단체연합회(일본경단련) 발족
	6.26	미 장거리통신 2위 월드콤사, 분식회계 결산 발각(IT 버블 붕괴)
	8. 9	기업회계심, 「감손회계」를 2006년 3월경 강제 도입 결정
	11.20	일은, 11개월 만에 경기예상을 하향 수정
2003년	1.23	미츠비시중공업 등 일본기업 7사, 대만 신칸센 공사를 수주
	8. 7	'아세안+3' 경제장관회의, 아시아통화에 대비한 달러상장 조정의 필요성을 시사한 공동성명
	11. 4	히타치, 연공형 임금을 폐지, 2004년 4월부터 성과 능력급여 도입 발표
	11.18	동경해상, 중국에서 일본 최초의 생명보험사업 영업 개시
2004년	4. 7	후지통상, 한국 삼성을 프라즈마패널 기본기술의 특허 침해로 제소
	8.12	미츠비시동경 FG와 UFJHD, 경영통합의 기본 합의서 체결(3대 금융그룹 탄생)
	10. 1	G7, 원유폭등을 우려해 원유증산과 소비억제를 요청, 가격안정화 대책에 합의
	12. 7	뉴욕외환시장, 유로 최고가 갱신(1.36달러)
2005년	1.18	재무성, 일본국채 투자자를 위한 설명회를 런던 금융가시티 에서 개최
	3. 8	공정위, 미 인텔사에 대해, CPU 판매를 둘러싼 독점금지법 위반으로 배제 권고
	5.13	도시바와 미 마이크로소프트사, 디지털가전과 컴퓨터분야 에서 특허 상호이용 계약 체결

	6.22	소니, 실적부진으로 처음으로 외국인 회장 겸 그룹 CEO가 취임
	8.29	자스닥, 프로그램 실수로 시스템 장애 발생해 반일 영업정지
	10. 1	일본도로공단 등 도로관계 4개 공단, 민영화, 6고속도로 회사 발족
	12.16	북미산 쇠고기 2년 만에 수입 재개
2006년	3.17	소프트뱅크, 영국 보다폰사로부터 일본법인을 매입
	6.22	WTO 도하라운드, 농업자유화 교섭으로 관세와 보조금 삭감의 의장안을 제시
	7. 2	전국은행협회, 가맹 126개 은행의 3월 결산에서 세 포함 이익이 과거 최대라고 발표
	10.19	OPEC, 긴급회의 개최하여 원유가 인하로 120만 배럴 감산 결정
	11.29	제품의 중대 사고의 보고의무를 명기한 개정 소비생활용 제품안전법 성립(2007.1.20. 시행)
2007년	1. 1	토지가격, 91년 이후 16년 만에 상승
	2. 7	EU, 자동차 이산화탄소 배출량을 2012년까지 35% 삭감을 의무사항으로 함
	5.25	파트노동자에 대한 차별적 대우금지를 주로 한 개정파트노동법 성립(2008.4.1. 시행)
	7.26	서브프라임모기지론(Subprime Mortgage Loan) 문제로 세계의 주식시장 급락(미국 부동산 버블에서 시작된 세계 금융위기 발생의 전초)
	7.29	미 애플사, 휴대전화기 사업에 참여해 아이폰을 발매
	12.	중국이 일본 최대의 무역상대국이 됨
2008년	3.31	외국인 유학생의 국내취업, 처음으로 1만 명을 초과
	4.25	미 월마트사, 스미토모를 완전 자회사화
	5.16	다이아몬드 세계최대회사인 브릿지스톤, 국내 4위 동양고무와 자본·업무제휴를 발표
	6.12	인터넷 검색 상위 2개사 구글, 야후가 광고사업에서 제휴를 발표

	10. 1	마츠시다전기, 파나소닉으로 개칭
	11.15	제1회 G20 정상회의, 세계 금융위기에 협조해서 대응하는 것을 확인
2009년	1. 5	상장 주권의 전자화 완료
	2.19	일은, 금융기관 보유 회사채를 매입해 기업의 자금을 풀어주는 지원책 확충을 결정
	5.15	추가적 경기 대책으로서 「에코포인트 제도」 실시 (~2012.3.31.)
	6. 1	편의점에서 대중약 판매(개정 약사법 시행)
	7.31	완전실업률, 1953년 4월 조사 이후 최악의 5.7%
	10.16	기업재생지원기구, 업무 개시
	12. 9	스즈키, 독일 폭스바겐사와 자본·업무제휴 합의
2010년	1.19	일본항공, 동경지원에 회사회생법 신청
	3.12	후생·문과성, 대졸 취업률 2000년 조사 이후 최저 80%로 발표
	5.31	그리스 재정위기로 세계적인 연쇄 주가하락
	8.26	일본·아세안 경제각료회의, 투자와 서비스 자유화 실현을 위한 구체적 조치를 2011년까지 실현하기로 합의
	10.31	하네다공항, 32년 만에 국제 정기노선의 본격적 운행 개시
2011년	2.10	일본 최초 저가항공(LCC), 설립
	5. 1	EU, 유럽 내 노동자이동을 완전자유화
	7.13	동경외환시장, 사상최고치를 갱신(달러당 79엔 41전)
	7.	생활보호, 전후혼란기를 추월하여 사상 최고(205만 명, 148만 세대 후생성 발표)
	12.	2011년 무역수지 적자, 1980년에 이은 사상 2번째
2012년	1.22	일은, 정부와 물가상승 2% 목표를 공동성명
	3.31	대형 편의점 수, 국내보다 해외가 상회
	4.19	신일본철도, 한국 포스코를 최신 기술무단도용협의로 동경지원에 제소

	6. 1	동경외환시장, 엔과 중국 인민화를 직접거래 개시 (최초가 1위안=12엔 33전)
	8.22	사회보장개혁추진법, 의원입법으로 성립(사회보장과 세제의 일체 개혁)
	11.22	동경증시·오사카증시, 합병 정식합의
2013년	1. 1	동경증시·오사카증시, 경영 통합해서 일본거래소그룹 발족
	2.17	미국, 일본으로의 셰일가스 수출해금 허가
	4. 4	일은, 2% 물가상승률을 목표로 다양하고 완화된 금융정책 결정
	7. 3	일한통화 스와프협정, 만기종료
	10.15	소프트뱅크, 스마트폰 게임의 세계최대 수퍼셀 매수
	12.	토요타, 2013년 그룹 생산대수가 세계 처음 1,000만 대 초과
2014년	3.13	경시청, 도시바 연구 데이터를 한국기업 하이닉스반도체 (현재 SK하이닉스)에 부정 제공한 직원 체포
	3.24	오사카거래소(구, 오사카증시), 동경증시 델리브티브시장 을 통합, 델리브티브 전문시장으로서 시동
	6.11	가정용을 전면 자유화하는 개정 전기사업법, 성립
	9. 3	지방 재생 추진본부인 「마을·사람·일 생성본부」 설치
	11.18	수상, 소비세 10% 증세 추진 연기 표명
2015년	2. 9	정부, 농협개혁 협의로 결정(TPP와 농협개혁)
	4. 1	법인실효세율, 감세(34.62 → 32.11%)
	5.22	동경증시 1부 시가총액, 버블기를 25년 만에 상회, 사상 최고인 591조 엔 이상
	9.24	수상, 아베노믹스 2탄 공표
	9.30	개정 노동자파견법, 시행
	11.11	국산 최초 소형 제트여객기 미츠비시항공기, 나고야공항 에서 첫 비행
	12.31	ASEAN 공동체 발족

지은이 소개

• 강태현(姜泰鉉)

지은이는 대구에서 출생하여 일본대학 경제학과를 졸업 후, 일본 '동아시아 총합연구소' 부소장, 일본 『동아시아 리뷰』 편집인, 가이후 도시키 전 총리가 이사장인 '일본 중앙정책연구소' 이사로 재직하였으며, 현재는 일본 Exceed 대표로 재직 중이다.

가이후 도시키 전 총리, 모리 요시로 전 총리, '장은총합연구소' 다케우치 히로시 이사장 등 일본 정·재계의 유력 인사들과 폭넓은 교분을 바탕으로 한·일 교류 협력활동을 활발하게 펼치고 있다.

저서로는 『일본자민당 파벌투쟁사』(1998, 무당미디어)가 있다.